高等职业教育创新型系列教材

网上店铺运营实务

主　编　李云飞
副主编　赵郁园　何　媛　蒋　博
　　　　王　华　刘　瀚
参　编　何建武

北京理工大学出版社
BEIJING INSTITUTE OF TECHNOLOGY PRESS

版权专有　侵权必究

图书在版编目（CIP）数据

网上店铺运营实务 / 李云飞主编. —北京：北京理工大学出版社，2020.1（2024.5 重印）

ISBN 978-7-5682-7403-6

Ⅰ. ①网… Ⅱ. ①李… Ⅲ. ①电子商务—商业经营—高等学校—教材 Ⅳ. ①F713.365.2

中国版本图书馆 CIP 数据核字（2019）第 174522 号

责任编辑：李慧智　王俊洁　钟博　　　**文案编辑**：李慧智　王俊洁　钟博
责任校对：刘亚男　　　　　　　　　　**责任印制**：施胜娟

出版发行 / 北京理工大学出版社有限责任公司
社　　址 / 北京市丰台区四合庄路 6 号
邮　　编 / 100070
电　　话 /（010）68914026（教材售后服务热线）
　　　　　　（010）68944437（课件资源服务热线）
网　　址 / http://www.bitpress.com.cn

版 印 次 / 2024 年 5 月第 1 版第 3 次印刷
印　　刷 / 北京虎彩文化传播有限公司
开　　本 / 787 mm×1092 mm　1/16
印　　张 / 16.5
字　　数 / 385 千字
定　　价 / 49.80 元

图书出现印装质量问题，请拨打售后服务热线，负责调换

前　　言

在信息技术日新月异、电商经济蓬勃发展的今天，网上店铺已成为现代商业活动中不可或缺的重要组成部分。随着互联网的普及和电商平台的兴起，无论是个体创业者还是传统企业，都在积极拥抱线上商业模式，以期在激烈的市场竞争中抢占先机。因此，掌握网上店铺运营的实务知识与技能，对于每一个希望在电商领域取得成功的经营者来说，都是至关重要的。

本书旨在结合党的二十大精神，为有志深入了解和掌握网上店铺运营实务的学生和实践者提供一本全面、实用的学习指南。二十大报告强调了创新驱动发展战略的重要性，以及加快构建新发展格局的必要性。在此背景下，我们编写了这本书，旨在帮助学生把握电商的最新趋势，理解并运用先进的电商技术和管理理念，提升网上店铺的运营效率和市场竞争力。

本书从专业卖家的角度出发，将网上开店各个环节的具体操作方法及技巧分解为9个项目，每个项目又精心设计3~4个任务，内容丰富，通俗易懂，简明实用，循序渐进，具有较强的实操性，可作为电子商务专业必修、其他相关专业选修的高职学生教材，也可作为指导初学者网上开店的实训教程，以及运营技能类竞赛、自主创业人员的培训用书。

本书具有以下特点：

①真实性。本书编写的项目，以真实开店的案例贯穿始终，关键的操作步骤及重点难点配套微课等视频资源，指导学生课下进行持续地实践操作，并将重要的技巧进行知识百科链接，指导学生深入了解并应用该环节。

②系统性。本书内容按照网上店铺运营的核心环节进行模块化划分，根据具体的实际工作过程贯穿知识点和技能点，便于学生根据自身需求选择学习重点。

③实用性。本书在编写时总结了自身店铺运营的实践经验及优秀网店的运营技巧，并提供配套的电子学习资源包，除了基本的课件、教学资源、最新操作视频外，还附带经典网店案例、运营攻略及学生学习课外资源。

在编写本书的过程中，我们始终坚持以习近平新时代中国特色社会主义思想为指导，贯彻落实党的二十大精神，力求将最新的政策导向、市场需求和技术发展融入其中，使之成为学生学习和实践的有力工具。

本书由李云飞总体设计，编写人员全部为电子商务教学和科研第一线的教师和工作者。陕西职业技术学院的蒋博老师负责项目一、项目二的编写，西京学院的赵郁园老师负责项目四的编写，陕西交通职业技术学院的王华老师、西京学院的何媛老师、刘瀚老师负责项目九的编写。何建武老师负责课程资源的整理,其余部分由李云飞老师编写。

  本书在编写过程中,参阅了大量的文献和网站资料,在此对资料的著作者致以衷心的感谢!由于编者水平有限,书中不足之处在所难免,恳请读者批评指正并提出宝贵的意见或建议。

编 者

目 录

项目一　开店前的准备 ………………………………………………………（ 1 ）
　任务1　初步了解网上开店 ………………………………………………（ 2 ）
　　1. 网上开店背景 …………………………………………………………（ 2 ）
　　2. 网上开店基础知识 ……………………………………………………（ 12 ）
　任务2　网店的平台选择 …………………………………………………（ 16 ）
　　1. 淘宝网 …………………………………………………………………（ 17 ）
　　2. 易趣网 …………………………………………………………………（ 20 ）
　　3. 京东 ……………………………………………………………………（ 22 ）
　　4. 移动平台 ………………………………………………………………（ 23 ）
　　5. 跨境平台——全球速卖通 ……………………………………………（ 25 ）
　任务3　网店销售宝贝的选择 ……………………………………………（ 27 ）
　　1. 选择合适的网络零售宝贝 ……………………………………………（ 27 ）
　　2. 分析进货渠道 …………………………………………………………（ 29 ）
　　3. 制定宝贝的价格 ………………………………………………………（ 34 ）

项目二　开设网上店铺 ………………………………………………………（ 39 ）
　任务1　注册账号 …………………………………………………………（ 39 ）
　任务2　店铺认证学习目标 ………………………………………………（ 41 ）
　　1. 支付宝实名认证 ………………………………………………………（ 41 ）
　　2. 淘宝开店认证 …………………………………………………………（ 46 ）
　任务3　店铺基本设置 ……………………………………………………（ 47 ）
　　1. 店名的设置 ……………………………………………………………（ 47 ）
　　2. 店标的设置 ……………………………………………………………（ 49 ）
　　3. 店铺其他信息设置 ……………………………………………………（ 51 ）
　　4. 手机淘宝店铺的设置 …………………………………………………（ 51 ）
　任务4　图片空间设置 ……………………………………………………（ 53 ）

  1. 上传图片 ………………………………………………………………（53）
  2. 图片的分类 ……………………………………………………………（54）
  3. 设置水印 ………………………………………………………………（55）
 任务5 物流工具设置 ……………………………………………………（56）
  1. 设置运费模板 …………………………………………………………（56）
  2. 跟踪物流信息 …………………………………………………………（58）
  3. 设置地址库 ……………………………………………………………（59）
 任务6 千牛工具的应用 …………………………………………………（59）
  1. 下载千牛工具 …………………………………………………………（59）
  2. 设置自动回复 …………………………………………………………（59）
  3. 设置快捷短语 …………………………………………………………（61）

项目三 宝贝发布与管理 ……………………………………………………（64）

 任务1 发布宝贝 ………………………………………………………（64）
  1. 类目的选择 ……………………………………………………………（64）
  2. 属性的设置 ……………………………………………………………（66）
  3. 宝贝发布时间的确定 …………………………………………………（67）
  4. 标题的设计及优化 ……………………………………………………（68）
  5. 宝贝详情页的规划 ……………………………………………………（71）
  6. 淘宝助理的使用 ………………………………………………………（73）
 任务2 管理宝贝 ………………………………………………………（82）
  1. 宝贝管理常用功能 ……………………………………………………（82）
  2. 宝贝体检中心 …………………………………………………………（84）

项目四 宝贝拍摄与图片处理 ………………………………………………（86）

 任务1 商品拍摄的基本技巧 ……………………………………………（86）
  1. 摄影器材的选择 ………………………………………………………（86）
  2. 商品摆放技巧 …………………………………………………………（90）
  3. 拍照技巧 ………………………………………………………………（98）
 任务2 商品图片的处理 …………………………………………………（103）
  1. Photoshop概述 …………………………………………………………（103）
  2. 调整图片的尺寸 ………………………………………………………（115）
  3. 处理模糊的照片 ………………………………………………………（115）
  4. 抠图处理 ………………………………………………………………（117）
  5. 为照片添加水印 ………………………………………………………（126）

项目五 店铺装修 ………………………………………………………………（129）

 任务1 PC端店铺装修 ……………………………………………………（129）
  1. 了解装修后台 …………………………………………………………（129）
  2. 装修步骤 ………………………………………………………………（131）

  3. 旺铺功能详解 ……………………………………………………………（134）
 任务 2 无线端店铺装修 ………………………………………………………（138）
  1. 无线端店铺装修任务介绍 …………………………………………………（138）
  2. 无线端店铺装修流程 ………………………………………………………（142）

项目六 网上店铺推广 …………………………………………………………（144）

 任务 1 站内推广 …………………………………………………………………（144）
  1. 图片与描述优化 ……………………………………………………………（144）
  2. 直通车推广 …………………………………………………………………（154）
  3. 淘宝客推广 …………………………………………………………………（160）
  4. 钻石展位推广 ………………………………………………………………（166）
  5. 活动推广及店内促销 ………………………………………………………（171）
 任务 2 站外推广 …………………………………………………………………（176）
  1. 论坛宣传 ……………………………………………………………………（176）
  2. 帮派推广 ……………………………………………………………………（178）
  3. 微博推广 ……………………………………………………………………（180）
  4. 微信推广 ……………………………………………………………………（182）
  5. 直播类视频推广 ……………………………………………………………（184）
  6. 搜索引擎推广 ………………………………………………………………（186）

项目七 网店客服 ………………………………………………………………（193）

 任务 1 售前客户服务 ……………………………………………………………（193）
  1. 千牛工具的使用 ……………………………………………………………（193）
  2. 售前工作内容 ………………………………………………………………（197）
 任务 2 售后客户服务 ……………………………………………………………（200）
  1. 订单处理 ……………………………………………………………………（200）
  2. 交易纠纷处理 ………………………………………………………………（202）
  3. 维权申诉 ……………………………………………………………………（203）
  4. 管理评价 ……………………………………………………………………（204）
  5. 客户关系维护 ………………………………………………………………（204）

项目八 店铺日常管理 …………………………………………………………（206）

 任务 1 数据分析 …………………………………………………………………（206）
  1. 店内数据分析 ………………………………………………………………（206）
  2. 行业数据分析 ………………………………………………………………（220）
 任务 2 宝贝包装 …………………………………………………………………（224）
  1. 包装材料的选择 ……………………………………………………………（224）
  2. 包装方法的选择 ……………………………………………………………（226）
 任务 3 宝贝发货 …………………………………………………………………（227）
  1. 快递、物流的选择 …………………………………………………………（227）

2. 库存管理 …………………………………………………………………（228）
项目九　开设微店 ……………………………………………………………（230）
任务1　认识微商 ……………………………………………………………（230）
任务2　微店的开设 …………………………………………………………（231）
　　1. 创建自己的微店 …………………………………………………………（231）
　　2. 微店基本功能 ……………………………………………………………（234）
　　3. 微店基本设置 ……………………………………………………………（240）
　　4. 发布宝贝 …………………………………………………………………（242）
任务3　微店的推广 …………………………………………………………（244）
　　1. 微店内部推广 ……………………………………………………………（245）
　　2. 朋友圈推广 ………………………………………………………………（249）
　　3. QQ空间推广 ………………………………………………………………（249）
　　4. 微博推广 …………………………………………………………………（250）

参考文献 …………………………………………………………………………（252）

项目一

开店前的准备

学习目标

[知识目标]

(1) 了解网上开店的背景和特点。
(2) 掌握网上开店的流程。
(3) 了解网上开店的条件。
(4) 掌握开店前初步定位的方法。
(5) 了解网上开店平台。
(6) 了解网店销售宝贝的具体情况。
(7) 了解网店销售宝贝的特点。
(8) 掌握选品的方法。
(9) 了解宝贝的进货渠道,区分线上与线下的区别。
(10) 掌握宝贝价格设定的方法。

[技能目标]

(1) 能够利用互联网相关工具分析当前网上就业与创业的基本形势。
(2) 能够利用第三方电子商务平台分析网上开店的基本流程。
(3) 能够合理利用互联网相关工具进行初步定位。
(4) 能够根据自身情况选择合适的平台开展网上店铺运营活动。
(5) 能够分析淘宝平台的进入条件。
(6) 能够分析速卖通平台的进入条件。
(7) 能够利用第三方电子商务平台分析网店宝贝销售的情况。
(8) 能够选择合适的宝贝在网上进行销售。
(9) 能够利用相关分析工具根据自身店铺情况选择合适的进货渠道。
(10) 能够进行全网对比分析,对宝贝进行合理的定价。

任务1　初步了解网上开店

1. 网上开店背景

1）互联网发展状况

2018年8月20日,中国互联网络信息中心(CNNIC)在北京发布第42次《中国互联网络发展状况统计报告》。截至2018年6月30日,我国网民规模达8.02亿人,普及率为57.7%;2018年上半年新增网民2 968万人,较2017年末增长3.8%;我国手机网民规模达7.88亿人,网民通过手机接入互联网的比例高达98.3%,较2017年末提升了0.8个百分点;其中,2018年上半年新增手机网民3 509万人,较2017年末增加4.7%。此外,使用台式电脑、笔记本电脑上网的比例分别为48.9%、34.5%,较2017年末分别下降4.1、1.3个百分点;网民使用电视上网的比例达29.7%,较2017年末提升了1.5个百分点。2013—2018年中国网民规模和互联网普及率如图1-1所示。

图1-1　2013—2018年中国网民规模和互联网普及率

同样,我国网民在家里通过电脑接入互联网的比例为82.6%,与2017年末相比降低了3.0个百分点;在网吧、单位、学校、公共场所通过电脑接入互联网的比例分别增长了2.0、4.6、0.5、4.5个百分点。在上网时长方面,2018年6月,中国网民的人均周上网时长为27.7小时,相比2017年末提高0.7小时。2017年和2018年网民使用电脑接入互联网的场所比较如图1-2所示。

截至2018年6月,我国农村网民规模为2.11亿人,占整体网民的26.3%,较2017年末增加204万人,增幅为1.0%;城镇网民规模为5.91亿人,占比达73.7%,较2017年末增加2 764万人,增幅为4.9%。我国不断推进城镇化进程,使得城镇人口不断增加,农村人口不断减少,城乡网民结构受此影响也发生了细微变化。2017年12月和2018年6月中国网民城乡结构比较如图1-3所示。

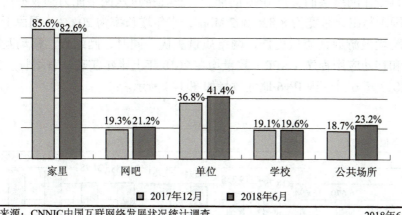

图1-2　2017年12月和2018年6月网民使用电脑接入互联网的场所比较

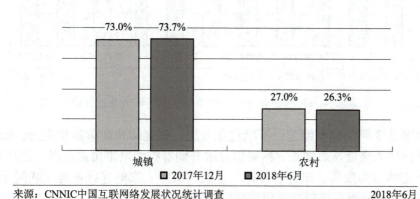

图1-3　2017年12月和2018年6月中国网民城乡结构比较

截至2018年6月，我国城镇地区互联网普及率为72.7%，农村地区互联网普及率为36.5%，与2017年年末相比均有所提升，互联网在城镇地区的渗透率明显高于农村地区。一方面，城镇网民对于网络购物、旅行预订、网上支付及互联网理财等应用的使用率高于农村网民；另一方面，城乡网民在即时通信、网络音乐、网络视频等应用方面表现出的差异较小。

农村人口是非网民的主要组成部分。截至2018年6月，我国非网民规模为5.88亿，其中城镇地区非网民占比为37.8%，农村地区非网民占比为62.2%。

上网技能缺失以及文化水平限制是制约非网民使用互联网的主要原因。调查显示，电脑或网络知识缺失，以及拼音等文化水平限制导致非网民不使用互联网的占比分别为49.0%和32.5%；年龄因素是导致非网民不使用互联网的另一个主要原因，因为年龄太大或太小而不使用互联网的非网民占比为13.7%；因为无需求或兴趣丧失而不使用互联网的非网民占比为10.2%；因可支配上网时间有限，以及网络使用设备缺失或宽带无法连接等接入障碍造成非网民不使用互联网的占比均低于10%。

同期，我国 IPv6 地址数量为 23 555 块 /32，半年增长 0.53%。自 2017 年 11 月《推进互联网协议第六版（IPv6）规模部署行动计划》发布以来，我国运营商已基本具备在网络层面支持 IPv6 的能力，正在推进从网络能力到业务能力的转变。中国国际出口带宽为 8 826 302 Mbps，半年增长率为 20.6%，网民上网速度更快，跨境漫游通话质量更佳，网络质量更优。同时，网站数、移动互联网接入流量和移动应用程序（APP）数量均在 2018 年上半年实现显著增长。2013 年 6 月—2018 年 6 月中国 IPv6 地址数量如图 1-4 所示。

图 1-4　2013 年 6 月—2018 年 6 月中国 IPv6 地址数量

我国互联网基础设施建设不断优化升级，提速降费政策稳步实施，推动移动互联网接入流量显著增长，网络信息服务朝着扩大网络覆盖范围、提升速度、降低费用的方向发展。出行、环保、金融、医疗、家电等行业与互联网融合程度加深，互联网服务呈现智慧化和精细化特点。

截至 2018 年 5 月，我国市场上监测到的移动 APP 在架数量为 415 万款。其中，我国本土第三方应用商店移动应用数量超过 233 万款，占比为 56.1%；苹果商店（中国区）移动应用数量超过 182 万款，占比为 43.9%。截至 2018 年 5 月，游戏类应用一直占较大比例，数量超过 152 万款，占比达 36.6%；生活服务类应用的规模居于第二位，超过 56.3 万款，占比为 13.6%；电子商务类应用规模居于第三位，超过 41.6 万款，占比为 10.0%。

2017 年 7 月—2018 年 5 月，移动 APP 在架数量如图 1-5 所示，本土第三方应用商店与苹果应用商店 APP 数量比如图 1-6 所示，移动 APP 应用分类占比如图 1-7 所示。

我国互联网理财使用率由 2017 年年末的 16.7% 提升至 2018 年 6 月的 21.0%，互联网理财用户增加 3 974 万人，半年增长率达 30.9%。我国互联网理财用户规模持续扩大，网民理财习惯逐渐得到培养，资产管理业务打破刚性兑付，有效降低了金融机构的业务风险，减少了监管套利，同时进一步提升了机构主动管理能力，推动互联网保本理财产品向净值型理财产品加速转化，货币基金发行放缓。

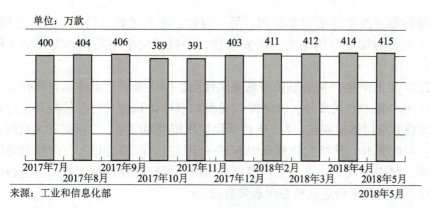

图 1-5 移动 APP 在架数量

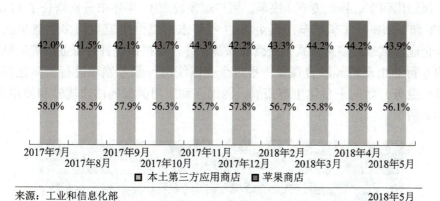

图 1-6 本土第三方应用商店与苹果应用商店 APP 数量比

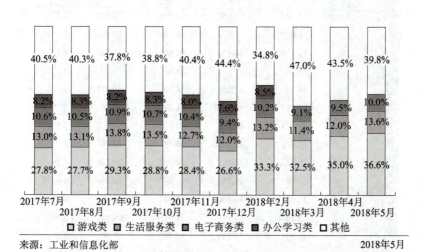

图 1-7 移动 APP 应用分类占比

截至 2018 年 6 月,我国网络购物用户和使用网上支付的用户占总体网民的比例均为 71.0%,网络购物与互联网支付已成为网民使用比例较高的应用类型。一方面,电子商务、社交应用、数字内容相互融合,社交电商模式拓展了电子商务业务,电商企业推出具有数字内容的多元化购物场景。在此基础上,电子商务总体保持稳定发展,在协调供给侧结构性改革、拉动就业、助力乡村振兴等方面发挥了重要作用。另一方面，绝大多数支付机构接入互网联，提高了资金透明度和网络支付的安全性，手机网民中使用移动支付的比例达71.9%。

2018年上半年，网络娱乐市场需求强烈。网络音乐原创作品得到扶持，网络文学用户阅读方式多样，网络游戏类型的多样化和游戏内容的精品化趋势明显。短视频应用迅速崛起，74.1%的网民使用短视频应用，以满足碎片化的娱乐需求。与此同时，网络文化娱乐内容进一步规范，网络音乐、文学版权环境逐渐完善，网络游戏中违法违规内容得到整治，视频行业构建起以内容为核心的生态体系，直播平台进入精细化运营阶段。

2018年上半年，网民中分别有30.6%、43.2%和37.3%的人使用过共享单车、预约出租车、预约专车/快车，用户规模较2017年年末分别增长了11.0%、20.8%和26.5%。共享单车市场由2017年年末的二强争霸重回多强竞争格局，单车企业尝试通过多种方式拓展营收来源，并开始提供免押金服务以规避风险。网约车行业出现跨界融合现象，平台企业围绕出行服务领域进行全面化布局，由单一业务开始向平台化生态拓展。网民移动应用类型的用户规模和使用率如图1-8所示。

应用	2017年12月 用户规模/万	2017年12月 网民使用率	2018年6月 用户规模/万	2018年6月 网民使用率	半年增长率
即时通信	72 023	93.3%	75 583	94.3%	4.9%
搜索引擎	63 956	82.8%	65 688	81.9%	2.7%
网络新闻	64 689	83.8%	66 285	82.7%	2.5%
网络视频	57 892	75.0%	60 906	76.0%	5.2%
网络音乐	54 809	71.0%	55 482	69.2%	1.2%
网上支付	53 110	68.8%	56 893	71.0%	7.1%
网络购物	53 332	69.1%	56 892	71.0%	6.7%
网络游戏	44 161	57.2%	48 552	60.6%	9.9%
网上银行	39 911	51.7%	41 715	52.0%	4.5%
网络文学	37 774	48.9%	40 595	50.6%	7.5%
旅行预订[5]	37 578	48.7%	39 285	49.0%	4.5%
电子邮件	28 422	36.8%	30 556	38.1%	7.5%
互联网理财	12 881	16.7%	16 855	21.0%	30.9%
微博	31 601	40.9%	33 741	42.1%	6.8%
地图查询	49 247	63.8%	52 419	65.4%	6.4%
网上订外卖	34 338	44.5%	36 387	45.4%	6.0%
在线教育	15 518	20.1%	17 186	21.4%	10.7%
网络出租车	28 651	37.1%	34 621	43.2%	20.8%
网约专车或快车	23 623	30.6%	29 876	37.3%	26.5%
网络直播[6]	42 209	54.7%	42 503	53.6%	0.7%
共享单车	22 078	28.6%	24 511	30.6%	11.0%

图1-8 网民移动应用类型的用户规模和使用率

2）我国电子商务发展现状

2018年1—5月，电子商务平台收入为1 164亿元，同比增长39.1%。与2017年较大的波动幅度相比，2018年电子商务平台收入增速保持平稳，平台总体收入快速增长，如图1-9所示。

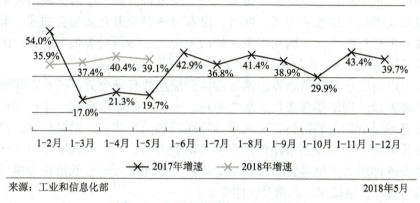

图1-9　电子商务平台收入增长情况

2018年上半年，全国网上零售额达4.08万亿元，同比增长30.1%。其中，实物宝贝网上零售额为3.13万亿元，同比增长29.8%，增速比同期社会消费品零售总额增速高出20.4个百分点。实物宝贝网上零售额占社会消费品零售总额的比重为17.4%，对社会消费品零售总额增长的贡献率为46.4%，有力地拉动了消费增长。2016—2018年上半年全国网上零售额及同比增速如图1-10所示。

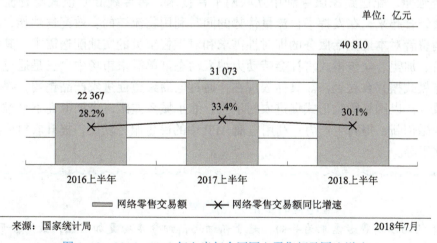

图1-10　2016—2018年上半年全国网上零售额及同比增速

从行业格局来看，2018年上半年各家电商平台加速线下整合，推动零售业阵营化发展。阿里巴巴、腾讯、京东等利用自身资本、流量和技术优势，通过投资并购、战略合作等形式整合实体零售企业，逐渐形成"阿里系""京腾系"两大阵营。线上线下融合发展，有助于转变零售业"小而散""环节多"的现状，促进流通效率提升和行业模式创新，同时，实体零售企业也为线上平台提供了"直面客户"的消费场景，为零售业态模式创新开拓了新空间，但行业"阵营化"可能带来零售商业资源向少数平台集中，加大了不正当竞争、垄断等风险。

从行业趋势来看，电商与社交、内容融合趋势进一步加强。微信小程序、京东和淘宝推出社交电商应用"拼购"和"淘宝特价版"等都反映出社交正在成为电商业务拓展的重要方式。同时，电商与内容业务交叉融合加速。电商平台通过短视频打造多元化购物场景，如淘宝推出生活消费短视频应用；内容平台跨界拓展电商业务，部分短视频企业上线电商购买链接等。

从用户角度来看，网络零售消费群体分层趋势日渐突显，满足不同群体消费需求成为带动网络零售市场发展的重点。一、二线城市高收入年轻用户作为网络零售存量市场主要群体，更注重购物品质和消费体验，网易严选、盒马鲜生等品质电商、创新业态带动该用户群体消费升级；三、四线城市中老年"长尾"消费群体成为网络零售市场新增量用户，社交平台通过低价拼团模式满足了此类消费者价格敏感、消费升级的需求。

总之，2018年上半年，我国互联网经济运行平稳，电子商务总体保持稳定发展，在协调供给侧结构性改革、拉动就业、助力乡村振兴等方面发挥了重要作用。一是在全国消费升级的大背景下，电子商务成为协调供给侧结构性改革的有效模式。表现为：具有成本优势的宝贝，通过跨境电商这种新途径分发，有效缓解了库存压力；电子商务促进高品质的线下消费转移到线上，而线上消费结构由生活消费横向拓展到住房、教育、医疗、交通等领域。二是即时配送到家市场快速发展，在一定程度上促进了就业。随着零售业向上下游产业链延伸，配送到家服务利用互联网平台技术，将传统B2C模式与物流产业紧密结合起来，在发挥平台流量优势的同时利用物流链的实效配送功能，满足了消费者对本地生活服务的即时性需求和对零售宝贝的实地配送需求，其中的自营、加盟、众包模式将社会劳动力纳入动态订单需求市场中。三是通过电子商务模式振兴乡村经济。具体表现在：通过电商渠道促进农产品销售，提高农民收入；以网络购物形式促进农村消费，缩小城乡差距；借助电商下乡推动农村金融创新，提高生产力；利用电商APP中的民生服务功能，提升农村公共服务水平等。

[知识链接]

电商行业的发展趋势

电商的商务活动以消费者需求为导向，趋于精细化，细分市场更加明显，最终会形成小而精的局面。对于电子商务而言，未来的发展方向趋于明朗。

（1）农村电商。农村电子商务正在蓬勃发展，面对日益饱和的一、二线城市市场，农村电子商务注定成为各大电商的新战场，农村人口是非网民的主要组成部分。截至2018年6月，我国非网民规模为5.88亿人，其中城镇地区非网民占比为37.8%，农村地区非网民占比为62.2%。

（2）移动电商。我国手机网民规模达7.88亿人，网民通过手机接入互联网的比例高达98.3%。因移动设备屏幕较小，可呈现信息有限，这就要求卖家要提高信息展现的精准度。并且移动设备可以与智能穿戴设备进行结合，让消费者感受虚拟与现实相结合的购物体验。

（3）社交电商。现阶段，消费者对品质生活追求越来越高，达人、网络红人主导的推荐式购物成为重要驱动力。电商购物主导方式由宝贝转移到人，从价格走向内容，形式也更加多样，包括图文、视频、直播等。社交是未来几年电商发展的重要驱动力。

（4）海淘电商。消费者收入水平提高，对海外高品质产品需求增强，为海淘电商提供了广阔的发展空间。海外电商未来将逐步向海外品牌过渡。

总之，电子商务会依旧展现出强大的发展力，在未来仍旧保持高速的发展，而且发展动力会不断增强，发展区域也会更加均衡。

电商平台发展动态

电商平台为吸引更多的流量，紧跟互联网的发展潮流，不断迭代平台营销手段，利用好平台、玩转新规则可以为店铺带来更多的流量，进而推动店铺盈利。

（1）直播。移动视频直播的到来，让传统电商日渐成熟的运营模式找到了突破口。直播＋电商的发展模式成了稳固的搭档。这种"边看边买"的模式也逐渐在母婴、美妆、潮搭、运动健身等类目中得到广泛运用。

"淘宝直播"自2016年3月份试运营以来，观看直播内容的移动用户超过千万，主播数量超千人，目前该平台每天直播场次近500场，其中超过一半的观众为"90后"。大量的买家可以通过更直观的方式看到产品，增加下单的可能性，提高转化率。

（2）小视频。随着网络的提速，电商移动端平台用户活跃度逐年提高。现在内容同质化严重，单一的图片化营销已味同嚼蜡，消费者对网购的概念也在不断演变升级，此时，移动端小视频的出现，再次引起了消费者的兴趣。在短时间的视频中，卖家根据自己的产品特点，通过视频快速剪辑、镜头创意切换，直观地介绍宝贝特性和卖点，这种方式得到了广大消费者的支持。

移动端小视频作为淘宝网平台2017年的主要创新之一，为淘宝网卖家带来了可观的流量。而作为国内最大的电商平台，淘宝网的动态几乎预示着行业的风向。

（3）问大家。内容营销始终是互联网营销的热点之一，但在各大电商平台运转了十余载的"评论"功能已经逐渐失去消费者的信任，由于评论功能互动门槛低，很容易被卖家人为操作，设置一些错误的引导评论，导致消费者不敢相信评论区的内容，效果持续走低。针对这一问题，目前在各大电商平台兴起了一场"问大家"革命。这是一项可以发布问题或系统随机提问的新功能，各平台通过自己设置的问题互动机制，将问题推送到消费记录良好的用户端，回答问题的用户可以获得平台提供的相应奖励。这一创新举措再次提高了内容营销的热度，给卖家再次焕活用户的机会。

这项功能已经在"淘宝""支付宝口碑""大众点评""京东"等平台推广，图1-11所示页面下方位置为淘宝手机端"问大家"区域。

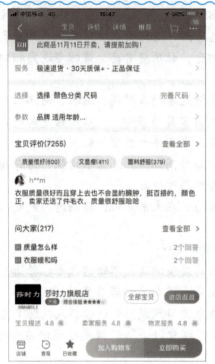

图1-11 淘宝手机端"问大家"区域

3)网上就业与网络创业

李克强总理在2014年9月的夏季达沃斯论坛上在公开场合发出了"大众创业,万众创新"的号召,他提出,要在960万平方公里土地上掀起"大众创业""草根创业"的新浪潮,形成"万众创新""人人创新"的新势态。此后,他在首届世界互联网大会、国务院常务会议和各种场合中频频阐释这一关键词。每到一地考察,他几乎都要与当地年轻的"创客"会面。他希望激发民族的创业精神和创新基因。

2014年,中国就业促进会发布的《网络创业就业统计和社保研究项目报告》指出,全国仅网络创业带动的直接就业规模就接近1 000万人,而在网络创业网店中,70%以上为个人电子商务,美工、销售、设计等人员是急需的人才。以阿里巴巴旗下的服务平台淘工作为例,目前与电子商务相关的职位种类主要有运营类、推广类、设计类、技术类、客服类和其他类。其中,运营类包括店铺运营、运营专员、活动策划,新媒体运营、数据运营、卖家运营、产品运营、文案编辑和运营实习生等具体职位;推广类包括网店推广营销策划渠道推广、直通车推广、钻展推广、招商专员商务拓展和客户经理等具体职位;设计类包括买手、平面设计、网页设计服务设计师、摄影师、UI设计、设计助理、搭配师、造型师和产品设计等具体职位;技术类包括JAVA/PHP开发工程师、数据库工程师、产品经理、产品策划和产品实习生等具体职位;客服类包括淘宝客服、天猫客服和速卖通客服等具体职位;其他类包括模特、行政、人力资源、财务、快递员、法务、供应链管理、物流专员、仓库管理、教育培训和网络销售等具体职位。在这些岗位中，招聘单位对于店铺运营、美工和客服的需求量较大。

回顾20世纪，工业化、创新和技术进步创造了前所未有的财富，并大幅改善了人们的生活质量，就业本身在演变：穿衣吃饭这类基本生产所需的人力减少了。当前，失业或就业不充分的劳动者总数上升，高技能劳动者供应在日益增长的需求面前显得捉襟见肘。

到2020年，就业将相应从"生产经济"下的"标准化"向"消费经济、服务经济"下的"个性化、多样化"转型。就业组织方，也从"有限数量的公司"向"无限的从业者"转型；从业者，从工业经济下"千人一面"向"千人千面"转变。年龄结构，"95后""00后"将成为就业的主力人群，年轻人对于就业的取向将是"自由、灵活、创意、体验"，而不仅仅定位于"谋生"。

届时，就业关注点也将会从"充分就业"到"多样、灵活、自主"，是否可以支撑创新创业发展转变。因而，规划制定一定要把握未来就业的方向、趋势。

未来就业发展将有三大趋势：

① 平台型就业浮现，自然人成为市场的主体。"平台式就业"已经成为基本就业景观。传统的就业方式下，员工受雇于特定企业，通过企业与市场进行价值交换；而平台方式下，自然人通过虚拟账号就可以成为平台的服务方，与市场消费者连接，实现个人的市场价值。

② "创业式就业"成为一种显著的"就业"方式。"互联网"带来的新经济为创新创业提供了更大的空间和高效的途径。随着信息技术和互联网的迅猛发展，互联网成为年轻人创业的首选。淘宝、天猫正成为千万年轻人创业的三角地，从而对接超过4亿人的在线消费者、3万亿元的大市场。

③ "共享式就业"成为广泛可能。"平台经济"是基础，"共享经济"是实质，"微经济"是土壤。共享经济打破了传统的"全时雇佣"关系，在使就业方式更加灵活的同时，也增加了就业渠道与岗位。

《中国分享经济发展报告2016》显示，2015年中国共享经济市场规模约为19 560亿元。共享经济领域参与提供服务者约5 000万人，约占劳动人口总数的5.5%。参与共享经济活动总人数已经超过5亿人。滴滴公司为超过1 300万司机创造了就业机会。以家政行业为例，都是以灵活就业群体为主，全国家政行业大约有65万家企业，从业人员超过2 500万。

分享经济给富有创造力的个人提供了一种全新的谋生方式，人们不必依托组织即可供应自己的劳动力和知识技能，使得拥有弹性工作时间的个人和缺乏弹性劳动力的企业、机构均能利益最大化。数字化网络平台大大降低了交易成本，包括搜寻成本、联系成本和签约成本等。

[知识链接]

新经济下自主性劳动就业的四大特征

未来，高科技互联网公司海量自主性劳动的就业方式将成为我国劳动力就业的一种重要形式。根据摩根大通研究院提出的"劳动型平台"概念和 Harris 与 Krueger 提出的"独立工人"概念，未来就业模式将呈自主性劳动平台的模式。

第一，工作与职业的边界模糊。互联网技术打破了职业和工作之间的界限。在传统的就业模式中，职业和工作是不可分割的，在正规部门就业，工作需要获得职业资格的准入与职业身份。

第二，工作与雇佣的分离。在共享经济下，通过互联网平台，工作和雇佣并不是必然的关系，并且非雇佣工作成为共享经济的主要就业形式。从业者可以自主决定是否上线运营，并决定自己的工作时间、工作强度和工作收入等。在工作中，从业者拥有较高的工作自主性。

第三，劳动力供给与需求的即时对接。在这种模式下，劳动力不需要在劳动力市场中搜寻工作，强大的后台技术运算能够使得需求和供给实现即时的点对点对接，从而使平台从业者找工作的成本为零，大幅降低了整个劳动力市场上工作搜寻与工作匹配的交易成本。

第四，无差别的就业机会。从就业的角度看，平台的开放性和包容性为就业者提供了公平的、无差别的就业机会（不区分学历、年龄、性别、是否专职）。

现有的就业概念和统计口径已无法清晰界定共享经济下的就业状态。非正规就业或灵活就业往往被看成是就业弱势群体在非正规部门的就业，是正规部门就业的补充。但是，从目前互联网平台的就业状态来看，平台吸纳了越来越多的就业人口，就业质量也不断提升，这种就业方式可能不是一种正规就业的补充，而是一种全新的就业方式。在新的就业方式中，就业与职业没有了边界，就业也可以不依赖雇佣组织。政府和社会应重新审视就业概念的界定，接纳新的就业形式，促进多种不同形态的就业模式共同发展。

2. 网上开店基础知识

1）网上开店的定义

网上开店是一种在互联网时代的背景下诞生的新销售方式，区别于网下的传统商业模式。与大规模的网上商城及零星的个人物品网上拍卖相比，网上开店投入不大、经营方式灵活，可以为经营者提供不错的利润空间，成为许多人的创业途径。网上开店与实体店铺相比可大大节省开店成本，而且网店也可以根据顾客的订单进货，不会因为积货占用大量资金。

网上开店是指店主（卖家）自己建立网站或通过第三方平台，把宝贝（形象、性能、质量、价值、功能等）展示在网络上给顾客看，然后在网络上留下联系和支付方式，买卖双方相互联系，然后买家以汇款或网上银行的方式跟店主进行买卖，达成交易的整个流程。

2）网上开店的特点

网上购物的流行促使一批批创业者将实体店铺搬到了互联网上。与实体店铺相比，网上开店不仅节约了成本，而且在宝贝进货、出售、管理等诸多方面也要明显优于实体店铺。

那么相对于实体店铺而言，开网店有哪些优势呢？下面就来分析并介绍。

（1）投资少

网上开店与实体店铺相比可大大节省开店成本，而且网店也可以根据顾客的订单进货，不会因为积货占用大量资金。此外，网店经营主要是通过网络进行，不需要专人时时看守，就可以省下房租、雇工费、水电气等各类杂费，这样初期投资成本自然就非常低。只需要准备一台联网用的电脑，宝贝摆放在家都可以。

相对实体店铺而言，网店仅仅需要支出宝贝的进货费用，而其他都是免费的。当然，具备一定规模的网店，可能会需要聘用员工，而支出一定的员工工资费用，但一般的网店只要自己利用空闲时间经营即可，基本上不需要投入太多的人力。

至于网店的进货与库存资金方面，网店中所展示的只是宝贝实物图片，可以等待买家下订单后，再去进货，而且还可以做宝贝代理，这样的网店甚至可以做到零库存。

（2）范围广

一个实体店铺，其购买群体仅限于店铺周边的人群，而网店就完全没有地域限制，网店中所针对的购买群体，可以是自己所在城市之外、省外甚至国外的购买群体。可以说，只要所售的宝贝有吸引力，那么做好随时接待来自各地买家的准备就好。同时由于无地域限制以及购买群体的广泛分布性，在开网店后，可以将自己所在地的特色宝贝、特色小吃等在网店上销售，这样其他地区的人群，也就能够方便地买到卖家所在地的各种特产了。

（3）限制小

实体店铺往往要受到营业时间、地点、面积等因素的限制。比如，在某个时间段打烊可能会令卖家错过很多生意；店铺位置如果人流量小，生意也不会景气；碰上生意爆好，又有可能因为自己店面太小失去许多本该属于自己的生意。

网店则完全不受这些条件的限制。经营者可以全职经营，也可以兼职经营，只要有一台能上网的电脑就可以开网店和经营，营业时间也比较灵活，只要可以及时查看浏览者的咨询并给予及时回复就不影响营业。卖家不必24小时守在店铺中，买家在任意时间浏览了店铺，并且看上了店中宝贝，可以直接下单。

另外，对于销售虚拟物品的网店来说，当买家购买虚拟物品后，后续的发货、收款等一系列流程都是自动的，卖家只需定时到网店收钱，并补充库存就可以了。

因此，绝大多数只要能经常上网的朋友，都可以开设自己的网店，只要记得定时去网店查看销售状况即可。

（4）方式灵活

网上开店不需要像网下开店那样必须要经过严格的注册登记手续，网店在宝贝销售之前甚至可以不需要存货或者只需要少量存货，因此可以随时转换经营项目，可进可退，不会因为积压大量货物而无法抽身。

3）网上开店的基本流程

网上开店主要采用自建电商平台和利用第三方电商平台开店的方式，但无论采用哪种，以第三方电商平台淘宝网为例，要在该平台上开设店铺大致需要以下流程：网上开店定位—选择开店平台—店铺注册—宝贝上架—店铺推广—客户服务，如图1-12所示。

图1-12　网店开设流程图

第一步，网上开店定位。想开一家什么样的店？一般来讲，网上开店的第一步并不在网上，而在自己的脑海里，观念决定行动。在这点上，开网店与传统的实体店没有太大的区别，寻找好的市场、选择有竞争力的宝贝是成功的基石。

第二步，选择开店平台。需要选择一个提供个人店铺平台的网站，注册为用户，这一步很重要。大多数网站会要求用真实姓名和身份证等有效证件进行注册。在选择网站的时候，人气旺盛、是否收费以及收费情况等都是很重要的指标。现在很多平台提供免费开店服务，这一点可以为开店者节省不少成本。

第三步，店铺注册。申请为卖家大致有三步：填写个人资料、提交身份证、提交银行卡。要详细填写自己店铺所提供宝贝的分类，然后需要为自己的店铺起个合适的名字，有的网店显示个人资料，应该如实填写，以增加信任度。

第四步，宝贝上架。需要把每件宝贝的名称、产地、所在地、性质、外观、数量、价格、交易方式和交易时限等信息填写在网站上，最好搭配宝贝的图片。图片需要经过前期的拍摄和后期的优化处理。如需要邮寄，要声明谁负责支付邮费。

第五步，店铺推广。为了提升自己店铺的人气，在开店初期，应适当地进行营销推广，但只限于网络上是不够的，要网上、网下多种渠道一起推广。

第六步，客户服务。买家在决定是否购买时，可能需要很多卖家没有提供的信息，他们随时会在网上提出问题，卖家应及时并耐心地回复买家（留言）。注意沟通的技巧，加强售后服务，这是网上开店不可忽视的、最重要的步骤之一。

4）网上开店的条件

网上开店尽管不需要像实体店那样租赁房屋、囤积大量的产品办理复杂的手续，但是也需要一定的条件。首先经营主体要年满18周岁，具有一定的计算机操作能力；其次，要具备网上开店的基本硬件条件，如计算机、手机、照相机等；最后，要有一定的资金投入，虽然网上开店的成本很低，但是也需要一定的资金投入，如店铺保证金、店铺推广费、进货费等。随着电商平台的逐渐规范，越来越多的平台开始提高准入门槛，如淘宝网的图书类目、食品类目等都需要办理相应的证件才能进入。

网上开店的条件非常简单，按硬件要求可以分为三类，可根据经营策略和经济状况等进行取舍。

① 体验型卖家。基本要求：计算机一台（可以上网）、智能手机一部、数码相机一台。如果卖家刚刚进入网上开店的行列，对网上开店的了解还非常浅显，主要目的是体验，那就不需要特别刻意地配置硬件设施。只要卖家拥有一台可以上网的计算机，就可以开始网上建店之旅了。

② 兼职型卖家。随着网上交易的进行，交易额趋于稳定，如果想进一步扩大经营规模，对硬件的要求也会更加严苛。基本要求：计算机一台（可以刻录、上网）、数码相机一台（高品质）、智能手机一部（能随时联系到）。

③ 专业型卖家。基本要求：办公场所、台式计算机一台（可以刻录、上网）、笔记本式计算机一台、数码相机一台（高品质）、智能手机（能随时联系到）、固定电话、传真机一台、打印机一台以及所卖产品的相关设施。由于专业卖家全力投入网上开店，且交易额比较高，所以对硬件的要求就复杂了许多。

5）网上开店前的初步定位方法

根据现代营销理论，市场定位涉及三个层次的定位：宝贝定位、品牌定位和公司定位。但是，对一位刚刚涉足网上交易的卖家来说，开始宝贝定位和品牌定位为时尚早，需要急迫解决的是网店定位问题。对网店进行市场定位的过程就是寻找网店差别化的过程，即如何寻找差别、识别差别和显示差别的过程。

（1）进行网店市场定位的步骤

① 网店的优势分析。

比如，有些人有通畅而价格低廉的货源，能够以比竞争者低廉的价格销售相同质量的宝贝，或以相同的价格水平销售更高质量的宝贝，这就是优势；再比如，有些人善于沟通，人缘好，能够很快得到顾客的信任，以较短的时间达成尽可能多的交易，这也是优势；还有些人资金充沛，在与供货商交易时，能够有更强的议价能力，这也是一种优势。

② 了解宝贝优势，作为推广重点。

通过调查和研究所要出售宝贝的各种因素，确定宝贝的优势所在。一个宝贝通常是多个因素的综合反映，包括性能、构造、成分、包装、形状、质量、品牌、售后服务，等等。通过综合分析，了解自己经营宝贝的优势在哪方面，然后把这方面作为推广宝贝的重点。

③ 结合优势，选择最合适的网店定位。

通过对自己、竞争对手、宝贝的分析后，就可以结合各方面的优势，选择一个最适合自己的定位。比如，卖家的进货价格有优势，就可以把自己的店铺定位为低价宝贝提供商。

④ 分析网店竞争对手，看清自己。

可以通过浏览竞争对手的店铺、查看网上竞争者的历史交易记录来分析竞争者，确定他们的宝贝组成、价格、销售额等，把自己的网店与竞争对手进行综合比较分析，从而得出自己的优势所在。

⑤ 一切就绪，确定网店定位结果。

综合所有分析及各方面调查的结果，就可以为自己的店铺确定一个最终的市场定位。

比如，卖家有物美价廉的进货渠道，经营宝贝的知名度较高，消费者对该宝贝的购买意向明确，而竞争者普遍交易量有限，在这种情况下，卖家便可以把自己的网店定位为名牌折扣店。

（2）市场定位的方式

网店市场定位实际上是一种竞争策略，它显示了一种宝贝或一个网店与同类宝贝或同类网店之间的竞争关系。网店的市场定位方式不同，它的竞争态势也不同。主要的网店市场定位方式有以下几种：

① 与对手"对着干"。

这是一种与市场上最强的竞争对手"对着干"的定位方式，也叫"迎头定位"。这种方式有时是一种危险战术，很容易导致失败，但不少卖家认为，这是一种更能激励自己奋发上进的定位，虽然有风险，但一旦成功就会取得巨大的市场优势，产生高额利润和高知名度。新手卖家如果要实行迎头定位，必须知己知彼，尤其要清醒估计自己的实力。由于选择的对手实力很强，在"对着干"时不一定非要压垮对手，能够与其平分秋色就是很大的成功。

② 安全稳妥地避开对手。

这是一种避开强有力的竞争对手的市场定位。优点是能够迅速在市场上站稳脚跟，并能在目标顾客心目中迅速树立起自己网店的形象。由于这种定位方式市场风险比较小，成功率较高，常常为大多数新手卖家所采用。

③ 卖不掉的宝贝可以二次定位。

通常对销路少、市场反应差的宝贝进行二次定位。这种定位旨在摆脱困境，重新获得增长与活力。困境的产生可能是决策失误引起的，也可能是竞争对手反击或出现新的竞争对手造成的，还有可能是宝贝意外地扩大了销售范围引起的。例如，目标市场为青年人的某款服装却在中老年顾客中流行开来，这时就需要重新定位。

实训1　网上开店前期分析书

实训目的：通过实训使学生理解网上开店的特点，了解开店的条件，能够结合自身情况进行初步定位。

实训内容：根据所学内容结合自身情况试着分析自己开店的优势、劣势，试给自己的店铺进行初步定位，并将分析过程和结果撰写为网上开店前期分析书。

任务2　网店的平台选择

完成了开店前初步的了解和定位工作以后，接下来要做的工作就是选择网上开店的平台，目前常见的平台有淘宝网、易趣网、京东商城、1号店、微店以及速卖通、敦煌网等。除此之外，还有一些地方平台，如梨都商城网就是礐山县的地方电商平台。一些实力较强的企业可以自建独立的电商平台。

1. 淘宝网

1）淘宝网简介

2003年5月10日，由阿里巴巴集团投资创办的淘宝网成立。2003年10月，阿里巴巴集团推出第三方支付工具支付宝，以担保交易模式使消费者对淘宝网上的交易产生信任。淘宝网拥有近5亿的注册用户数，每天有超过6 000万的固定访客，同时每天的在线宝贝数已经超过了8亿件，平均每分钟售出4.8万件宝贝。

熟悉淘宝规则

随着规模的扩大和用户数量的增加，淘宝网从单一的C2C网络集市变成了包括C2C、团购、分销、拍卖等多种电子商务模式在内的综合性零售商圈，目前已经成为世界范围的电子商务交易平台之一。

淘宝网首页如图1-13所示，某淘宝店铺的首页如图1-14所示。

图1-13　淘宝网首页

2）淘宝网的优势

（1）初期营销

"农村包围城市"。由于国家加强了对信息的规范力度，一大批中小型网站和个人网站失去了利润的来源而难以为继。淘宝网将广告放到这些小网站上面，通过广告宣传，让广大消费者知道了有这么一个C2C电子商务网站。

淘宝网与MSN等门户网站联盟。由于人们对淘宝网的看法逐渐发生了很大的转变，因此，淘宝网开始组建战略联盟。

利用传媒作市场宣传。淘宝网从2004年的北京国际广播电视周开始，利用热卖的贺岁片提高其知名度，而且还把道具拿到网上拍卖。

（2）网站质量

① 网站界面设计。淘宝网不断地进行改进和创新，使得网站的画面更加简洁。

图 1-14 某淘宝店铺的首页

② 客服中心。一旦用户有什么不明白的问题,就可以到客服中心的页面下寻求解决,客服中心包括:帮助中心、淘友互助吧、淘宝大学和买/卖安全四大版块。

③ 虚拟社区。淘宝的虚拟社区建立的成功,促进了消费者的信任。虚拟社区下设建议厅、询问处、支付宝学堂、淘宝里的故事、经验畅谈居等版块。

(3) 免费优势

淘宝网从 2003 年 7 月成功推出之时,就以 3 年"免费"牌迅速打开中国 C2C 市场,并在短短 3 年时间内,替代 eBay 易趣坐上中国 C2C 老大的交椅。2005 年 10 月 19 日,阿里巴巴宣布"淘宝网将再继续免费 3 年"。2008 年 10 月 8 日,淘宝在新闻发布会上宣布继续免费。

(4) 信用体系

淘宝网的实名认证。淘宝一旦发现用户注册资料中主要内容是虚假的,可以随时终止与该用户的服务协议。

利用网络信息共享优势,建立公开透明的信用评价系统。淘宝网的信用评价系统的基本原则是:成功交易一笔买卖,双方对对方作一次信用评价。

(5) 交易平台

为了解决 C2C 网站支付的难题,淘宝打造了"支付宝服务"技术平台。它是由浙江支付宝网络科技有限公司与公安部门联合推出的一项身份识别服务。支付宝的推出,解决了买家对于先付钱而得不到所购买的产品或得到的是与卖家在网上的声明不一致的劣质产品的担忧,同时也解决了卖家担心先发货而得不到钱的问题。

(6) 安全制度

淘宝网也注重诚信安全方面的建设,引入了实名认证制,并区分了个人用户与卖家用户认证，两种认证需要提交的资料不一样，个人用户认证只需提供身份证明，卖家认证还需提供营业执照，一个人不能同时申请两种认证。

（7）网店过户

作者从淘宝网获悉："网店过户"线上入口2013年7月24日正式开放，这意味着将来网店经营者只要满足一些必要条件，即可向平台提出"过户"申请；过户后网店信誉保持不变，所有经营性的行为都会统一被保留。同时，淘宝对店铺过户双方也有一定约束，如原店铺参加签署的各类服务协议，过户后一并承接。

因此，淘宝网的开店门槛相对较低，凡是年满18周岁的公民都可以开设店铺，而且开店成本相对较低，绝大部分类目只需要1 000元的保证金，该平台对学生、残疾人及家庭主妇比较适合。随着淘宝网用户的增多，该平台也越来越规范，对于一些特殊的类目（如图书、食品等）实行准入制度，比如食品类目需要提交食品经营许可证和营业执照等资质。

部分个人开设的店铺还可以升级为企业店铺，淘宝企业店铺是一种介于公司直营和个人卖家之间的店铺。企业店铺是指通过支付宝卖家认证，并以工商营业执照开设的店铺。普通个人卖家通过身份认证就可以开店，淘宝企业店铺需要认证企业营业执照。但是不像天猫，它没有诸如企业要有100万元以上注册资金、两年以上经营时间、品牌注册商标和纳税身份等限制。

[知识链接]

天猫与淘宝

"天猫"（英文：Tmall，亦称天猫商城）原名淘宝商城，是一个综合性购物网站。2012年1月11日上午，淘宝商城正式宣布更名为"天猫"。天猫是淘宝网全新打造的B2C（Business-to-Consumer，商业零售）业务平台，整合了数千家品牌商、生产商，为卖家和消费者之间提供一站式解决方案，提供100%品质保证的宝贝，7天无理由退货的售后服务，以及购物积分返现等优质服务。截止到2012年10月30日，已有87家独立B2C网站入驻天猫。其中包括中国图书零售第一的B2C网站当当网，当当网带入全部自营类目，包括80万种图书品类和30多万种百货品类入驻天猫，售价将实现同步。2014年2月19日，阿里巴巴集团宣布天猫国际正式上线，为国内消费者直供海外原装进口宝贝。

天猫具有普通店铺和旺铺都不具有的功能：

① 信用评价无负值，从0开始，最高为5，全面评价交易行为。

② 店铺页面自定义装修，部分页面装修功能领先于普通店铺和旺铺。

③ 产品展示功能采用Flash技术，全方位展示产品。

④ 全部采用商城认证，保证交易的信用。

天猫店铺目前有三种类型，分别是旗舰店、专卖店和专营店。旗舰店是指以自有品牌或由商标权人提供独占授权的品牌入驻天猫开设的店铺。专卖店是指以商标权人提供普通授权的品牌入驻天猫开设的店铺。专营店是指同一天猫经营大类下经营两个及两个以上品牌的店铺。针对不同类型、不同类目的店铺，入驻天猫的要求不同。例如，食品类目中的零食/坚果/特产的天猫入驻要求有以下几点：

（1）注册资本不低于人民币 100 万元。
（2）开店公司依法成立一年及一年以上。
（3）需具备一般纳税人资格。
（4）"零食/坚果/特产"类目自荐品牌需提供由国家商标总局颁发的商标注册证（®标）或商标注册受理通知书（TM 标）。
（5）如经营进口宝贝，专营店需提供以商标权人或报关单上的经营单位或收货单位为源头的二级授权。
（6）如经营国产宝贝，生产厂商需取得食品生产许可证或食品许可证或食品经营许可证。
（7）开店公司需要取得食品流通卫生许可证。
（8）如经营进口宝贝，专营店需要取得近半年内合法渠道进口证明。
（9）所有提交资料需加盖开店公司公章。

天猫的入驻门槛相对较高，除应满足上述基本要求外，对于费用的要求也比较高，天猫的资费主要包括保证金、软件服务年费和软件服务费。这里以食品类目中的零食/坚果/特产为例，旗舰店 R 标的保证金是 5 万元，软件服务年费是 3 万元，软件服务费的费率为 2%。

天猫的入驻流程包括提交入驻资料、等待审核、完善店铺信息和店铺上线。

2. 易趣网

1999 年 8 月，易趣在上海创立。主营电子商务，由邵亦波及谭海音所创立，两人同为上海人，均毕业于美国哈佛商学院。2000 年 2 月，在全国首创 24 小时无间断热线服务，2000 年 3 月至 5 月，与新浪结成战略联盟，并于 2000 年 5 月并购 5291 手机直销网，开展网上手机销售，使该业务成为易趣特色之一。易趣目前有 350 万注册用户。2002 年，易趣与 eBay 结盟，更名为 eBay 易趣，并迅速发展成国内最大的在线交易社区。秉承帮助几乎任何人在任何地方能实现任何交易的宗旨，不仅为卖家提供了一个网上创业、实现自我价值的舞台，品种繁多、价廉物美的宝贝资源，也给广大买家带来了全新的购物体验。易趣网首页如图 1-15 所示。

易趣网与淘宝的区别有以下三方面：

（1）开店门槛

随着跨境电商的发展，eBay 成为跨境电商行业的重量级平台，2018 年的第一季度 eBay 的活跃用户达到了 1.71 亿。eBay 为卖家提供建立品牌识别的能力，而大部分商品是新的，它为旧物品和收藏品提供了一个利基市场。卖家可以申请为个人账户或商业账户，卖家注册个人账户需要年满 18 周岁，并且能提供 eBay 要求的所有相关文件，如身份证资料、个人近照、地址证明资料（地址证明要和注册地址一致），每一个卖家只能申请一个企业入驻通道账户，要有 PayPal 账号，还需一张双币信用卡（VISA、MasterCard）。申请账号通过 eBay 卖家账号认证即可开店。

图 1–15　易趣网首页

开店步骤如下：第一步，注册 eBay 交易账户。创建 eBay 交易账户并通过信用卡完成身份验证，确认注册邮箱完成注册。第二步，注册 PayPal 资金账户。创建 PayPal 资金账户，并通过信用卡完成 PayPal 账户认证。第三步，eBay 诚信与安全政策。卖家需要知道 eBay 销售政策与要求，了解销售方式和禁止的事项。第四步，刊登一件优质商品。开始刊登物品，发布自己的商品广告和信息。第五步：成功出售商品操作流程。及时回复卖家提出的问题和要求，并积极协商商品出售和售后等事宜。

（2）支付工具

在中国，普遍认为支付宝是最安全的支付工具。eBay 平台推荐使用 PayPal 作为资金账户进行跨国收付款交易，PayPal 支持多国多币种结算，使用 PayPal 付款，意味着直接打款给对方，但就安全性来讲，支付宝的第三方担保作用从一定程度上减少交易纠纷，PayPal 支付如若造成纠纷则需要买卖双方协商解决。因此，自 2015 年关闭 PayPal 以来，eBay 也积极开通新的支付方式如 Apple Pay、Google Pay 等，提高用户体验满意度。

（3）经营模式

两个平台的规则不同，决定了卖家运营方式不同。eBay 不收取广告费，它的排名主要与账号表现、销售表现以及买家的满意度有关，即使是新店铺，只要卖家好好优化自己的刊登，做好客户沟通，及时发货，也可以得到比较好的曝光率。因为 eBay 的排序里没有历史销量这一项，而是与近期销量等因素有关，所以，在 eBay 平台很少出现爆款产品。

eBay 的收费主要包括上架费、成交费、PayPal 的费用及其他的附加费用，其基本费用加起来为交易金额的 15% 左右。在 eBay 开店，要等到订单产生才会向平台付费。而淘宝是靠收取广告费来获得产品的曝光，从而产生订单，所以需要卖家在盈利前就向平台付费。

另外，eBay 没有像阿里旺旺这种即时通信工具，只能给买家发信息留言，时效性较差，有时候在 eBay 上购买跨国产品，可能要等上一个月才能收到货，丢件也是比较常见的，所以在国内，中小型卖家选择淘宝的较多。

3. 京东

京东商城作为国内典型的 B2C 综合零售商，因拥有快捷的物流服务、完善的退货模式、良好的保障体系而受到广大电商消费者的青睐。2010 年，京东推出京东开放平台，吸引了更多优质品牌共同打造安全高效的网络营销平台，让消费者可以在京东购买到更加丰富的宝贝。为满足更多企业的开店需求，京东为想要入驻商城的第三方卖家定制了多元的运营模式以及相应的入驻流程。

1）京东开店须知

① 京东开放平台目前执行独立招商政策，没有授权任何机构进行代理招商。

② 京东开放平台暂不接受个体工商户的入驻申请，卖家须为正式注册企业。

③ 京东开放平台暂不接受未取得国家商标总局颁发的商标注册证或商标受理通知书的品牌的入驻开店申请，亦不接受纯图形类商标的入驻申请。

2）京东店铺类型

（1）旗舰店

旗舰店是指卖家以自有品牌（商标为"®"或"TM"状态），或由权利人出具的在京东开放平台开设品牌旗舰店的独占性授权文件（授权文件中应明确排他性、不可撤销性），入驻京东开放平台开设店铺。

旗舰店可以有以下几种情形：

① 经营一个自有品牌宝贝的品牌旗舰店（自有品牌是指商标权利归卖家所有）或由权利人出具的在京东开放平台开设品牌旗舰店的独占性授权文件的品牌旗舰店。

② 经营多个自有品牌宝贝且各品牌归同一实际控制人的品牌旗舰店（自有品牌的子品牌可以放入旗舰店，主、子品牌的商标权利人应为同一实际控制人）。

③ 卖场型品牌（服务类商标）商标权人开设的旗舰店。

（2）专卖店

专卖店是指卖家持他人品牌（商标为"®"或"TM"状态）授权文件在京东开放平台开设店铺。经营一个或多个授权品牌宝贝（多个授权品牌的商标权利人应为同一实际控制人）但未获得品牌（商标）权利人独占授权入驻京东开放平台的卖家专卖店，品牌（商标）权利人出具的授权文件不应有地域限制。

（3）专营店

专营店是指经营京东开放平台相同一级类目下两个为"®"或"TM"状态）宝贝的店铺。

专营店可以有以下两种情形：相同一级类目下经营两个及以上他人品牌宝贝入驻京东开放平台的卖家专营店；相同一级类目下既经营他人品牌又经营自有品牌宝贝入驻京东开放平台的卖家专营店。某店铺在京东平台上的首页如图1–16所示。

图 1–16　某店铺在京东平台上的首页

4. 移动平台

"微博改变媒体，微信改变社交，微店改变网商"，这句话在网络上风靡一时，让很多人认知到通过移动平台开店的重要性。以下几个时间点见证了微商的发展历程：

2012 年年底，代购开始在朋友圈兴起，微商雏形开始出现。2013 年初，面膜开启微商美妆时代。

2014 年 9 月，中国微商创业大赛启动，传统品牌进军微商，开启微宝贝品牌化时代。

2015 年年底，工商总局首次明确将微商纳入监管范围。

2016 年 9 月，新广告法要求微商渠道的卖家和其他行业一样，遵守广告法要求；2016 年 12 月，国务院首次以积极态度鼓励微商健康发展。

2017 年 1 月，第一部正式微商行业法出台，微商市场步入规范化运营。

在微店行业的粗放发展状态下，如何挑选一个存活力强且适合自己的微店平台显得至关重要。

1）口袋购物的微店

微店（www.weidian.com）是由北京口袋时尚科技有限公司开发，帮助卖家在移动端实现 APP 开店管理的软件。作为口袋旗下的产品，目前拥有几千万用户，使用该款软件无门槛，并且不收任何开店费用，无论是对个人还是对中小企业而言，都是不错的选择。

该软件支持一键导入淘宝店铺宝贝，如果卖家已在淘宝平台拥有自己的店铺，就可以轻松将淘宝店搬到微店平台上，实现经营渠道快速拓展。如果需要将已有的淘宝店铺进行加盟店拓展，微店同样可以实现将淘宝店搬到更多的微店中，卖家只需提供发货服务，其他事情由微店进行处理。某微店首页如图 1-17 所示。

2）有赞

2014 年 11 月 27 日起，口袋通正式更名为有赞，其基于 SaaS 模式，向商户提供免费的社会化 CRM 平台，以及完整的移动电商解决方案。目前，其旗下有有赞微商城、有赞收银、有赞供货商、有赞微小店（图 1-18）、有赞批发等产品。

图 1-17　某微店首页

图 1-18　某有赞微小店

有赞不仅帮助卖家在移动端搭建商铺，而且还可以帮助卖家管理各个平台上的粉丝。另外，有赞提供店铺、宝贝、订单、物流、消息和客户的管理任务，同时还提供丰富的营销应用和活动插件。有赞平台提供的开店软件可以免费使用，但是对申请者有着一定的限制，首先必须有微信服务号，且需通过认证才能开始使用，另外还必须是正规厂家，这对个人商户来说门槛较高。

3）微盟旺铺

2014年7月29日，微信第三方平台——微盟宣布微盟旺铺正式上线。企业可以通过微盟旺铺实现店铺装修、宝贝管理、订单管理、运费模板、营销管理、支付管理及微信帮购等功能，并能满足移动电商在社会化客户关系管理、O2O落地执行等需求。

微盟旺铺是国内现今主流的微信店铺搭建系统之一，也是业内使用较多的微信移动电商O2O产品。具有百万级的宝贝SKU库，在宝贝上架操作方面具有较好的处理能力。由于后台采用拖拽式设计，卖家可以在后台通过简易操作生成千变万化的店铺风格。

鉴于微信公众平台的社交属性，重复购买率将成为移动电商的主要考核指标。除基础的客户关系管理之外，微盟旺铺还配置了多款互动游戏，以良好的用户体验来留住用户。此举有助于增加用户的黏性，提高重复购买率。对企业来说，微盟旺铺可以帮企业把商铺拓展到每个人的手机里。对消费者来说，可以通过微信平台进入微盟旺铺随时随地购物。

申请开通微盟旺铺需要购买相应的套餐，微盟根据卖家的不同运营需求，在几个不同级别的套餐中都包含有微盟旺铺功能。但是由于组件功能的差异和营销解决方案的不同，收费也会有一些差异，具体需要根据卖家选择何种套餐来决定收费额度。要想获得高质量的功能服务，前期必须投入较多资金，因此微盟旺铺更适合具备较强实力的企业机构选用。

某微盟旺铺界面如图1-19所示。

4）阿里巴巴采源宝

采源宝APP是1688微供业务中主要针对微商代理开发的一款独立APP，微商代理可通过该APP查看自己供应商发布的宝贝和动态，可以将宝贝和动态快速转发到微信朋友圈或者微博等进行售卖。当微商接到买家的订单时，可以在APP中对供应商进行快速下单、交易、支付、查询物流信息等操作。

与其他的微商工具不同，采源宝并不是一个诸如微商开店或分享赚佣金的工具，它只是一个为微商提供货源的平台。微商在采源宝找到个人喜欢的货源，然后利用APP本身附带的一键转发和多图分享等小功能将宝贝分享至微博或朋友圈，若分享产生了订单，微商再在平台进行采购下单。采源宝页面如图1-20所示。

5. 跨境平台——全球速卖通

全球速卖通是阿里巴巴集团旗下面向全球市场打造的跨境电商出口平台，于2010年4月上线，目前已经覆盖200多个国家和地区的海外买家，网站日均浏览量超2亿次，成为全球最大的跨境交易平台之一。目前入驻速卖通平台需要企业支付宝账号认证，不接受个体工商户入驻。速卖通的店铺类型有三种即官方店、专卖店和专营店。速卖通对所有店铺主的基本要求如下：

图 1-19 某微盟旺铺界面

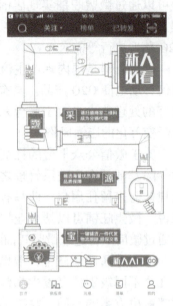

图 1-20 采源宝页面

① 所有卖家准入该经营大类的账号需要完成企业认证。

② 经合法登记注册过的公司或企业（不包括个体工商户）。

③ 需要提供四证（营业执照、组织机构代码证、税务登记证、银行开户证书）或多证合一后有统一社会信用代码的营业执照及银行开户证书。

④ 对于不同类型的店铺，品牌的资质应符合相应的要求。

⑤ 宝贝需符合法律及行业标准的质量要求。

卖家在全球速卖通上经营必须缴纳年费，年费金额以经营大类为参照，分别为 1 万元和 3 万元。

全球速卖通首页如图 1-21 所示。

图 1-21 全球速卖通首页

实训 2　撰写一份选择××C2C网上交易平台的理由和依据的书面说明

实训目的：通过综合训练，提高网上开店平台的选择能力。

实训内容：选择一个C2C网上交易平台。

实训要求：根据学习内容和要求，独立撰写一份选择××C2C网上交易平台的理由和依据的书面说明以及在网上开店的简要构想，填入表1-1。

表1-1　在网上平台开店的构想

项目	具体描述
选择该网上交易平台的理由	
网店基本构想	

任务3　网店销售宝贝的选择

货品是网店运营的前提，优质货源是网店成功的先决条件。并不是所有宝贝都适合在线销售，爆款也不是任意货品都能造就的。找到适合网店经营的货品是网店运营的前提，优质货源是网店成功的先决条件。

1. 选择合适的网络零售宝贝

随着电商市场日益成熟，越来越多的线下零售宝贝开始拓展线上销售任务。目前网络上服装服饰、鞋帽箱包、母婴、化妆品等类目的宝贝较为畅销。如何在琳琅满目的宝贝中选择合适的经营品类是至关重要的一步。在选择零售货品时，网店需要以自身优势为先决条件，参考所在市场的行情和宝贝特性，依据消费者的需求进行货品的挑选。

1）网络零售宝贝的特点

观察互联网上已有宝贝不难发现，它们或多或少都存在一些共同的特点，可供寻找货源时参考。

（1）体积较小

在线销售的宝贝依靠物流传递到消费者手中，体积小、重量轻的宝贝可以为卖家节约不少运输成本。

（2）易保存

无论物流配送还是快递运输，多采用陆路运输方式。在运输过程中，由于长时间、长距离的传递，很容易对宝贝本身造成损坏，而易保存的宝贝可为卖家节约费用，减少因损坏带来的客户投诉。

（3）不易买到

人们选择在线购物多是因为身边难以买到这类宝贝，那么选择经营宝贝时，可以考虑具备地域特性的产品。这类产品被人们所熟知并且需求量大，但是线下购买渠道较少，比如国外的宝贝或者地方特产。

（4）容易展示

由于在线交易是在虚拟环境中进行的，消费者不能直接看到宝贝，因此网上零售宝贝最好容易展示，否则消费者在无法了解宝贝情况时，是不太愿意购买的。例如网上售卖的服饰类宝贝，不仅有宝贝全方位的图片集、详细的产品参数，还有模特穿上之后的立体展示、其他消费者的评论和买家秀，消费者可以从多个角度了解产品的整体状况，容易产生购买行为。

（5）价格优惠

在大众眼中，网络零售的宝贝价格要比实体店优惠，如果出售常见宝贝则需考虑优惠问题。为此，很多品牌特意推出电商专售款，避免消费者比价。例如某热水器厂家，在国美、苏宁等线下渠道出售的一款热水器型号为 TB50M1.5，而在线上京东、淘宝等电商平台出售的型号为 CASOMIS，表面上型号不同，实质上热水器的外形、功能没有太大差异。这是为了避免线上线下相互比价，厂家特意生产的差异型号。现在很多顾客喜欢在门店看完实物后在网上搜索比价，这时如果网络同款的价格低于门店价，则比较具有优势。

（6）产品受众

挑选产品时不一定要满足全市场消费者的购物需要，但应尽量让某一领域或市场中的消费者接受。

2）寻找宝贝的策略

选择货品的过程可繁可简，取决于卖家对开店目标的定位，若是兼职经营，参考兴趣爱好即可，但若打算长期从事电商事业，用其谋生的话，则需要些寻货策略。

（1）市场行情分析

线下市场分析基于口口相传的经验或一些不精准的推测，而互联网市场行情可以实现全面而精准的分析。如淘宝网专门为卖家提供了"生意参谋"软件，其中的"市场行情"任务可以为卖家提供淘宝网的市场数据。不过该功能除了需要付费购买以外，还对购买门槛做了一定限制。对于刚入驻平台的新手卖家而言，可以联系达标店铺帮忙获取数据。

① 锁定市场范围。在选择经营宝贝品类时，卖家可先从自身的爱好特长和掌握的资源优势入手，尽量以自身优势为基点，先缩小宝贝的选择范围，再权衡利弊。善用自身对市场宝贝的熟悉度和对优质货源的把握度，

扬长避短，能够使卖家的经营活动事半功倍，有利于从激烈的竞争中脱颖而出。

② 分析市场潜力。宝贝的市场发展潜力是另一个需要重点考量的因素。一个市场的消费者购买力代表着该市场的潜力，潜力的强弱可通过分析行业情况及发展趋势来判断。趋势上升，证明消费者购买力增长，代表市场具备较大的潜力。反之，则建议更换市场，重新分析。

（2）竞争环境分析

选定市场后，要进一步对所在平台中该市场情况进行分析。例如，分析市场行情后选定女士低帮鞋作为货品，并打算在淘宝平台进行经营。那么，接下来就需要分析竞争环境的情况，从中找到发展契机。在淘宝平台，消费者选购宝贝大多通过淘宝搜索引擎对关键词进行检索，随后在平台推荐的宝贝列表中选择自己满意的宝贝。通过这个流程不难看出，影响竞争力的因素有两点：一是关键词；二是产品本身。

① 分析关键词。在淘宝进行购物时，有心人会发现搜索不同的关键词，搜索结果呈现的宝贝也不同。而且，关键词还会影响宝贝展示的数量，这就意味着观察不同关键词下的竞品数量，可以挑选出竞争力小的环境。

② 分析产品。消费者通过观察宝贝样式，选择心仪宝贝。宝贝样式由宝贝众多的属性组成。卖家可以利用"生意参谋"等分析软件，分析消费者购买行为中对购买宝贝属性的偏爱，再去市场中寻找符合这些属性的产品作为销售的对象。

按照如上思路寻找货源，可以极大地提高网上开店的成功概率。

2. 分析进货渠道

进货是网店经营中最基本的一项工作，选择正确的进货途径可以节省开店成本，保障货品质量，是卖家经营好店铺的基础。

1）线下渠道

主要的线下进货渠道有零售批发市场、产业带、工厂直采，通过这些方式寻找货源需要耗费较多精力，但可以直观验证货品是否符合需要，便于把控产品质量，洽谈宝贝价格。

（1）零售批发市场

零售批发市场是卖家主要进货途径之一，因其商品种类多、数量足、价格优惠，受到小成本经营者的喜爱。一般来说，城市中都会有规模不同的小商品批发市场，但商品种类及价格参差不齐，甚至有些小规模批发市场的商品价格还高于路边摊位。建议有能力的卖家到当地知名度高的市场采购，如果想见识一下大型的小商品批发零售市场还可以去义乌。义乌是全球最大的小商品集散中心，被联合国、世界银行等国际权威机构确定为世界第一大市场。

正所谓"买的没有卖的精"，拿货问价的技巧也有差别，掌握更多的批发技巧能让店主采购货品时避免被批发商"套路"。

① 货比三家。第一次去批发市场进货,不要急于购买东西,在店铺中多看、多问,记录感兴趣的店铺门牌号,随后以同样的方式去其他店铺寻货。摸清批发市场的整体情况,弄清要采购的货品在市场中有多少家在售,每家的质量及报价情况,做到心中有数再采购。

② 准备充足。批发商很容易从言辞和"行头"判断出买家的资历,如果遇到不良的批发商,可能会在没有旁人的情况下特意加价,参考以下两点能够降低这方面的风险:

其一,采购量不大时,手中拎着1~2个黑色大塑料袋,采购量大时,拉上一辆小推车。

其二,询价话术使用"这货怎么批""这个批什么价",不要说"多少钱一件""这件怎么卖"等零售的问法。

③ 批发不宜多。注意把握销售宝贝的季节特性。采购初期,新手往往不知道采购多少为宜,有的人一旦开始采购就止不住,拿完货回家才发现拿货超出了预计数量,导致本就不充裕的资金被占用。因此,初期采购不要带太多现金,出发前做好采购预算,控制进货数量。

④ 注意季节。例如服装并不是应季才开始出售,一般会提前两到三个月。有经验的批发商在夏季过半便开始吆喝羽绒服的买卖,只有外行还在那时销售夏季T恤。如果店主不明白这个道理,错误地批发了大量夏季服饰,很有可能造成货品积压。所以一定要看准季节时机,谨慎备货。

(2)产业带

产业带是相同或相关性质的企业趋于集中发展的地域,汇聚了行业中具有代表性的优秀产业。产业带商家多,竞争激烈,企业间为争夺市场也会采取相应措施,比如以降低价格、提高产品质量、提升服务等方式吸引采购方,使得采购者成为直接受益人。

产业带采购宝贝可以更早地接触到时尚前沿,在备货的时候挑选前沿产品,无形中增强了店铺的竞争力。不同货品的产业带也不同,如挑选箱包可以选择河北白沟,挑选电子产品可以去深圳电子产业带。

(3)工厂直采

宝贝从工厂生产出来后可能会经过经销商、分销商、批发商等多个环节,增加运输、质检、人力等多方成本,导致采购价远高于产品成本价格。相比之下,从工厂直接进货可以减少流通环节,拿到理想价格。选用工厂直采渠道的前提是需求量比较大,运转资金比较充足。多数厂家一般不与中小采购商打交道,即便同意供货也会抬高起批量,这一点对于网络零售而言是较大的问题。有些卖家一味追求低成本采购,导致大量货品积压,资金周转不开,库存增加,反而导致了店铺亏损。所以,店铺经营到一定规模以后,销量能达到工厂采购量的标准,再去工厂直采,这样还有可能享受到产品定制服务。

2)线上渠道

线上进货渠道以1688网站、天猫供销平台等大型交易平台为主。卖家从消费者处获得订单后,不用自行发货,而是将货品、物流信息在线传递给供应商,由供应商直接发货。这种进货模式实现了零售批发的在线交易,与线下渠道相比,具备无地域限制、节约交通成本、不必挑选物流等优势。

(1) 1688 采购批发平台

淘宝网是阿里巴巴旗下的零售交易平台,1688 网站则是阿里巴巴旗下的采购批发平台。图 1-22 所示为 1688 网站首页,它为全球数千万的卖家和供应商提供了便捷安全的在线交易保障。相比于线下批发市场,1688 网站拥有更加全面的宝贝类目,为卖家提供更多的货品选择,目前已经覆盖了服饰、箱包、母婴、百货、食品、家居、美妆、电器、化工等众多方面的宝贝供应。

图 1-22　1688 网站首页

在 1688 网站上寻找货源的方式与在淘宝网购物一样,也是多种多样的,如关键字查询、分类查询等。只要是淘宝会员,就可以登录该网站并进行货品采购。平台中有部分供应商支持一件代发服务,即卖家售出的宝贝直接由供应商进行发货,为卖家节省仓储、包装、物流等资产及时间成本,也为兼职开店提供机会。

(2) 天猫供销平台

天猫供销平台也被称为淘宝分销平台,是淘宝平台为卖家提供的分销、代销平台,目的在于帮助有货源的供应商招收分销商,让需要货源的卖家找到高质量的货品。从这个平台采购货品的前提是必须为淘宝或天猫的店铺卖家,并达到一定代销标准才能申请代销。天猫供销平台首页如图 1-23 所示。

下面简要分步骤介绍如何在天猫供销平台寻找货源:

第一步,登录天猫供销平台首页(gongxiao.tmall.com),单击顶部横向导航菜单中的"供销入驻"按钮,如图 1-24 所示。

第二步,在打开的页面中单击"我要入驻"按钮。

图 1-23 天猫供销平台首页

图 1-24 单击"供销入驻"按钮

第三步,完善个人信息并选择要代销的宝贝品牌、类目、利润空间等信息,如图 1-25 所示。

第四步,单击"提交"按钮完成入驻操作。

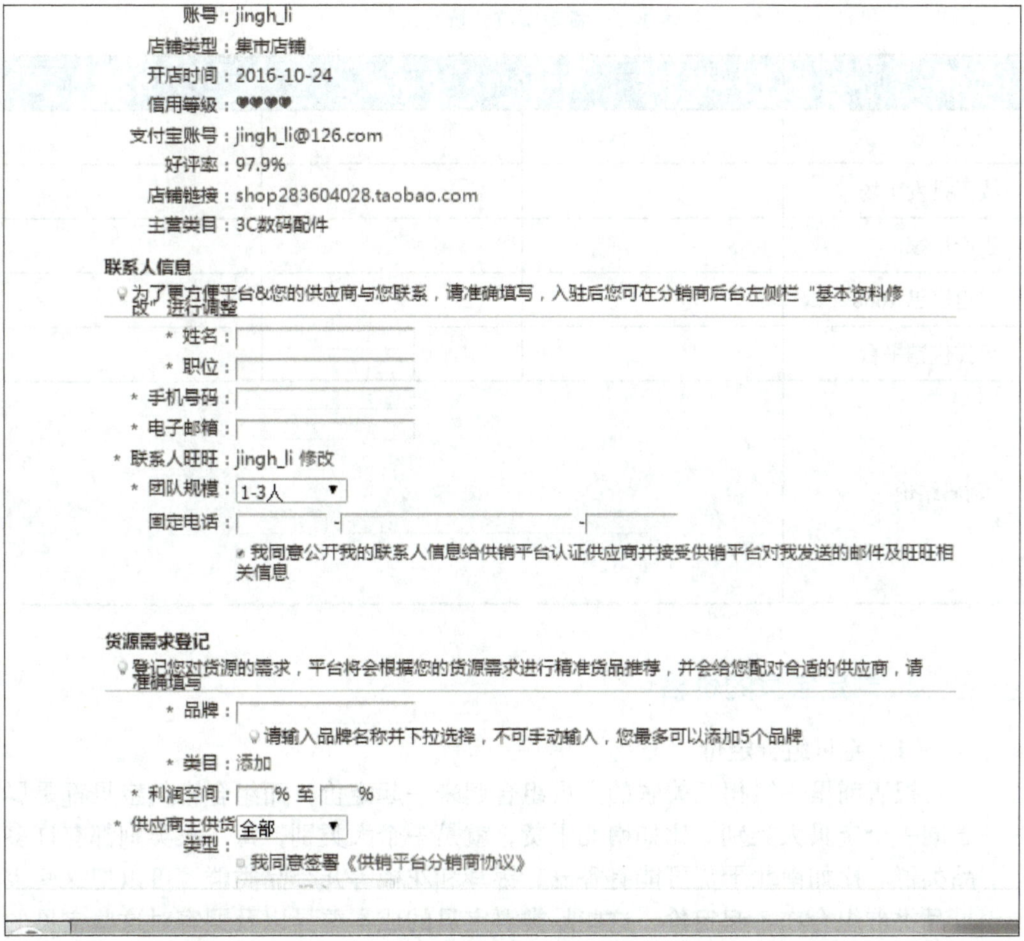

```
账号：jingh_li
店铺类型：集市店铺
开店时间：2016-10-24
信用等级：❤❤❤❤
支付宝账号：jingh_li@126.com
好评率：97.9%
店铺链接：shop283604028.taobao.com
主营类目：3C数码配件
```

联系人信息

为了更便&平台&您的供应商与您联系，请准确填写，入驻后您可在分销商后台左侧栏"基本资料修改"进行调整

* 姓名：
* 职位：
* 手机号码：
* 电子邮箱：
* 联系人旺旺：jingh_li 修改
* 团队规模：1-3人 ▼
  固定电话：   -   -

☐ 我同意公开我的联系人信息给供销平台认证供应商并接受供销平台对我发送的邮件及旺旺相关信息

货源需求登记

登记您对货源的需求，平台将会根据您的货源需求进行精准货品推荐，并会给您配对合适的供应商，请准确填写

* 品牌：
  请输入品牌名称并下拉选择，不可手动输入，您最多可以添加5个品牌
* 类目：添加
* 利润空间：   % 至   %
* 供应商主供货类型：全部 ▼

☐ 我同意签署《供销平台分销商协议》

图 1-25　完善个人信息

[小贴士]

寻找供应商的技巧

观看招募书是否翔实，判断供应商对销售是否重视，对于招募书寥寥几行文字就结束的供应商谨慎选择；关注供应商档案，查看其服务标记，开通的标记越多，其宝贝供应越有保障；考察供应商货品销售及分销商数量，搜索品牌查看店铺数量及销售情况，对于天猫供销平台销量高而淘宝平台实际销量很低的供应宝贝，谨慎选择；考虑利润的空间大小；考虑供应商是否有完善的分销管理制度。

实训3　分析不同货源渠道的特点

实训目的：通过实训使学生能够分析不同货源渠道的优缺点，结合自身情况选择适合自己的货源渠道。

实训内容：目前网上开店货源渠道主要分线上和线下两种，请结合本任务所学的内容，分析不同的货源渠道各自具有的优缺点，能够为自己选择合适的进货渠道，并将结果填入表1-2。

表 1–2　货源渠道分析

项目		优点	缺点	备注
货源渠道	个人专长			
	线下批发市场			
	生产厂家			
	阿里巴巴 1688			
	天猫供销平台			
调研结论				

3. 制定宝贝的价格

（1）宝贝组合定价

把店铺里一组相互关联的宝贝组合起来一起定价，而组合中的宝贝都是属于同一个宝贝大类别。比如南北干货，就是一个大类别，每一大类别都有许多品类群。比如南北干货可能有香菇、银耳和花椒等几个品类群，可以把这些宝贝品类群组合在一起定价。这些品类群宝贝的成本差异以及顾客对这些宝贝的不同评价，再加上竞争者的宝贝价格等一系列因素，决定了这些宝贝的组合定价，如图 1-26 所示。

组合定价可以细化分为以下几个方面：

① 不同等级的同种宝贝构成的宝贝组合定价策略：这类宝贝的组合，可以以这些不同等级的宝贝之间的成本差异为依据，以顾客对这些宝贝不同外观的评价以及竞争者的宝贝价格，来决定各个相关宝贝之间的价格。例如蜂蜜专区的九寨沟无污染正宗野生土蜂蜜、江西特产宜春革命山区铜鼓纯天然树参蜂蜜、自制花粉蜜茶花粉椴树蜜就可以组合起来制定价格。

② 连带宝贝定价策略：这类宝贝定价，要有意识地降低连带宝贝中购买次数少、顾客对降价比较敏感的宝贝的价格。提高连带宝贝中消耗较大、需要多次重复购买、顾客对它的价格提高反应不太敏感的宝贝的价格。

③ 系列宝贝定价策略：对于既可以单个购买，又能配套购买的系列宝贝可实行成套购买价格优惠的做法。由于成套销售可以节省流通费用，而减价优惠又可以扩大销售，这样流通速度和资金周转大大加快，有利于提高店铺的经济效益。很多成功卖家都是采取这种定价方法。把同种宝贝，根据质量和外观上的差别，分成不同的等级，分别定价。这种定价方法一般都是选其中一种宝贝作为标准品，其他分为低、中、高三档，再分别作价。对于低档宝贝，可以把

它的价格定得逼近宝贝成本；对于高档宝贝，可使其价格较大幅度地超过宝贝成本。但注意一定要和顾客说清楚这些不同级别的宝贝质量是不同的。

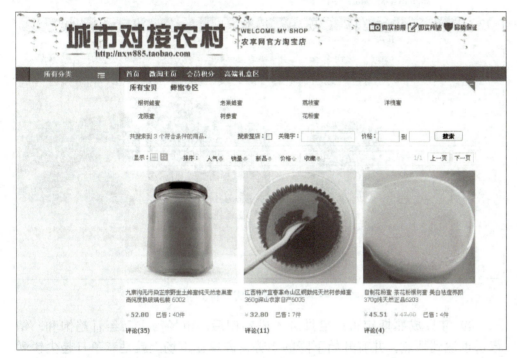

图 1-26　某官方淘宝店蜂蜜专区宝贝

（2）阶段性定价

阶段性定价就是要根据宝贝所处市场周期的不同阶段来定价，可以分为以下几种情况：

① 新上市宝贝定价：这时由于宝贝刚刚投入市场，许多消费者还不熟悉这个宝贝，因此销量低，也没有竞争者。为了打开新宝贝的销路，在定价方面，可以根据不同的情况采用高价定价方法、渗透定价方法和中价定价方法。对于一些市场寿命周期短的宝贝，一般可以采用高价定价，例如绿色生态新鲜果蔬等。农享网官方淘宝店最新上架宝贝价格如图 1-27 所示。

对于一些有较大潜力的市场，能够从多销中获得利润的宝贝，可以采用渗透定价方法。这种方法是有意把新宝贝的价格定得很低，必要时甚至可以亏本出售，以多销宝贝达到渗透市场、迅速扩大市场占有率的目的。对一些经营较稳定的大卖家可以选择中价定价。这种办法是以价格稳定和预期销售额的稳定增长为目标，力求将价格定在一个适中的水平上。一般不适合中小卖家。

② 宝贝成长期定价：宝贝进入成长期后，店铺生产能力和销售能力不断扩大，表现在销售量迅速增长，利润也随之大大增加。这时候的定价策略应该是选择合适的竞争条件，能保证店铺实现目标利润或目标回报率的目标定价策略。

图1-27　农享网官方淘宝店最新上架宝贝价格

③ 宝贝成熟期定价：宝贝进入成熟期后，市场需求已经日趋饱和，销售量也达到顶点，并有开始下降的趋势，表现在市场上就是竞争日趋尖锐激烈，仿制品和替代品日益增多，利润达到顶点。在这个阶段，一般采用将宝贝价格定得低于同类宝贝的策略，以排斥竞争者，维持销售额的稳定或进一步增大。

这时，正确掌握降价的依据和降价幅度是非常重要的。一般应该根据具体情况来慎重考虑。如果宝贝有明显的特色，有一批忠诚的顾客，这时就可以维持原价；如果宝贝没有什么特色，就要用降价方法保持竞争力。

④ 宝贝衰退期定价：在宝贝衰退期，宝贝的市场需求和销售量开始大幅度下降，市场已出现了新的替代品，利润也日益缩减。这个时期常采用的定价方法有维持价格和驱逐价格方法。如果卖家希望处于衰退期的宝贝继续在顾客心中留下好的印象，或是希望能继续获得利润，就要选择维持价格。维持性定价策略能否成功，关键要看新的替代品的供给状况。如果替代品供应充足，顾客肯定会转向替代品，这样一定会加速老宝贝退出市场的速度，这时即使卖家想维持，市场也不会买账。对于一些非必需的奢侈品，它们虽然已经处于衰退期，但其需求弹性大，这时可以把价格降低到无利可图的水平，将其他竞争者驱逐出市场，尽量扩大宝贝的市场占有率，以保证销量、回收投资。

（3）薄利多销的折扣定价

网上顾客一般都在各个购物网站查验过同样宝贝的价格，所以价格是否便宜是顾客下单的重要因素。如何定出既有利可图，又有竞争力的价格，淘宝店就需要选择薄利多销的折扣定价策略，如图1-28所示。

图 1-28 薄利多销的折扣定价

① 数量折扣定价：数量折扣是对购买宝贝数量达到一定数额的顾客给予折扣，购买的数量越大，折扣也就越多。采用数量折扣定价可以降低宝贝的单位成本，加速资金周转。数量折扣有累积数量折扣和一次性数量折扣两种形式。累积数量折扣是指当顾客在一定时期内购买的累计总额达到一定数量时，按总量给予一定的折扣，比如我们常说的会员价格；一次性折扣是指按一次购买数量的多少而给予的折扣。

② 心理性折扣定价：当某类宝贝的相关信息不为顾客所了解，宝贝市场接受程度较低，或者宝贝库存增加、销路又不太好的时候，采用心理性折扣一般都会收到较好的效果。因为消费者都有喜欢打折价、优惠价和处理价的心理，只要采取降价促销手段，这些宝贝就有可能在众多的宝贝中脱颖而出，吸引住消费者的眼球，大大提高成交的机会。当然这种心理性折扣，必须要制定合理的折扣率，才能达到销售的目的。

[小贴士]

网上开店的宝贝定价主要可以遵循以下几条原则：

第一，宝贝销售价格首先要保证店家自己的基本利润点，不要轻易降价，也不要定价太高，定好的价格就不要轻易去改。

第二，包括运费后的价格应该低于市面上宝贝的价格。

第三，网下买不到的宝贝的价格可以适当定高一些，定低了反而会影响顾客对宝贝的印象。

第四，店内经营的宝贝可以拉开档次，有高价位的，也有低价位的，有时为了促销需要甚至可以将一两款宝贝按成本价出售，主要是吸引眼球，增加人气。

第五，如果不确定某件宝贝的网上定价情况，可以利用比较购物网站，在上面输入自己要经营的宝贝名称，在查询结果中你就可以知道同类宝贝在网上的报价，然后确定出自己的报价。如果自己愿意接受的价格远远低于市场售价，直接用一口价就可以了。

第六，如果实在不确定市场定价或者想要吸引更多买家，可以采用竞价的方式。

第七，定价一定要清楚明白，定价是不是包括运费，一定要交代清楚，否则可能引起麻烦，影响到自己的声誉，模糊的定价甚至会使有消费意向的客户放弃购买。

实训 4 根据所学，制定店铺宝贝的价格，并给出依据

实训目的：通过实训使学生能够理解宝贝定价的原则和方法，能够结合自身宝贝的情况进行定价。

实训内容：分析同类宝贝在不同平台上的定价，指出定价的方法，结合自身情况试着给自己的宝贝定价，并说出理由。并将结果填入表 1-3。

表 1-3 宝贝价格分析

	宝贝名称	定价	所选用的方法	备注
货源渠道	淘宝网			
	京东			
	易趣网			
	阿里巴巴 1688			
	天猫供销平台			
结论				

项目二

开设网上店铺

学习目标

[知识目标]
（1）了解淘宝网开店的基本规则。
（2）了解店铺注册的注意事项。
（3）了解店铺注册时的相关使用工具和操作流程。

[技能目标]
（1）能够独立完成店铺的注册。
（2）能够独立完成店铺的认证。
（3）能够设置店铺的基本信息。
（4）能够上传图片，对图片进行合理分类。
（5）能够设置物流运费模板。
（6）能够熟练使用千牛工具。

任务1　注册账号

在确定销售宝贝类别及平台之后，接下来在淘宝平台的注册就成为开店的首要任务。首先，需要在淘宝平台上注册会员，会员注册时需要强调的是会员名的构成和登录密码的设置。

会员名一般是由5~20个字符组成，包括小写字母、数字、下划线、中文。为了便于记忆，通常建议使用中文会员名注册。登录密码也是由6~16个字符组成，根据设置的简易程度分为弱、中、强三个级别，在这里要说的是登录密码的设置最好使用"英文字母+数字+符号"的组合，不易使用自己的生日、手机号码、姓名等连续数字，以防账户被盗。会员注册如图2-1所示。

在填写完会员名和登录密码之后，接下来需要填写国家/地区和激活验证会员账号。会员账号的激活验证，有两种形式：一种是通过手机号码的输入来验证，另一种是通过邮箱来验证。手机号码的验证需要输入手机号码，之后淘宝网将会发送一条短信至手机，根据收到的短信验证码输入就可以完成验证。

邮箱验证则是淘宝网向用户输入的邮箱发送一封确认信，通过点击确认信的方式完成会员账号的激活验证。之所以需要验证是因为淘宝网希望通过以上两种方式来鉴别会员身份，其次也为了以后对于会员申诉找回密码的关联考虑，如图2-2~图2-4所示。

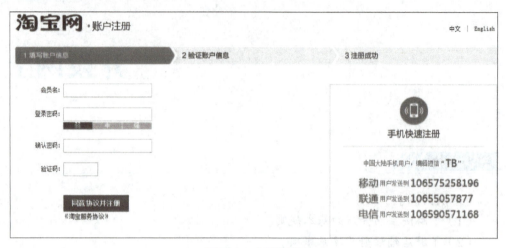

图 2-1　会员注册

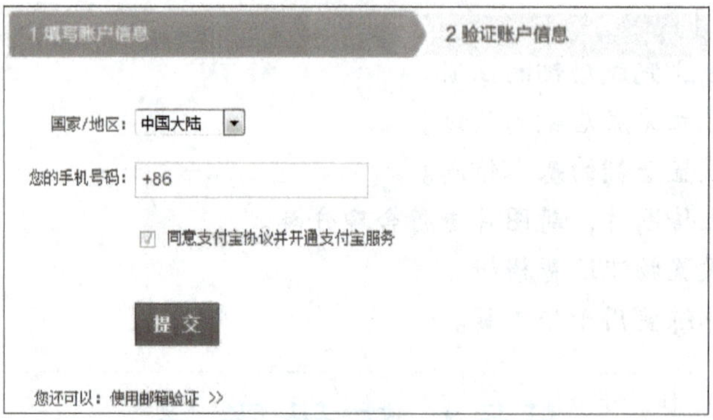

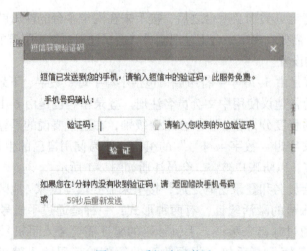

图 2-2　验证激活页面

图 2-3　手机验证激活

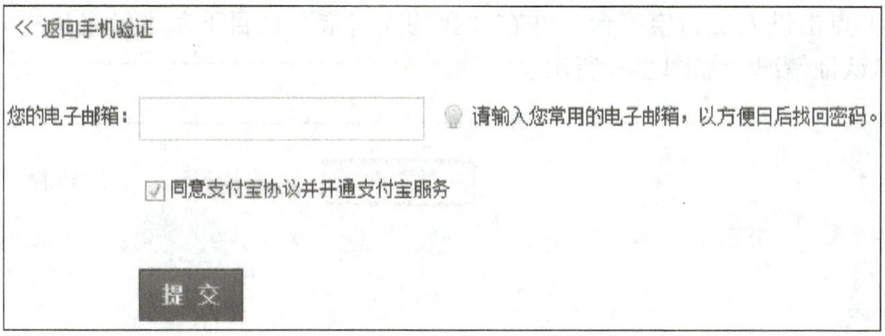

图 2-4 邮箱验证激活

任务 2　店铺认证学习目标

1. 支付宝实名认证

在验证激活后，会员账号就得以成功注册。接下来，作为卖家身份进驻淘宝平台，在淘宝网首页上点击进入"卖家中心"界面，首先映入眼帘的是"免费开店"及"出售闲置"，如图 2-5 所示。

如何进行
支付宝认证

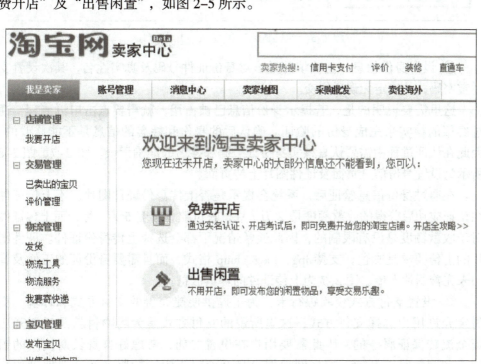

图 2-5 "卖家中心"界面

在进入"免费开店"界面之后，可以看到创建店铺满足的条件及需要补充的资质，如支付宝实名认证、身份证校验、淘宝开店认证和个人支付宝账号绑定。

对于支付宝实名认证和身份的验证，通常分为以下步骤：

① 点击进入支付宝平台，并在"我的支付宝"栏目下基本信息里查看支付宝实名认证情况，如图2-6所示。

图2-6　点击进入支付宝

② 设置身份信息：正确填写并核对身份证件号码及真实姓名，其次设置支付宝密码，并确定无误后提交。

这里需要说明的是，若提示身份信息已被占用，就需要点击申诉流程，通过客服的核实来完成身份的验证。确认后的身份和姓名的信息是不能修改的，因此在认证过程中需要认真核实身份证号码和姓名的准确无误。图2-7、图2-8所示为设置身份信息页面及证件图片上传页面。

在通过身份信息验证后，系统会提示是否上传身份证件图片，不上传证件在认证成功后获得的收款额度是2万/月，收付款总额度5万/月，而上传证件对于收款额度是没有限制的，因此通常情况下都会选择上传身份证件。证件图片的上传要求是彩色，支持jpg、jpeg、bmp格式，而且需要身份证的正面及背面来完善图片上传。图2-7为上传证件的基本信息。

③ 设置支付方式校验银行卡：为了提供便捷完善的支付方式和环境，支付宝允许用户选择支付方式，这里所说的支付方式是为购物付款及后期开店资金流转保证服务的，因此需要用户在设置之前，考虑好自身长期使用的银行卡和网银是否开通。农享网根据自身企业对于银行的服务及企业地理位置的需求，确定并注册了中国工商银行的网上银行。图2-9所示为设置支付方式。

在填写银行卡相关信息之后，支付宝系统会向所填写的手机号码发送一条短信校验，接受并填写校验码完成校验，图2-10所示为手机校验。若填写的

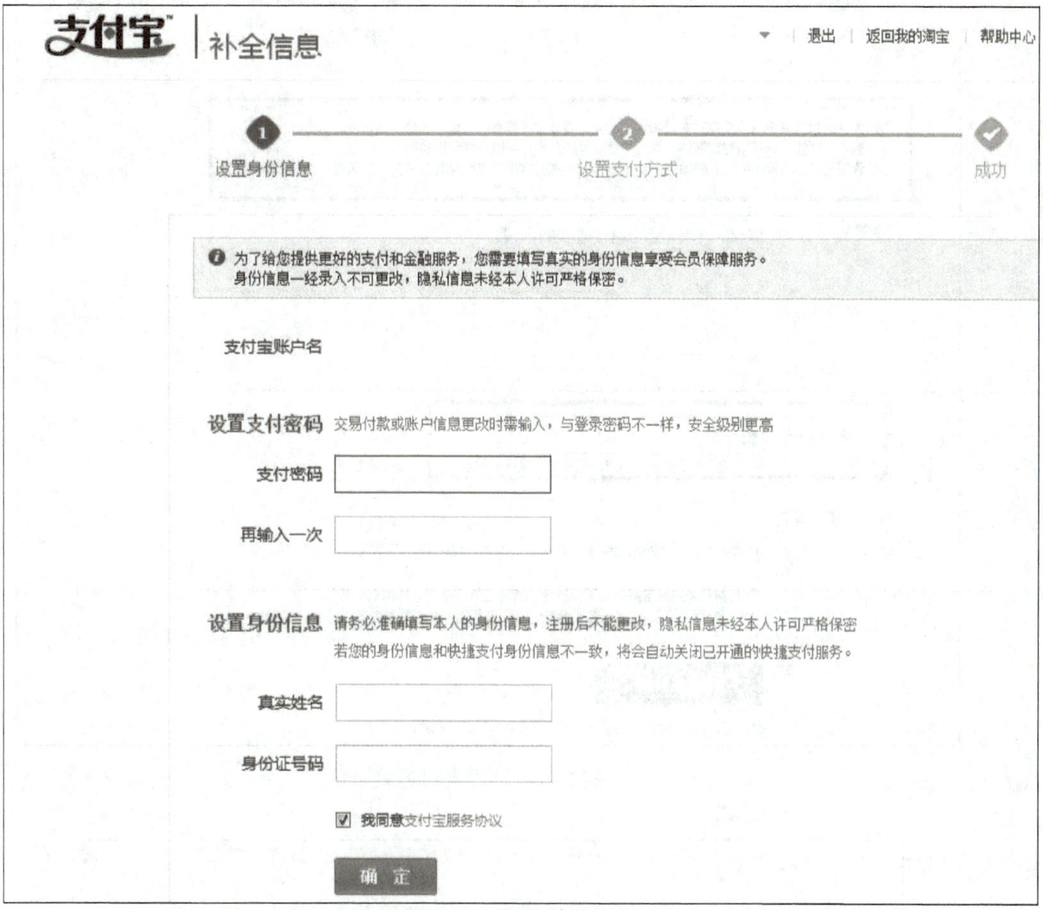

图 2-7 设置身份信息

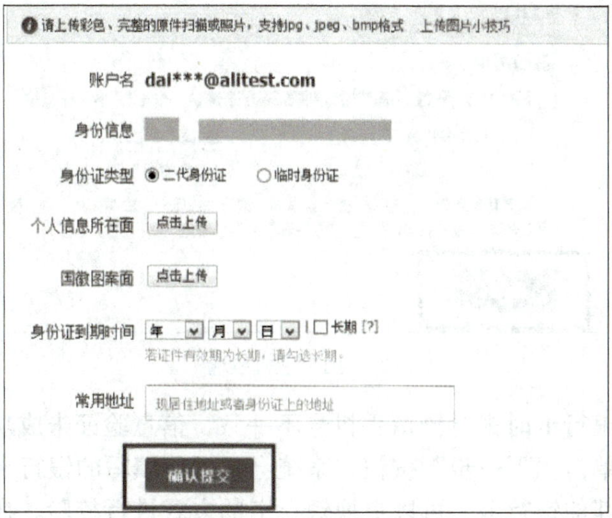

图 2-8 证件图片上传

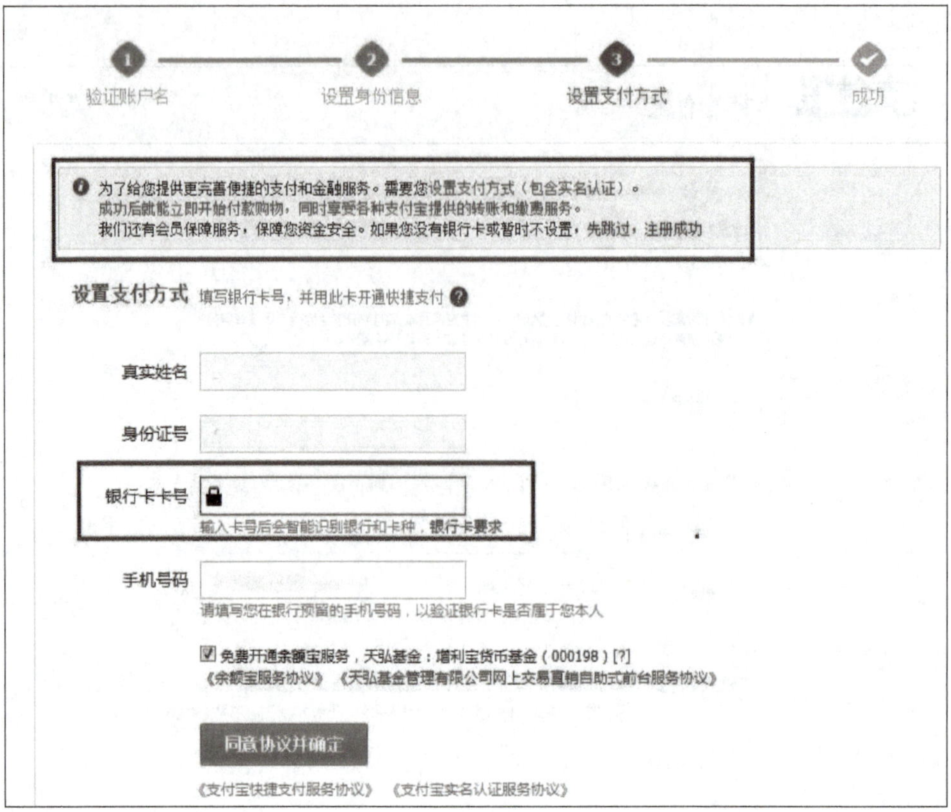

图2-9　设置支付方式

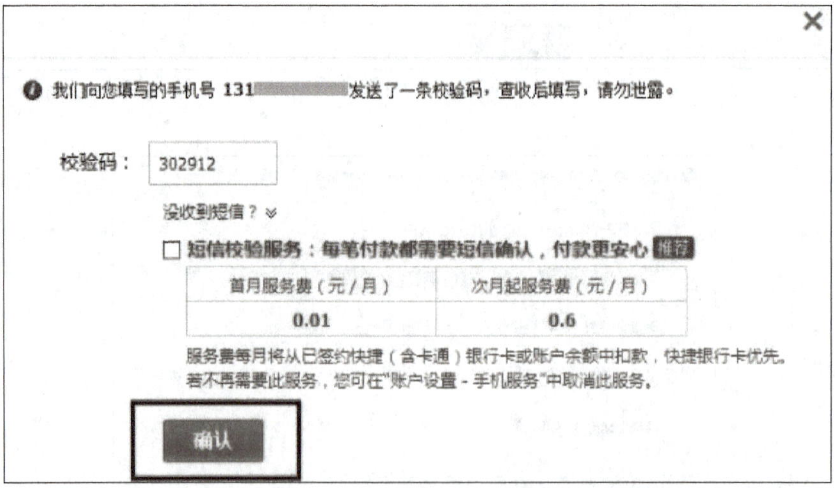

图2-10　手机校验

手机号与办理银行卡时银行预留手机号不一致，信息验证未成功，可以使用打款方式校验，单击"下一步"按钮，系统会根据所填写的银行卡信息进行打款验证。若还有其他银行卡，可以更换银行卡的方式进行校验。在收到打款且查询打款金额后，登录支付宝账号，进入认证页面，输入收到的打款金额，完成金额的确认。图2-11、图2-12所示分别为打款方式验证银行卡和输入金额。

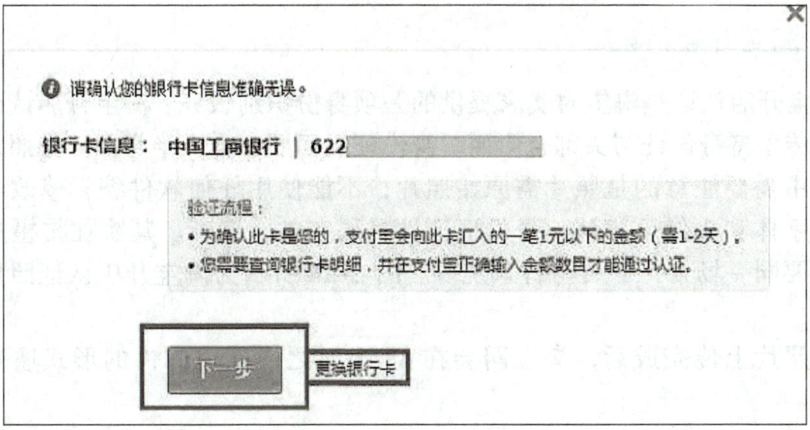

图 2-11 打款方式验证银行卡

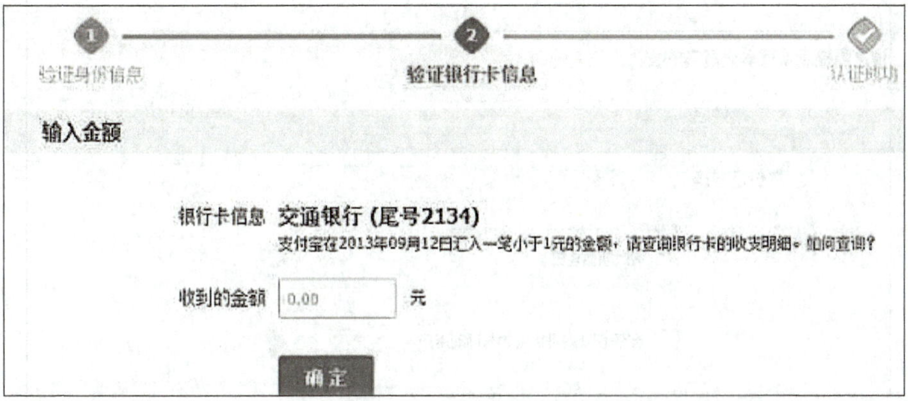

图 2-12 输入金额

④ 认证成功。银行卡验证成功，即可通过支付宝实名认证，如图 2-13 所示。

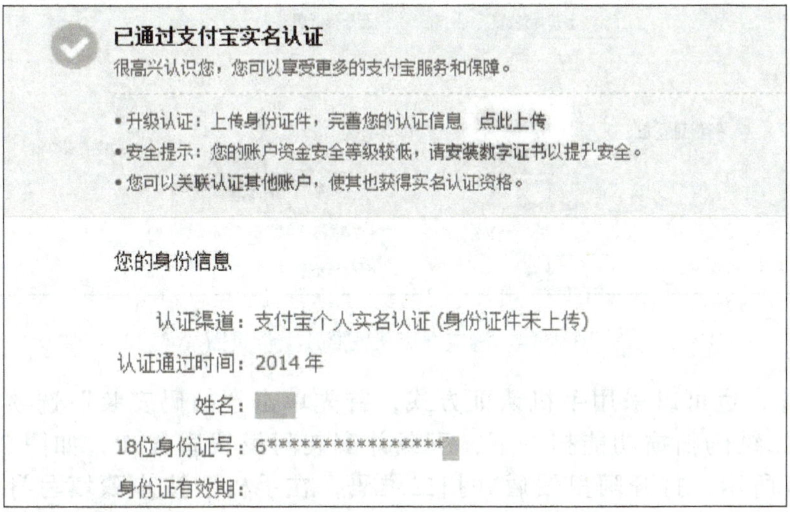

图 2-13 支付宝实名认证成功

淘宝开店步骤解析

2. 淘宝开店认证

淘宝开店认证是淘宝对卖家提供的一项身份识别服务。淘宝开店认证需要卖家上传手持身份证与头部合影照、身份证反面照、本人半身照三张照片来完成。其中需要注意的是照片需原始照片，不能使用任何软件编辑修改，图片清晰，字体和头像可辨认，身份证证件号码完整、清晰。其次在拍摄过程中照片需要同一场景，着装与背景统一。图2-14所示为淘宝开店认证照片上传页面。

在照片上传完成后，淘宝网会在48小时之内通过邮件的形式通知审核结果。

图2-14 淘宝开店认证照片上传页面

另外，也可以采用手机认证方式，首先单击"扫码安装"选项，然后用手机二维码扫描功能扫一下，下载并安装阿里钱盾APP，如图2-15和图2-16所示，打开阿里钱盾并扫二维码，在手机上按步骤填写身份认证资料信息。

项目二　开设网上店铺　47

图 2-15　下载安装阿里钱盾

图 2-16　完成身份认证，提交审核

任务 3　店铺基本设置

开店成功后，要完成对店铺的整体设置，包括店铺信息、缴纳保证金及开通其他消保服务等。

1. 店名的设置

一个好的店铺名对店铺的经营、招揽生意、提高名气能起到非常重要的作用。店名设置的操作步骤如下：

第一步，在"卖家中心"下拉列表中选择"免费开店"栏目。

第二步，在导航栏中选择"基础设置"的"店铺基本设置"栏目，依次填写店铺名称、店铺简介、联系地址、主要货源、店铺介绍，如图 2-17 所示。

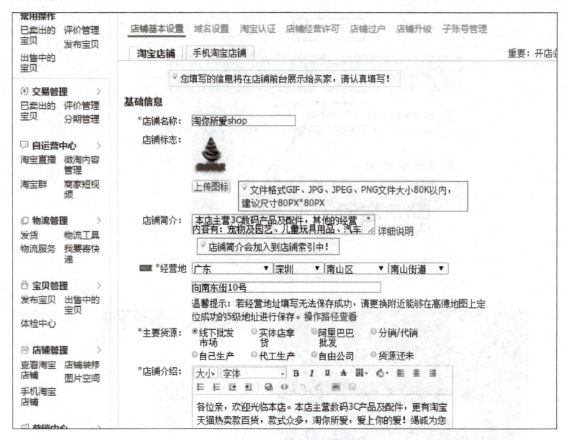

图 2-17 填写店铺信息

第三步，填完以上内容，单击"保存"按钮，店铺开设成功，如图 2-18 所示。

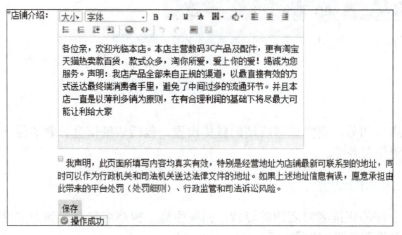

图 2-18 保存后显示操作成功

（1）网店起名的基本原则

① 简洁通俗，琅琅上口。名字越简短、精练越容易让人记住。例如"清新茶叶店"，一看店名，就知道该店是专卖茶叶的店铺。

② 别具一格，独具特色。在众多网店中如何脱颖而出，店名起着至关重要的作用。一个新颖且突显店主个性的店名，可以迅速抓住顾客的眼球，让其有进店看看的欲望。

③ 与经营的宝贝相关的店名。与经营宝贝相关联能让顾客对店铺的经营类目一目了然，例如"小小数码在线"，一看就知道是销售数码产品的网店。

④ 隐含店主名字。为了让顾客有亲切感，可以将店主的名字或者昵称隐含在店名中。如果将店名与店主名字、经营宝贝都联系在一起，或许更能加深买家的印象。

⑤ 用字吉祥，给人美感。好的店名应有文化底蕴、格调高雅或者有特殊含义，但是也不能一味追求个性，使用生僻字，不易辨认。特别需要注意的是：名字中绝对不允许出现违法或者侵权等文字。

⑥ 店铺名可以更改，店名最好是一看到就能让别人知道店铺是卖什么的。

（2）店名示例

① 电子产品店名：明华数码、星空数码港、特创科技。
② 服装服饰店名：青春衣然、我衣靠您、婷之美。
③ 美容护肤品店名：精油小魔女、丽人美容会馆、艾丽俏佳人。
④ 五金用品店名：安达、金不换、岁月流金。
⑤ 运动品店名：网羽天地、高球宝贝、天天泳城。
⑥ 治疗药品店名：好医生、康乐人生、不用再来。
⑦ 书店店名：书香的秘密、万卷书、知识面包店。
⑧ 时尚家居店名：家之趣、欧式家具城、快乐墙贴旗舰店。
⑨ 茶叶店名：近水楼台、三口品味、自然香。
⑩ 鲜花店名：花仙子、玫瑰情、兰草心语。

2. 店标的设置

（1）店标的定义

店标就是一个店铺的 logo，很多知名企业在进行对外宣传时都会带上自己公司的 logo，如麦当劳的标志最早是为了配合餐厅边上的拱形图案，将两个金色的拱形放置在一起拼成了现在这个家喻户晓的"M"。对麦当劳来说，这个标志不只代表"M"，首先，它被称为金色拱形，象征着它的价值与经营一座金矿一样；其次，拱形标志代表一个庇护所，人们可以在这个金色拱形下无忧无虑地休息。因此，店标的设置对于一家店铺来说非常重要。对于一个醒目、有个性、运作比较成熟的店铺，当买家看到店标时可能就会联想到这家店铺，从而对店铺产生深刻的印象。淘宝店标的文件格式通常为 gif、jpg、jpeg、png 等，文件的大小通常在 80 KB 以内，店标的建议尺寸为 80 px × 80 px。

比如裂帛的店标。裂帛是大家熟知的时尚民族风，所以 logo 字体采用的是大宋，包括英文的字体也取宋体的运笔结构。并且其品牌思想是"人生当有裂帛的勇气"，所以字体上有断裂设计，如图 2-19 所示。

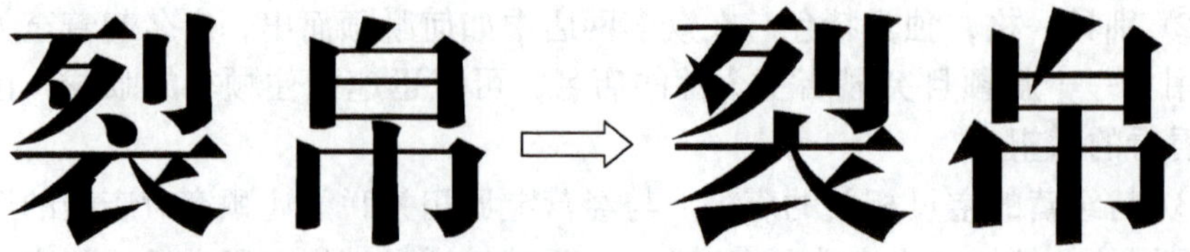

裂帛 ⇒ 裂帛

图2-19　裂帛店标的设计演变

（2）店标设计的策略

明确网店的侧重点、品类及其特点，整个店铺的风格和理念。在明确上述定位后，进行元素设置，一般基本元素包括中/英文店铺名称、符合店铺定位的表现形式（通常为图案符号等）、执行标准（标准色彩、标准字体、标准组合方式）、品牌广告语。元素的取舍、字体的选择以及色调全部都依据网店的定位来选择。店标设计的策略如图2-20所示。

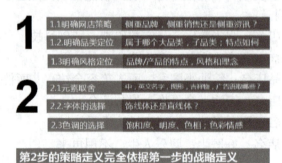

图2-20　店标设计的策略

（3）店标的设计软件简介

① Adobe Photoshop CS6 图像处理软件。

Photoshop 是 Adobe 公司旗下最为出名的图像处理软件之一，集图像扫描、编辑修改、图像制作、广告创意、图像输入与输出于一体的图形图像处理软件，深受广大平面设计人员和电脑美术爱好者的喜爱。

Photoshop 的应用领域是很广泛的，包括图像、图形、文字、视频、出版各方面。从功能上看，Photoshop 有图像编辑、图像合成、校色调色及特效制作几种功能。

Photoshop 界面图像编辑是图像处理的基础，可以对图像做各种变换如放大、缩小、旋转、倾斜、镜像、透视等，也可进行复制、去除斑点、修补、修饰图像的残损等。这在婚纱摄影、人像处理制作中有非常广泛的用途，可以去除人像上令人不满意的部分，进行美化加工，得到让人非常满意的效果。图像合成则是将几幅图像通过图层操作、工具应用合成完整的、传达明确意义的图像，这是美术设计的必经之路。Photoshop 提供的绘图工具让外来图像与创意很好地融合成为可能，使图像的合成天衣无缝。虽然使用 Photoshop 制作图标在感觉上有些大材小用，但使用此软件制作的图标的确非常精美。

② CorelDRAW 平面设计软件。

CorelDRAW Graphics Suite 是加拿大 Corel 公司的平面设计软件，该软件是

Corel 公司出品的矢量图形制作工具软件，这个图形工具给设计师提供了矢量动画、页面设计、网站制作、位图编辑和网页动画等多种功能。

该图像软件是一套屡获殊荣的图形、图像编辑软件，它包含两个绘图应用程序：一个用于矢量图及页面设计，一个用于图像编辑。这套绘图软件组合带给用户强大的交互式工具，使用户可创作出多种富于动感的特殊效果及点阵图像。即时效果在简单的操作中就可得到实现——而不会丢失当前的工作。CorelDRAW 全方位的设计及网页制作功能可以融合到用户现有的设计方案中，灵活性十足。

③ Ulead GIF Animator 动画 GIF 制作软件。

友立公司出版的 Ulead GIF Animator 动画 GIF 制作软件，内建的 Plugin 有许多现成的特效可以立即套用，可将 AVI 文件转成动画 GIF 文件，而且还能将动画 GIF 图片最佳化，能将您放在网页上的动画 GIF 图档"减肥"，以便让买家能够更快速地浏览网页。可以用该软件制作 GIF 动态店标。

3. 店铺其他信息设置

（1）店铺简介

店铺简介可以按照"掌柜签名……/ 店铺动态……/ 主营宝贝……/"格式书写，可以让系统识别出其中具体内容，将其展示到消费者面前。如图 2-21 所示，在该店铺页面左下方动态呈现店铺的简介内容。

店铺信息如何填写

图 2-21　某店铺动态显示简介内容

（2）经营地址、主要货源

"经营地址"是指店铺运营所在地，并非宝贝发货地；"主要货源"是指采购货品的渠道，如选择"货源还未选定"会影响店铺的运营效果，谨慎选择。

（3）店铺介绍

店铺介绍可以从主营宝贝、宝贝的种类、宝贝性能、客户服务、商业态度等方面进行描述，体现店铺诚信、实力以及活动力度等信息，可以有效提高消费者搜索时出现的概率。

4. 手机淘宝店铺的设置

现在大部分的店铺流量都来自手机平台，因此，除对 PC 端进行店铺的设置外，还应对手机端店铺进行设置，如图 2-22 和图 2-23 所示。

第一步，手机淘宝店铺的设置需要进入"手机淘宝店铺"进行设置。

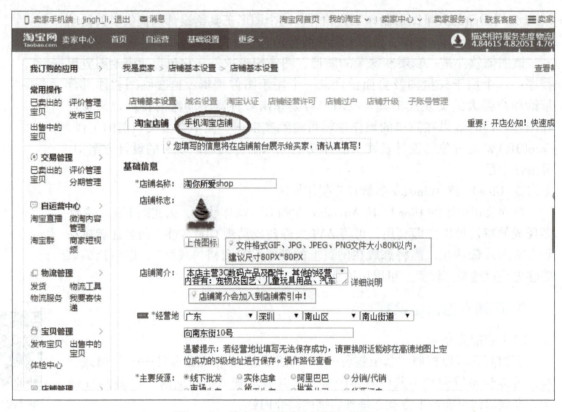

图 2-22　单击"手机淘宝店铺"按钮

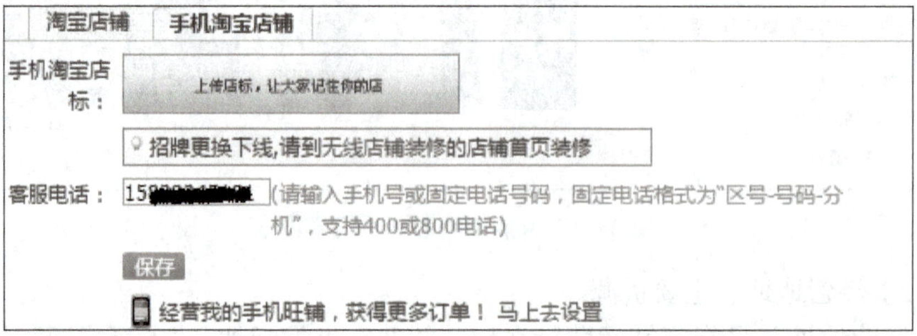

图 2-23　进入手机淘宝店铺栏目进行设置

第二步，上传手机淘宝店标，一般手机版的店标，大小为 280 px × 50 px，如图 2-24 所示。

第三步，单击"马上设置"按钮进入无线店铺界面进行装修等设置，此内容将在项目五的任务 2 无线端店铺装修部分详细介绍，如图 2-25 所示。

图 2-24　上传手机店铺店标

项目二　开设网上店铺　53

图 2-25　进入"无线店铺"的"立即装修"界面

任务 4　图片空间设置

图片在淘宝店铺中是重要的信息表达元素，卖家在经营店铺之前，需要将销售的所有宝贝的图片上传到平台的图片空间中，淘宝平台的图片空间稳定、安全、便于管理、加载速度快，并且支持链接复制、图片保护、图片美化等常用功能。本任务介绍如何将宝贝图片上传到图片空间，并进行分类和设置水印。

1. 上传图片

第一步，将图片上传到"图片空间"。登录淘宝网，单击"卖家中心"按钮，在页面的店铺管理任务选择"图片空间"选项，如图 2-26 所示。

第二步，在"图片空间"页面单击"图片上传"按钮后，选择"通用上传"，在"上传"文本框中选择分类，选择"图片轮播"选项，如图 2-27 和图 2-28 所示。

第三步，单击"添加图片"按钮，选好图片后，单击"确定"按钮，如图 2-29 所示。

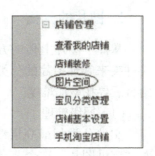

图 2-26　卖家中心页面

如何上传图片

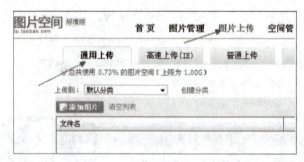

图 2-27　图片上传

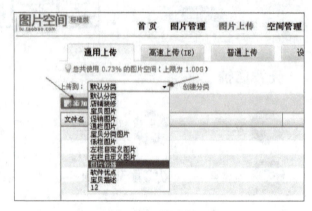

图 2-28　图片设置

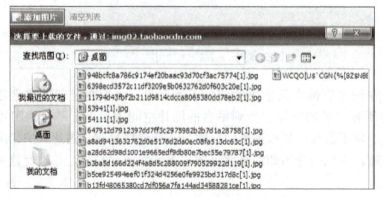

图 2-29　选择图片

2. 图片的分类

掌握了图片上传的方法后，应该根据图片的用途、所属对象两个方面利用文件夹来管理图片的分类。如果没有好的管理思路，创建过多的文件夹也只会给日后寻找增加难度。

（1）层级管理

文件分类的最高层级，可以按用途分为宝贝图片、店铺装修、活动素材，对"宝贝图片"这个节点创建子文件夹时，层级由浅及深可分为类目—产品—上传批次，可以根据自己店铺规模，增加或减少层级。对于"店铺装修"文件

制作分类图片

夹，可以按照素材用途—尺寸，进行层级搭建。"活动素材"可根据提报的活动要求对文件进行细分。

（2）命名技巧

时间维度：文件夹数量较多时，人对数字的敏感度会高于文字，使用时间维度进行命名，既提高了寻找文件的效率，又能辅助卖家了解文件的上传时间。

排序维度：图片的有序排列将提高找图效率，卖家可以使用英文字母命名文件，如 a-1、a-2。

具体的分类管理操作步骤如下：

第一步，在图片空间"首页"页面中，单击"新建文件夹"按钮，在弹出的选项中完成文件"女装"的命名，单击空白处即可创建新的文件夹。

第二步，鼠标右键单击需要管理的图片，在弹出的选项中单击"移动"按钮，弹出"移动到"对话框，在其中找到图片对应的分类，然后单击"确定"按钮，完成对图片的管理。

3. 设置水印

为减少他人盗用图片，图片空间为卖家提供为图片添加水印的功能，在图片中添加标识，还可以起到品牌宣传的目的。操作如下：

第一步，将鼠标移动到"更多设置"处，单击"水印设置"按钮，进入水印设置界面，如图 2-30 所示。

设置图片水印

图 2-30 填写水印信息

第二步，在弹出的对话框中，卖家可以选择"文字水印"或"图片水印"进行设置，一般图片水印的效果更佳，如果卖家想要使用文字作为标识，建议转化为图片再使用。

第三步，以"图片水印"为例，选择要设置的图片并单击"上传图片"按钮，设置"透明度"和"水印基准点"属性，单击"确定"按钮，如图2-31所示。

图 2-31　上传图片并设置信息

任务 5　物流工具设置

物流是支撑电子商务活动的重要组成部分，日常运营离不开对物流服务的应用。本任务对物流工具中的运费模板、跟踪物流信息和地址库的设置方法进行详细介绍。

1. 设置运费模板

设置运费模板

运费模板是上传宝贝时的必选信息，因为店铺运营的需要，卖家很可能会设置几个甚至几十个运费模板，运费模板需要设置"宝贝地址""发货时间""是否包邮""默认运费"等信息。其中，"宝贝地址"是指应用该运费模板的宝贝发货的地址。若经营的宝贝由第三方代发，应弄清楚对方的发货地址，切勿随意填写。"发货时间"从4小时内到45天内，设定发货时间不仅可以避免发货咨询和纠纷，还可以促进成交，淘宝平台判断卖家是否发货，其依据是订单中的物流信息是否为揽件状态，多数卖家发货时间一般选择12~20小时内。"是否包邮"分为"自定义运费"和"卖家承担运费"，一般，卖家对所售宝贝承担首次发货的运费，对于偏远地区选择"自定义运费"选项。

具体步骤如下：

第一步，进入"卖家中心"页面，单击"物流管理"→"物流工具"按钮项，选择"运费模板设置"栏目，如图2-32所示。

第二步，选择自己容易区别的名称命名模板，填写"模板名称"信息，对"宝贝地址""发货时间"等信息进行设置，如图2-33所示。

图 2-32 "运费模板设置"页面

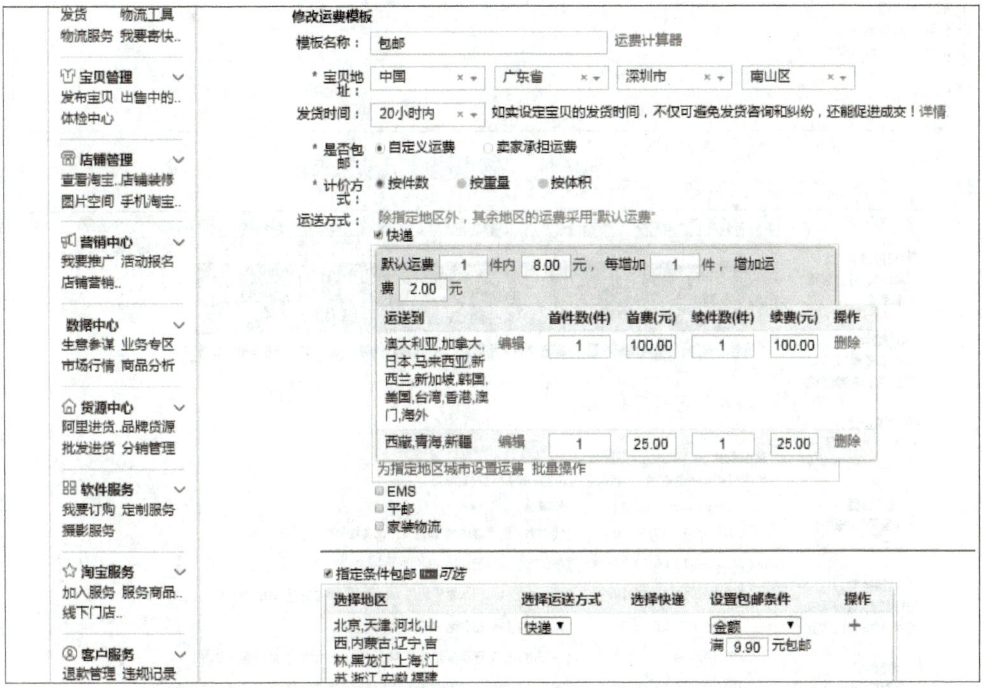

图 2-33 填写运费模板信息

第三步,设计一个按件数设置的自定义运费模板,其对应的条件是:除指定区域外,默认 1 件 8 元,每增加 1 件增加运费 2 元,青海、西藏、新疆地区 1 件运费 25 元,澳大利亚、加拿大、日本、马来西亚、新西兰、新加坡、韩国、美国等国家 1 件运费 100 元。

2. 跟踪物流信息

当买家询问物流信息时，卖家需要根据订单号查询该笔订单的运输情况，操作如下：进入"卖家中心"页面，选择"物流管理"→"物流工具"→"物流跟踪信息"选项（图 2-34），在"订单编号"框中输入要查看的订单号，单击"搜索"按钮即可看到该笔订单的物流信息（图 2-35）。

图 2-34 "物流跟踪信息"页面

图 2-35 物流信息查询

3. 设置地址库

"地址库"能够保存 20 条卖家自己使用的发货、退货地址。如图 2-36 所示，卖家只需完善相关信息后保存，设置为默认发货、退货地址，以后便可以直接调取使用，为店铺的日常管理和客户维护提供方便。

图 2-36　完善卖家地址库信息

任务 6　千牛工具的应用

1. 下载千牛工具

千牛工作台由阿里巴巴集团官方出品，对淘宝卖家和天猫卖家均适用。它包含卖家工作台、消息中心、阿里旺旺、订单管理、宝贝管理等主要功能。千牛工作台目前有两个版本，PC 版和手机版。以手机版为例，其下载页面和工作台界面如图 2-37、图 2-38 所示。

下载并安装千牛

2. 设置自动回复

千牛工具不仅具有后台操作及查看数据等功能，还是一款简单的聊天软件，为卖家提供了沟通工具，通过千牛工作台即可实现即时通信、宝贝上架、接单、查看数据等功能，是淘宝卖家必备的工具。

卖家不能时刻处于办公状态，因此可以设置千牛自动回复，具体操作如下：

图 2-37 在应用商城搜索千牛工具并下载

图 2-38 千牛工作台界面

第一步：在首页中单击"全部"按钮，进入"客服"栏目中，选择"自动回复"选项进入相应界面，如图 2-39 所示。

第二步：在弹出的"自动回复"界面中，可以设置"客户首次咨询后""客服忙碌时""客服离开时""待回复超过一定人数时"，如图 2-40 所示。

图 2-39 单击"全部"按钮找到"客服"栏目的"自动回复"   图 2-40 选择情形设置自动回复内容

第三步：完成自动回复的文字设置，如图 2-41 所示。

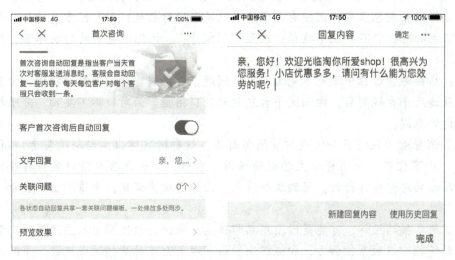

图 2-41　选择"客户首次咨询后自动回复"选项进行文字设置

3. 设置快捷短语

为了提升客服工作效率，客服可以事先将买家可能问的问题设置成快捷短语，当买家对相关问题进行提问时，客服无须打字，直接通过快捷短语回复，大大提高了客服的工作效率，设置快捷短语的窗口如图 2-42 所示。

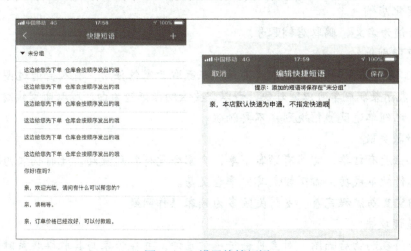

图 2-42　设置快捷短语

[知识链接]

店铺常见问题

关于发货：有些卖家在包装的选择上比较节省，选用鞋盒包装，使用报纸作为填充物，节约了发货成本，但宝贝的破损率高，但导致售后问题不断；销售食品的卖家在发货时不舍得使用箱体护板、填充物，这样虽然降低了成本，但同时也影响了消费者的购物体验，拉低了宝贝品质。为避免上述现象发生，卖家应该注意以下三点，将发货的细节做到位：根据宝贝属性选择纸箱或包装袋，用印有自己品牌的胶带进行打包；对打包方式进行"暴力测试"，确保运输过程中不会轻易破损；放置"问候卡"，优化消费者的购物体验，维护客户关系。

关于投诉：店铺运营过程中避免不免遇到投诉问题，包括消费者对卖家的投诉、卖家之间的投诉以及违反平台规则后，由淘宝平台发起的处罚措施。面对投诉不要怕，分清投诉的来源及投诉的原因。

一般来说，消费者的投诉多与宝贝质量问题有关，这种情况建议主动与消费者协商，力争大事化小、小事化了，让消费者主动撤销投诉。当然，有时也存在借口宝贝存在问题，要求巨额赔偿的恶意敲诈行为。遇到这种情况，应保存确凿证据，申请淘宝平台介入进行维权。

如果遇到其他店铺的投诉，可能是因滥用品牌信息、未经授权使用他人图片等情况引起的。遇到这种情况可以联系投诉方，积极解决投诉问题，避免对店铺造成处罚。平时也要多注意自我检查，避免违规侵权。淘宝平台给予的投诉或者警告都会说明具体问题并建议及时整改。比如宝贝描述违反广告法要求，出现了极限用词。此时，系统会告知卖家违规的宝贝以及对应信息位置，卖家只需要及时处理即可。

关于诈骗：从事电子商务以后，卖家的信息会在网络上进行传播。除了客服会与卖家联系外，还有一类诈骗群体，会以各种身份和手段来骗取卖家信任，牟取非法利益。以下为常见诈骗场景，需做好防范准备。

● 情景一：优化店铺

以帮助优化店铺为名义，骗取店铺账号。

● 情景二：兼职刷单

引导卖家通过其他社交工具进行进一步沟通。在赢取卖家信任后，有人会通过图片形式发送文字信息，表示兼职刷单可以赚外快，会以需要缴纳保证金为由，骗取商家钱财。

防骗点睛：切记刷单违反诚信规则，不要触碰。

● 情景三：付款失败

新店开业，往往没有订单，突然有顾客下单，卖家会觉得特别激动。此时伪装为顾客的诈骗人员会告知付款不成功，希望换成其他平台交易。

防骗点睛：淘宝交易流程完善，支付失败多为顾客操作问题。

● 情景四：差评攻击

有一类买家专门在购物后晒图，对宝贝进行恶意差评，并在卖家与其取得联系时，要求现金赔偿改差评。

防骗点睛：将对方的"不返现就差评"等言辞进行保留，然后联系淘宝小二删除此类差评。

● 情景五：冒充官方

有人冒充淘宝官方人员等身份，通过邮件或电话等方式进行诈骗。

防骗点睛：不要相信淘宝官方渠道以外的任何所谓官方讯息。

实训 5　按小组完成店铺的注册及基本信息的设置

实训目的：通过实训使学生掌握网上开店的流程和店铺的基本操作。

实训内容：分小组完成店铺的注册、支付宝的实名认证、店铺的认证及店铺的基本设置（包括店名、店标、店铺介绍及其他信息的设置），将步骤和截图做成实训报告提交。

项目三

宝贝发布与管理

学习目标

[知识目标]
(1) 熟悉发布宝贝的流程。
(2) 学会类目的选择。
(3) 掌握属性的设置。

[技能目标]
(1) 掌握宝贝标题的设计和优化方案。
(2) 能够规划宝贝详情页。
(3) 能够利用淘宝后台发布一件产品。
(4) 能够利用淘宝助理发布一件产品。

任务1 发布宝贝

发布宝贝是开店必不可少的环节，也是推广宝贝、处理订单及客户服务的前提。一般，我们可以在后台手动发布宝贝，也可以利用淘宝助理自动发布宝贝，发布宝贝涉及的操作环节比较多，如类目的选择、属性的设置、宝贝发布时间的确定、标题的设计及优化、宝贝详情页设计等，任何一个环节操作错误都会影响店铺的经营。

1. 类目的选择

在图片和视频等素材准备好后就可以进入宝贝发布阶段：进入"卖家中心"页面，单击"宝贝管理"→"发布宝贝"链接，如图3-1所示。

单击"发布宝贝"链接后系统进入发布宝贝的流程，卖家首先要根据宝贝类型选择宝贝类目，很多买家会通过类目搜索寻找自己喜欢的宝贝，如果店铺产品出现在不合适或错误的类目中，就会导致买家搜索不到产品，而且，类目选择错误会受到处罚（图3-2），也会影响到宝贝的排名。

为了避免新手宝贝类目选择不恰当，可以在"类目搜索"栏中输入关键词，快速找到相应的宝贝类目。例如，卖家准备发布一件手机壳产品，即可以在"类目搜索"中输入"手机配件"，如图3-3所示，这样系统搜索到了10个类目，其中一个类目"3C数码配件"→"手机配件"→"手机保护套/壳"则为需要选择的类目。

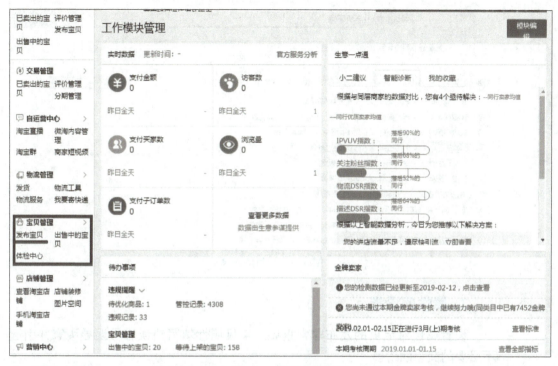

图3-1 发布宝贝页面

原条款	新条款
在淘宝网宝贝类页面中发布总则中滥发信息第四项所列宝贝或信息的，除第六目每次扣12分外，每件扣0.2分（3天内累计扣分不超过7分）；若在店铺装修区或淘宝门户类页面发布的，每次扣4分；对违反第四项中第二、三、五、六目规定的宝贝，淘宝网同时给予单个宝贝淘宝网搜索降权直至宝贝整改完成后第3天恢复	在淘宝网宝贝类页面中发布总则中滥发信息第四项所列宝贝或信息的，除第六目外，每件扣0.2分（3天内累计扣分不超过7分）；若在店铺装修区或淘宝门户类页面发布的，每次扣4分；发布第四项中第六目规定的宝贝，第一次、第二次每件扣0.2分，第三次、第四次每次扣6分，第五次及以上每次扣12分。对违反第四项中第二、三、五、六目规定的宝贝，淘宝网同时给予单个宝贝淘宝网搜索降权直至宝贝整改完成后第3天恢复
在天猫宝贝类页面中发布总则中滥发信息第四项所列宝贝或信息的，除第六目每次扣12分外，每件扣1分（3天内累计扣分不超过7分）；若在店铺装修区或淘宝门户类页面发布的，每次扣4分；对违反第四项中第二、三、五、六目规定的宝贝，天猫同时给予单个宝贝淘宝网搜索降权直至宝贝整改完成后第3天恢复	在天猫宝贝类页面中发布总则中滥发信息第四项所列宝贝或信息的，除第六目外，每件扣1分（3天内累计扣分不超过7分）；若在店铺装修区或淘宝门户类页面发布的，每次扣4分；发布第四项中第六目规定的宝贝，第一次、第二次每件扣0.2分，第三次、第四次每次扣6分，第五次及以上每次扣12分。对违反第四项中第二、三、五、六目规定的宝贝，天猫同时给予单个宝贝淘宝网搜索降权直至宝贝整改完成后第3天恢复

图3-2 类目错放处罚细则

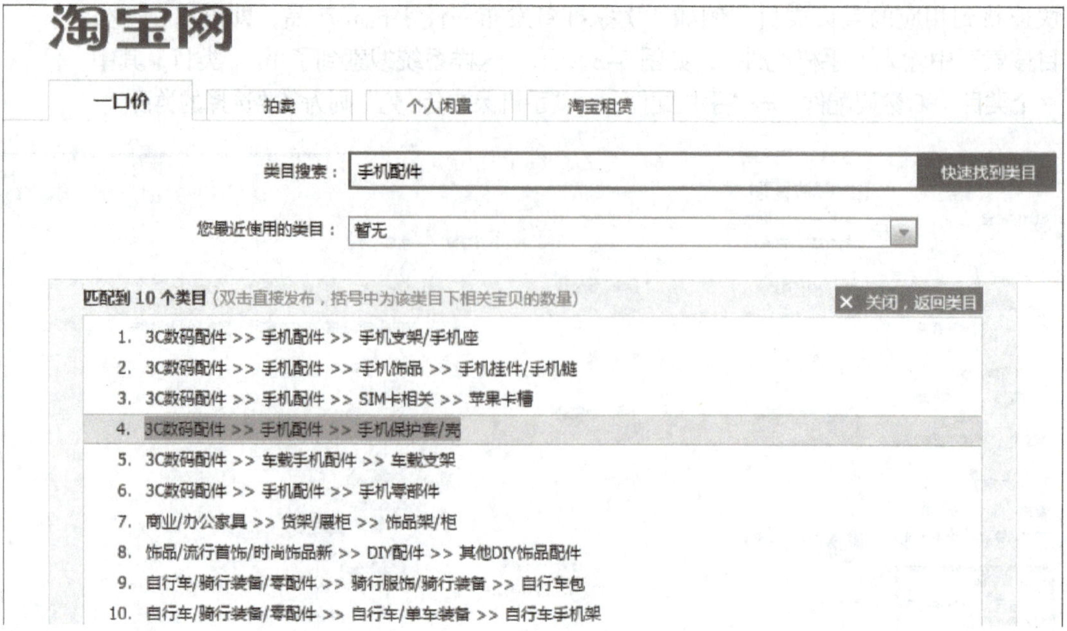

图3-3 类目的选择

2. 属性的设置

设置属性对宝贝的发布非常重要。宝贝属性填写错误容易误导买家并引起不必要的交易纠纷。

宝贝属性的展示不仅为宝贝的筛选提供了多个维度，而且在丰富宝贝内涵的同时使宝贝信息标准化成为可能，也为买家提供了更好的购物体验。据统计，80%的买家会直奔其想要了解的宝贝品类栏目，因此需要让买家在第一时间方便地获取到想要看的宝贝品类，所以对宝贝属性进行合理分类是非常必要的，如图3-4所示。

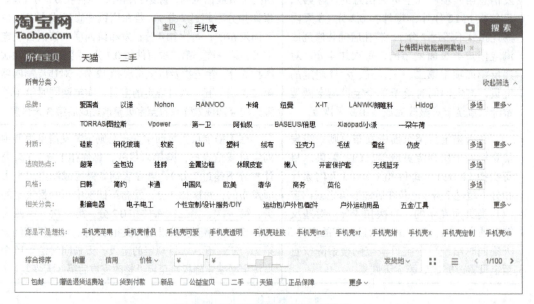

图3-4 对宝贝属性进行合理分类

通常，宝贝也是通过属性来划分的。如按价格分类，有50~100元、100~200元和200元以上；按照材质分类，有牛皮、PU和皮革等。

宝贝搜索的本质就是搜索宝贝的属性，买家的购物目的性越强，使用搜索功能就越频繁。在现实中，卖家可以通过扩大卖场来展示更多的宝贝，但购物网站只能通过一个显示屏来展示宝贝，搜索功能的完善是个技术问题，核心问题是宝贝基本属性的设置。以"手机壳"为例，其属性包括保护套工艺、材质、品牌、适用型号、适用品牌、宝贝定制等，其中带"*"号的是必填项，如图3-5所示。

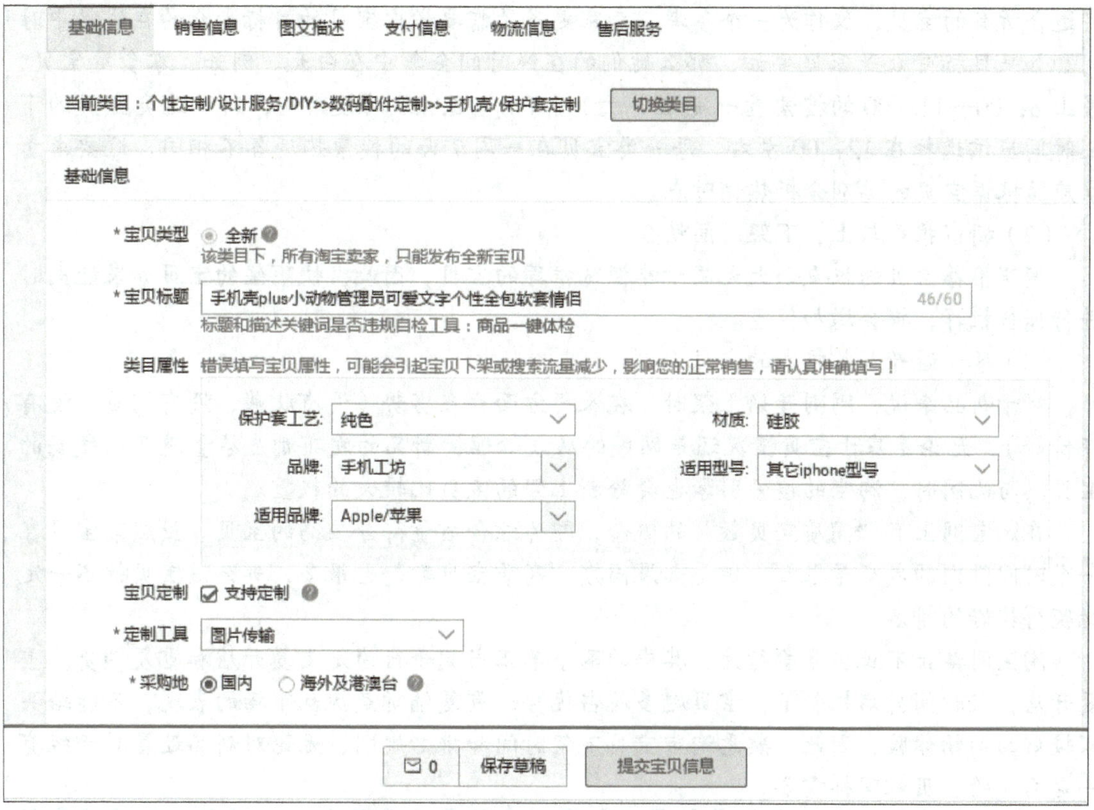

图 3-5　宝贝属性的设置

3. 宝贝发布时间的确定

很多新开网店的卖家总是认为宝贝越早上架越好，所以宝贝一到货恨不得马上就发布，但有经验的卖家会选择合适的发布时间，让买家在第一时间搜索到自己的宝贝。

宝贝发布时间是影响搜索排名的综合因素之一，是上架时间和下架时间的统称。发布宝贝的时间，会影响到宝贝下架的时间。默认的搜索宝贝的位置是按宝贝下架剩余的时间来排定的，越接近下架的宝贝排得越靠前，因此，可以得出如下结论：宝贝在即将下架的一天到数小时，特别是最后的几十分钟内，将会获得最有利的宣传位置。卖家在发布宝贝时，发布的周期一般推荐选择7

天为一个周期,因为下架宝贝天数越短,宝贝就越有排名靠前的机会,增加被买家搜索到的概率。只要利用好上下架时间对搜索排名的影响,巧妙安排好宝贝的上架时间,就能达到较好的效果。

[知识链接]

宝贝定时发布的技巧

(1)关注用户的在线购物时间

根据经验,一般用户的在线购物时间一天有三个高峰期,即9:00—11:00、15:00—17:00、20:00—22:00。在高峰期安排宝贝上架,是个不错的选择。但这个规律并不一定适合所有的宝贝,仅作为一个参考,卖家更多的需要考虑宝贝的目标受众的在线集中时间。如果目标受众是家庭主妇,那么她们的在线时间会集中在白天。例如,零食类宝贝,早上8:00—11:00的搜索量一定远小于11:00—12:00的搜索量,所以这类宝贝的下架时间应该选择在12:00左右。每一类宝贝在一周7天的搜索热度各不相同,这要求卖家应该根据宝贝的类别分析热销时点。

(2)橱窗推荐与上、下架时间结合

橱窗推荐宝贝的权重会大大高于非橱窗推荐的宝贝,因此,快下架的宝贝如果能同时进行橱窗推荐,将会增加权重。

(3)尽量避开人气较高的宝贝

对于新品来说,刚刚开始上架时,在人气方面存在劣势(没有收藏、没有销量、没有评价等),无论是基于宝贝情况还是网民的从众心理,新品的发布都应尽量避开人气高的宝贝。与此同时,淘宝的搜索引擎也会给新上架的宝贝比较大的权重。

在淘宝网上有"高质宝贝数"的概念,即为综合质量得分较高的宝贝。虽然某宝贝在一个时间段内的成交量很大,但是如果同期"高质宝贝数"也很多,那么该宝贝就不一定能获得较好的排名。

淘宝网禁止不正当竞争行为,其中的两个不正当竞争行为是重复开店和重复铺货。重复开店,在时间排名机制下,宝贝越多越占优势,重复铺货是扰乱市场的表现,不能给买家较好的购物体验,因此,熟悉淘宝宝贝下架时间和排名规则,无论对新品还是对已经有一定名气的宝贝都同样重要。

4. 标题的设计及优化

1)宝贝标题的撰写

标题撰写的基本格式是:促销/热词+黄金关键词+大流量关键词+目标关键词+类目关键词+长尾关键词。这里的黄金关键词,指的是搜索量很大,但是竞争力很低的关键词。卖家可以根据自己的产品对号入座,进行查询,注意的是,宝贝标题共有30个汉字(60个字符),如何选择和组合这些汉字是宝贝标题及优化的重点。

推荐如下几种选词方法:

① 淘宝首页下拉框。从淘宝首页下拉框中可以看到一些行业和类目默认推荐的关键词,可以侧面观察到目前哪个细分类目趋势大,当前应该主推哪一类

宝贝。

② 搜索结果页面属性分类的提示词。搜索结果页中，会出现"你是不是想找"某某选项为搜索热词，卖家可以借鉴并进行甄别提炼，变为自己的宝贝标题关键词。

③ 宝贝详情页的属性词。宝贝详情页中有关于宝贝的详细的属性词，卖家可以筛选作为宝贝的标题关键词。

④ 直通车后台查询系统推荐词。进入直通车后台"工具及其他"中"关键词查询"，对关键词进行搜索，在搜索结果中可以获取到这个词的一周平均搜索次数、平均点击单价和这个词有限展示类目。

⑤ 关注搜索排行榜。搜索排行榜里有很多行业搜索关键词的变化情况，一个宝贝最好重点确定1~2个关键词，然后看看关键词的搜索结果。

2）宝贝标题的编写规范

注意，宝贝的标题必须严格遵守淘宝网或交易平台的规则，否则会面临下架等处罚。宝贝标题应反映宝贝本身，客观真实，切勿虚假宣传。

宝贝标题的编写规范有如下几点：

（1）不要堆砌无关的关键词

卖家为使得买家能更多地搜索到所发布的宝贝，而在宝贝名称中滥用与所售卖的宝贝无关的字眼，这种扰乱淘宝网正常运营秩序的行为不可取。

（2）避免使用大量重复标题

重复标题会影响用户的购物体验，在搜索结果中，点击率也不会很高。标题的逻辑不通，点击率也会偏低。因此，尽量让宝贝标题多样化，每件宝贝都应有属于自己的关键词。如果两个宝贝标题的关键词过于雷同，虽然会提高宝贝曝光率，但可能会被系统认为重复铺货，会受到处罚。

（3）不要使用特殊符号

滥用符号一般会被搜索引擎直接忽略掉或等同空格，还有种说法认为括号中的关键词会被降权。因此，随意使用特殊符号，有害而无益。一般情况下，在需要断开的地方加入空格即可。

（4）不要包含店铺名称

除非知名度高的大卖家，一般不建议将店铺名称加到宝贝标题中，因为很少有人通过搜索店铺名称找所需的宝贝。在标题中加入店铺名称没有必要，应该多加些与宝贝属性相关联的关键词。

（5）忌用敏感词汇

淘宝平台的搜索引擎有自动过滤功能，所以如果宝贝标题中含有敏感词汇（如"高仿""淘宝授权""A货""山寨"等），就会被系统自动过滤掉。此外，一些当下敏感的政治词汇也会被过滤掉，因此，设定标题时，不要使用敏感词汇，否则宝贝很可能被降序。

3）宝贝标题的优化技巧

（1）布局全店关键词，获得免费流量

当前搜索规则在关键词层面的新趋势与特征主要表现在以下几个方面：

① 关键词在不同宝贝中被打散。

手机端带来一个非常明显的变化就是流量碎片化，原来集中在少数宝贝和少数店铺里面的流量会被分散到更多的店铺中的更多宝贝上，也就是碎片化分配。搜索规则的这个变化，一个非常明显的方式就是通过关键词来实现，以前几十个词都给到一个宝贝，现在因为碎片化，一个正常的宝贝能够持续稳定带来流量的关键词也就就只有3~5个。因此，必须先把关键词打散，然后分配到不同的宝贝上，才能最大限度地利用"长尾"获取足够多的流量。

② 关键词的高度相关性被提至核心地位。

现在的搜索规则让流量更加碎片化，对转化率也提出了更高的要求。由于早期搜索规则中的转化率没有现在这么重要，因此标题选词的倾向性是获得更多的展现机会，使自己的宝贝有更多的机会被搜索到。但是现在，为了更好地服务于转化率，关键词的高度相关性被提至核心地位。

③ 关键词中的转化关键词权重更高。

顾客的购买需求一般会通过关键词体现出来。绝大多数顾客搜索的关键词可以分成两部分（单独的单词除外），一部分代表产品的核心属性，可能是功能词，也可能是产品词或类目词，如冲锋衣、皮鞋等；另一部分是修饰词，一般称为转化关键词，如"抗寒冲锋衣"中的"抗寒"就是转化关键词，"皮鞋内增高"中的"内增高"就是转化关键词。目前，转化关键词的权重明显比以前提高了。

（2）关键词的主词布局

随着流量碎片化的发展，每一个宝贝都有可以带来流量的有限的关键词。那么，在这几个有限的关键词中还会有个权重最高的关键词，叫作主词。例如，某宝贝进店的关键词分别是奶粉、婴儿奶粉、德国婴儿奶粉。在这个标题中，核心的权重主词就是奶粉。一般情况下，会发现能带来流量的词都是围绕这个主词展开的。所以，设定标题时，应先确定标题中的主词，然后围绕这个主词去选择长尾关键词，这样有利于自然搜索权重的集中。

那么应该怎样布局主词呢？一般情况下，要看店铺的实际情况。因为主词的主要作用是选择长尾词，所以要根据店铺的实际情况和店铺类目的特殊情况去布局主词。

如果店铺中的宝贝属于竞争激烈且词比较多的大类目，同时店铺的基础比较好，那么卖家就可以选择一级产品词作为主词（如奶粉、护肤品、辅食等），并且布局到比较多的宝贝上。

如果店铺中的宝贝属于竞争比较激烈的大类目，但是店铺的基础不好，那么卖家可以选择一些一级产品词＋属性词作为主词，如进口奶粉、德国进口奶粉、欧盟认证奶粉等。

如果店铺中的宝贝属于竞争不激烈且词比较少的小类目，同时店铺的基础比较好，那么卖家就可以确定两个以上的词作为主词；但如果店铺的基础不好，那么每个标题还是要用一个核心产品词作为主词。

（3）长尾词的布局

一般每个标题都要先有一个确定的主词，然后围绕这个主词去选择长尾词。

选择长尾词的方法有人采用下拉框，有人采用直通车。

布局的数量需要与店铺基础相结合。一般建议当店铺层级为 1~2 时，选择 3 个长尾词；当店铺层级为 3~5 时，选择 5~8 个长尾词；当店铺层级为 6~7 时，选择大约 10 个长尾词。

5. 宝贝详情页的规划

1）宝贝详情页的作用

如果说店铺里漂亮的宝贝图片是提高店铺流量的影响因素之一，那么，宝贝详情页就是进一步诱发买家购物行为的重要影响因素，可以说宝贝描述的成功与否，直接关系到宝贝的销量。宝贝详情页就好比优秀的"销售员"，可以向潜在买家传递宝贝的全面信息，同时也可以让买家按"你的专业意见"购买。

（1）充当销售的角色

当潜在买家在网上浏览宝贝时，最想了解的就是宝贝怎么样，而相关的信息都包含在宝贝描述中，就像在线下店铺中，顾客通过销售员的介绍来了解宝贝一样。专业的宝贝描述就如训练有素的售货员，可以让顾客清晰、全面详尽地了解宝贝的品牌、背景材质、功能优势等；还可以洞察顾客的心理，判断出顾客的抗拒点并消除顾客的疑虑，满足顾客的真正需求并超越顾客的期望。而粗糙的宝贝描述就如同个沉默的售货员，碌碌无为、不知所措。

（2）让顾客按"你的专业意见"购买

线下优秀的家电销售员，会用精彩的话术改变顾客刚进店里时心中预设的目标宝贝与预算，以达到其销售目的。网上的宝贝描述也是如此，如先通过特价产品把顾客吸引进来，再通过宝贝描述中的活动及掌柜推荐，把顾客诱导到主推或其他销售的宝贝页；然后通过折扣、功能描述等内容，促使顾客下单。

（3）增加流量

宝贝描述不仅是写给目标用户看的，还应该是写给搜索引擎看的，其目的是吸引更多的目标客户。因此，在宝贝描述中出现的宝贝名称要表达完整（包含品牌、中文、英文、型号），方便百度、必应、谷歌等搜索引擎读取。

（4）可防御竞争对手的攻击

专业的宝贝描述可以防御竞争对手的攻击，如当下各类网上交易平台上经常用到的：某竞争对手说他的宝贝性价比最高，那你可以强调店铺的宝贝来自正规渠道，品质好、服务有保障，从而实现"人无我有，人有我优，人优我廉，人廉我转"，给顾客一个充分必要的购买理由。

2）宝贝详情页的基本内容

淘宝商城的特点为多位潜在消费者同时接收一个产品信息，一个好的宝贝描述胜过一位优秀的销售专员。因此，宝贝描述需要同销售专员一样从买家的需求出发。让买家感受到：你能给我什么？

一般宝贝详情页内容基本信息点应包括：

在"宝贝详情"页面修改

宝贝展示类：色彩、细节、优点、卖点、包装、搭配、效果。
实力展示类：品牌、荣誉、资质、销量、生产、仓储。
吸引购买类：卖点打动、情感打动、买家评价、热销盛况。
交易说明类：购买、付款、收货、验货、退换货、保修。
促销说明类：热销宝贝、搭配宝贝、促销活动、优惠方式。

宝贝展示主要是让买家对宝贝有一个直观的了解，通常这部分是以图片的形式来展示的。从整体到细节全方位展示宝贝的效果，如图3-6所示。

图3-6 宝贝整体效果及细节展示

在宝贝的展示中，整体的效果让买家有了购买欲望，宝贝细节是让买家更加了解这个宝贝的重要手段，买家熟悉并信任这个产品会对最后的成交起关键性的作用。另外宝贝展示中也要尽可能地展示宝贝的材质、优点、包装等，如图3-7所示。

图3-7 展现品质，引起买家购买欲望

6. 淘宝助理的使用

对于淘宝店铺的卖家来说，在正常情况下，店铺的宝贝图片都不会少于 100 张，那这些图片的上传与管理，就在无形中增加了卖家的工作负担。针对这种情况，卖家可以通过网店助理软件的使用与设置，来减轻自身的管理任务。

在众多的网店助理软件中，最常被卖家使用的，就是由淘宝网开发制作的软件——淘宝助理，淘宝助理是一款提供给淘宝卖家使用的免费的、功能强大的客户端工具软件，它可以使卖家不登录淘宝网就能直接编辑宝贝信息，快捷批量上传宝贝。其这种强大的批处理功能大大地省去了卖家上传和修改宝贝等信息的时间，更好地提高店铺效率，从而使卖家能有更多的时间关注经营和其他工作。

该如何使用与设置淘宝助理软件，才能将其完美地融合到店铺的管理中？具体可以从几个方面来了解。

1）下载与安装

登录淘宝页面，找到"淘宝助理"软件，单击"下载淘宝助理"按钮，单击"保存"按钮，将执行文件下载到本地机器上，然后双击安装文件，并单击"运行"按钮，根据向导逐步完成安装步骤，如图 3-8 所示。

下载并安装淘宝助理

图 3-8　下载"淘宝助理"软件

2）"淘宝助理"的登录

① 在桌面双击"淘宝助理"图标，或者单击"开始"→"所有程序"→"淘宝网"→"淘宝助理"图标，系统将显示"淘宝助理"的登录界面，如图 3-9 所示。

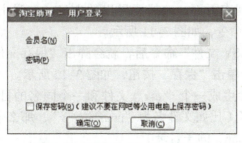

图 3-9　"淘宝助理"的登录界面

② 如果卖家是首次使用"淘宝助理",系统将会提示"您没有在本地登录过,接下来需要连接到服务器进行身份验证才能登录,您希望继续吗",这时,单击"是"按钮,输入淘宝会员名和密码,单击"确定"按钮。密码验证成功后,系统将显示淘宝助理的主界面。这时系统也将会自动同步宝贝属性,而无需卖家手工同步。"淘宝助理"的主界面如图 3–10 示。

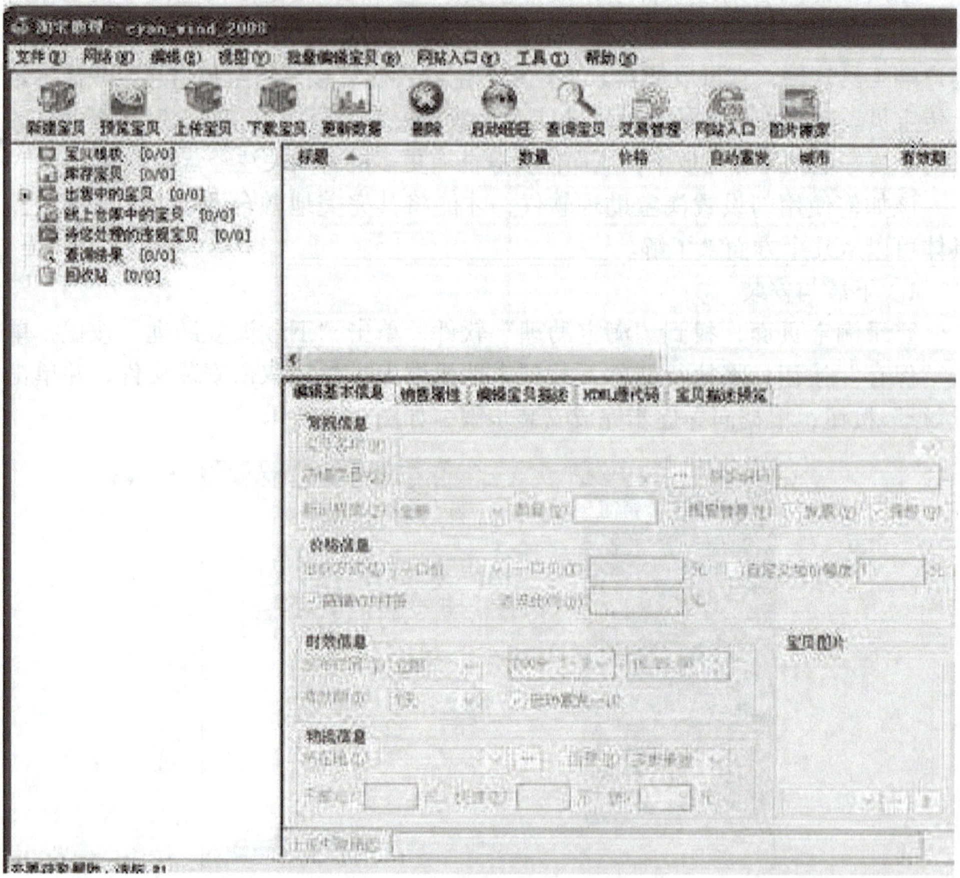

图 3–10 "淘宝助理"的主界面

3)"淘宝助理"中数据的导入与导出

"淘宝助理"中数据的导入与导出功能是为了方便用户备份数据或者转移数据,具体的设置方法如下所示:

(1)导出为 CSV 文件

首先,在宝贝列表页面,选择要导出的宝贝,在弹出的对话框里,选择"导出到 CSV 文件"命令,如图 3–11 所示。

选择"导出到 CSV 文件"命令后,就会弹出"保存文件"对话框,在此输入想要保存的名字,单击"保存"按钮,如图 3–12 所示。

在保存成功后会生成一个".csv"文件和一个同名的目录,同时".csv"文件的导出也就完成了(比如文件名为"nonxian.csv",那么会在相同的目录下也会有一个名为"nonxian"的子目录)。

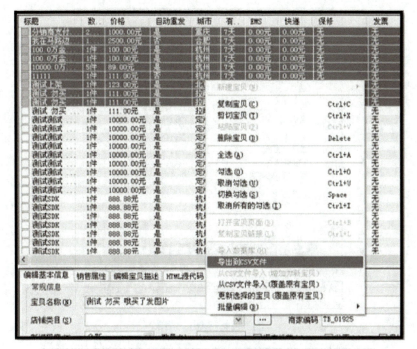

图 3-11 导出为 CSV 文件

图 3-12 保存导出的 CSV 文件

（2）导入 CSV 文件

在"淘宝助理"界面左边的目录中选中"宝贝模板"或"库存宝贝"选项。然后在右边的宝贝列表框里单击鼠标右键，在弹出的菜单中选择"从 CSV 文件导入"命令，这时候，就会弹出一个文件选择框，选中要导入的 CSV 文件并单击"打开"按钮，就会开始导入数据的进程，当进度条数据显示为 100% 时，表示导入完成，卖家就可以在宝贝列表中看到数据了，如图 3-13~ 图 3-15 所示。

图 3-13 "淘宝助理"目录

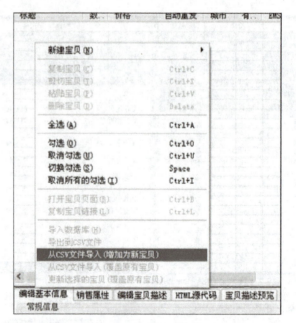

图 3-14　弹出的菜单

图 3-15　文件选择框

（3）导入数据库

选中左边目录中的"库存宝贝"选项，再单击"工具"按钮，选择"导入数据库"选项，弹出"数据导入"对话框，再点浏览选中备份的数据库存，单击"打开"按钮，选择所需数据导入，单击"确定"按钮。这时显示导入进度对话框，进度到 100% 完成后将会弹出导入成功的信息，这就表明数据已成功导入了，如图 3-16~ 与图 3-19 所示。

4）淘宝助手上传宝贝

新建成功的宝贝将会放在"库存宝贝"目录中，如果卖家想发布这件宝贝，可以在"库存宝贝"目录中选中宝贝，然后单击"上传宝贝"按钮，如图 3-20、图 3-21 所示。

上传宝贝

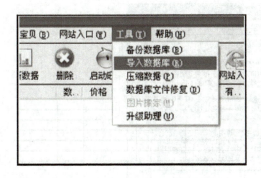
图 3-16 选择"导入数据库"

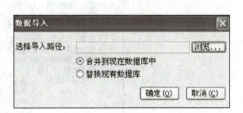
图 3-17 浏览选中备份的数据库存

图 3-18 选择所需数据

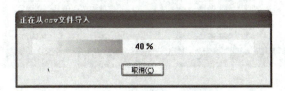
图 3-19 导入进度对话框

图 3-20 "库存宝贝"目录

图 3-21　上传宝贝

在确认要上传的宝贝后，单击"确定"按钮，选择的宝贝就会被发布到淘宝网上。必须注意的是要确保该宝贝有图片，没有图片的宝贝会被客服下架。

5)"淘宝助理"更新数据功能

"淘宝助理"的"更新数据"功能具有同步更新淘宝网页上的类目、属性和店内类目等信息的优点，卖家及时、阶段性地更新这些信息，可以保证"淘宝助理"本地的信息与淘宝网线上保持一致，避免发布的宝贝出现问题。直接在导航栏上单击"更新数据"按钮即可，如图 3-22 所示。

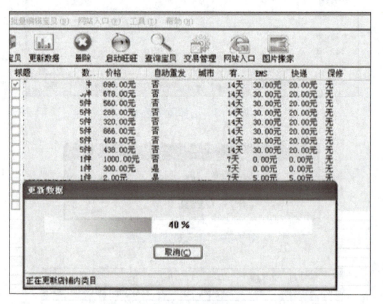

图 3-22　更新数据

6)使用"淘宝助理"备份宝贝信息

数据库是淘宝网店的运行基础。"淘宝助理"能够备份和恢复数据库，实现数据库的下载、保存和转移。运行并登录"淘宝助理"，打开"淘宝助理"操作界面。在操作页面的导航栏上单击"工具"按钮会弹出带有"备份数据库"选项的对话框，如图 3-23 所示。

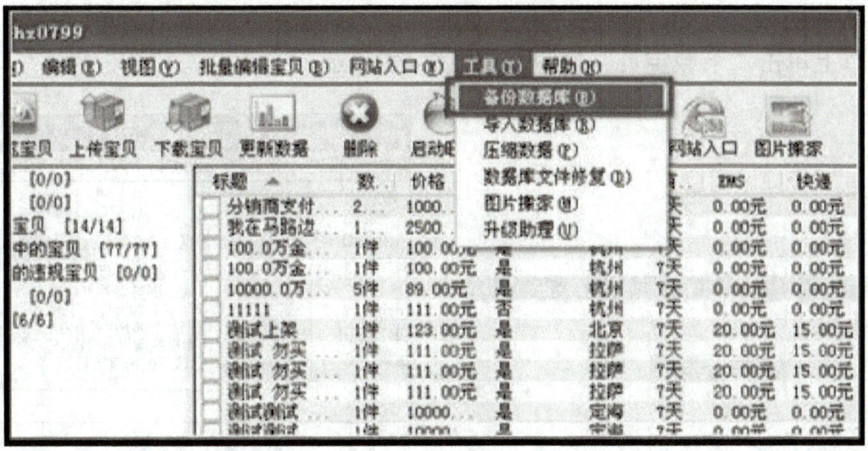

图 3-23 "备份数据库"

单击"浏览"按钮选择要保存的目录和文件名,在选择完毕后,单击"保存"按钮,再在数据备份对话框上单击"确定"按钮,如图 3-24、图 3-25 所示。

图 3-24 浏览选择要保存的目录和文件

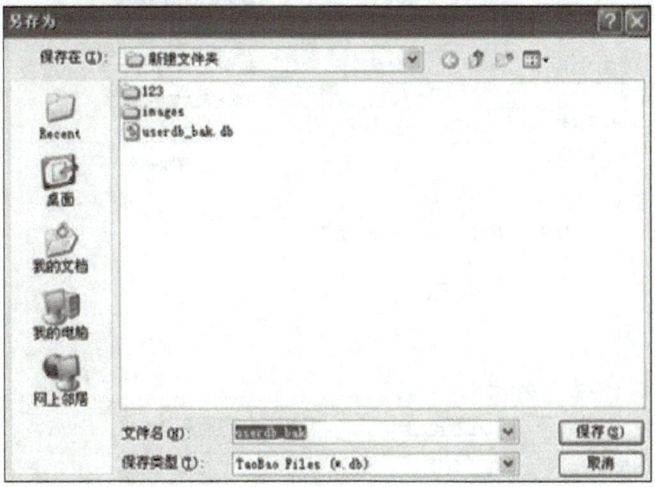

图 3-25 保存所选数据

完成以上操作后开始备份数据,如图 3-26 所示,当显示条框为 100%,即备份完成,并在此后会弹出备份成功的对话框。

7) 用"淘宝助理"下载宝贝

卖家在管理店铺的时候,有时删除或者丢失了一些淘宝助理上的店铺宝贝数据,如果逐个编辑会很麻烦,浪费时间。"淘宝助理"的"下载宝贝"功能可以把店铺的数据全部下载到"淘宝助理"上,重新批量编辑,简单、快捷。在主菜单上单击"下载宝贝"按钮,如图3-27所示。

图3-26 备份进度显示条框

图3-27 "下载宝贝"按钮

在"下载宝贝"对话框里有几个选项,可根据"宝贝类目"和"店内类目"下载(如果卖家的店铺分类使用了图片,将显示"分类1""分类2"等);可根据"宝贝状态"下载,例如,需要修改出售中的宝贝,就选择"出售中的宝贝"选项;可根据宝贝创建的时间下载,例如,选择"2009-7-2"选项即可选择在这一天创建的宝贝;可根据"宝贝标题关键字"下载,当店铺有很多种类型的宝贝时,通过这个功能,可以下载特定的宝贝,如果没有特别指定,也可以不填写。在确定后,单击"下载"按钮,开始宝贝下载过程,如图3-28所示。

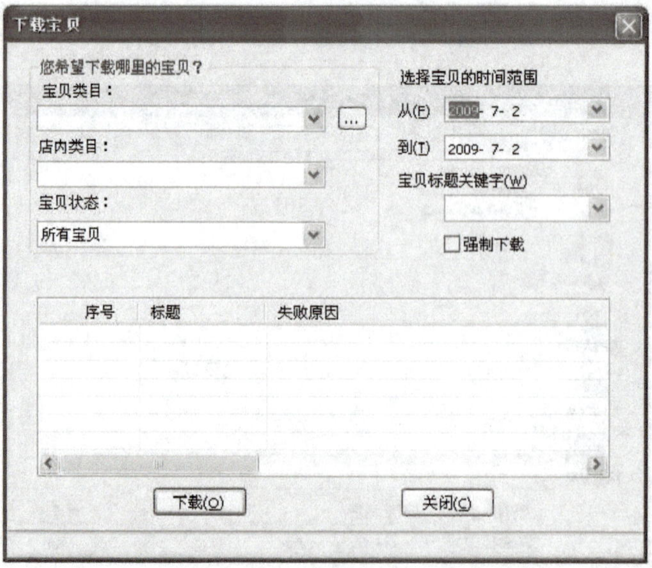

图3-28 "下载宝贝"对话框

在下载过程中,对话框中部会显示下载宝贝进度条,提示当前宝贝下载的完成情况,并且当宝贝下载失败时,系统将会在这里提示卖家具体的原因。卖家可以根据这个失败提示调整下载范围,或者向淘宝网反馈错误原因。不但如此,在对话框底部还有下载个数提示,提示卖家当前一共下载了多少个宝贝,失败了多少个,整个过程有条有序,如图3-29所示。

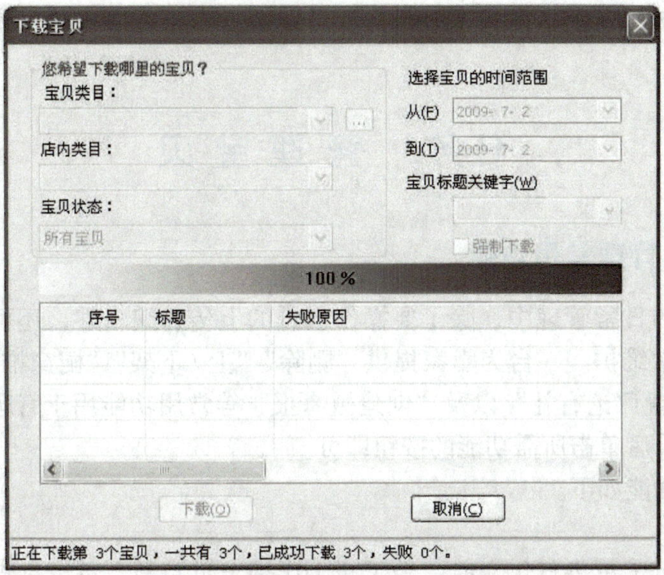

图 3-29 下载宝贝进度条

在下载完成后,被下载的宝贝将出现在淘宝助理左侧的区域中,如图 3-30 所示。

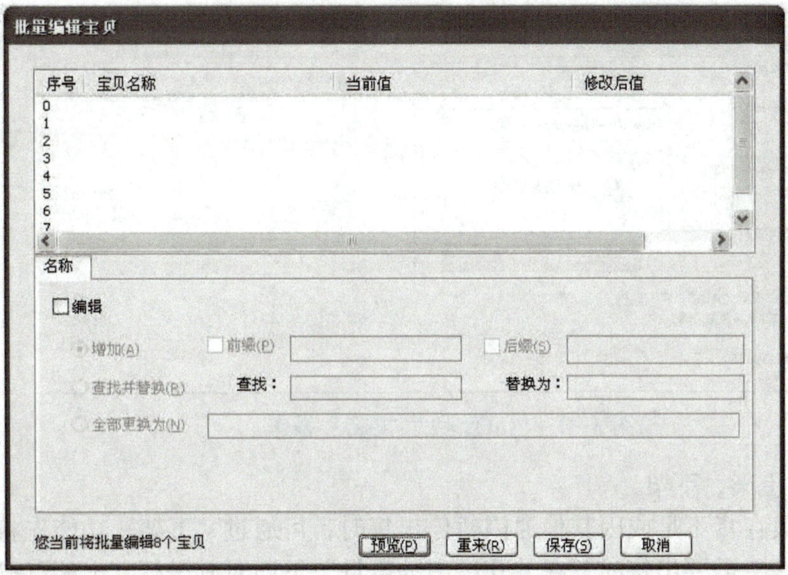

图 3-30 "批量编辑宝贝"对话框

实训 6 按小组完成宝贝的发布

实训目的:通过实训操作掌握宝贝发布的方法。

实训内容:小李准备在网上开一家 3C 数码产品的店铺,店铺已经注册成功,产品图片已经准备好,下一步准备将宝贝发布到网上,请你帮助他发布宝贝。

实训要求：分小组完成宝贝发布，每组 3~5 人，并写出操作步骤，讨论并进行评价。

任务 2　管 理 宝 贝

1. 宝贝管理常用功能

在宝贝的日常管理中，除了要操作宝贝的上传和编辑外，还可以对宝贝进行一系列日常维护。平台为卖家提供"删除""上 / 下架""橱窗推荐""设置淘宝 VIP""设置评论有礼"以及"创建微海报"等常用功能用于管理宝贝。卖家只需选中宝贝后单击所需功能的按钮即可。

常用的功能如下。

1）删除

某款宝贝不再进行售卖时，为了减少店铺宝贝总数，可以进行"删除"操作，如图 3-31 所示。

图 3-31　宝贝管理的"删除"操作

2）上架、下架

宝贝存货不足或因其他原因暂停出售时，可通过"下架"功能先将其放入仓库中。待需要出售时，在"仓库中的宝贝"页面对其进行"上架"操作，如图 3-32 所示。

3）创建微海报

微海报是专为淘宝和天猫卖家打造的，是针对移动推广渠道（如微信、支付宝、钉钉）的个性化海报。卖家通过制作微海报，生成二维码，方便用户通过微信（支付宝或钉钉）扫码方式在微信（支付宝或钉钉）朋友圈转发和传播。微海报优势明显，它的可传播性极强，通过朋友圈分享传播带来可观的流量，呈现出几何增长趋势；它的每一个元素都可以是动态的，以动画形式显现和消失，能够更好地引导用户视线；可以与用户互动，提供各种可以点击的按钮，引导用户进入想去的页面；制作比较方便。其操作界面如图 3-33 所示。

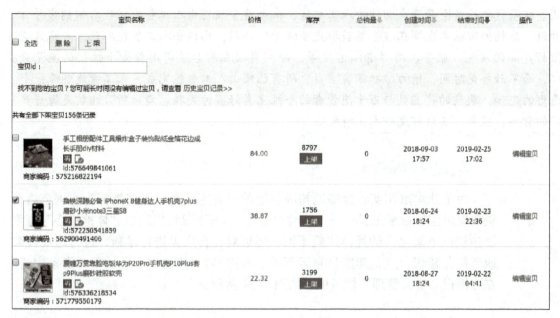

图 3-32　对仓库中的宝贝进行"上架"操作

图 3-33　微海报操作界面

[知识链接]

店铺橱窗诞生于2008年左右,2018年8月16日对所有店铺橱窗的入口进行同步下线。取而代之的是全面而来的搜索人工智能,未来搜索端将由人工智能替代店铺橱窗并作升级。店铺橱窗原本发挥在搜索端获取更多流量的作用,已经由人工智能取代,卖家只需做好产品的质量、服务、消费者满意度等,即可自动在前台获得消费者个性化的流量分配,而不必再花时间、精力维护橱窗宝贝,所有已经由人工智能完成,人工智能就像一个隐形的先知,默默的将宝贝与万千消费者的个性化喜好实时关联。卖家所做的就是做好产品的营销、服务,其余可交给人工智能。

2. 宝贝体检中心

为了让卖家切实、准确地知晓店铺的所有宝贝是否有违规行为,淘宝后台免费提供宝贝诊断工具——"体检中心"。卖家不仅可以通过"体检中心"查看因违规被下架宝贝的具体违规原因,还可对在售宝贝进行诊断,进行违规提醒或者优化建议,这是卖家日常运营的必看内容。"体检中心"位于"卖家中心"左边侧栏"宝贝管理"栏目中,如图3-34所示。

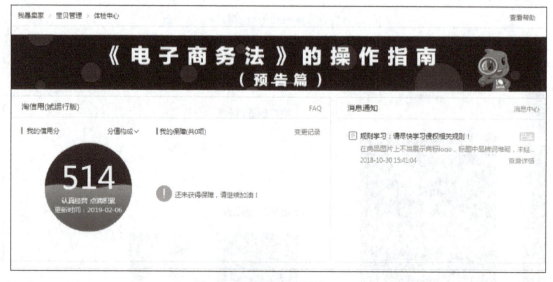

图3-34 "体检中心"界面

除此之外,"体检中心"还提供了"综合优化""搜索体检""订单体检"等功能,如图3-35所示。"综合优化":单击"综合优化",会出现一些有问题的宝贝,图例所示没有需要任何优化的宝贝。"搜索体检":从3D云图可以看到热搜词是哪些、哪些词的滑行速度最快。滞销"商品":90天内无编辑、无浏览、无成交的商品为滞销商品,应做下架处理。"订单体检":需要注意的是体检次数、违规纠正笔数、限制详解等,比如很多卖家刷单涉嫌虚假交易都可以在这里找到。"营销体检":这是一个可以报名活动的入口,一些活动的准入条件都可以在这里看到。

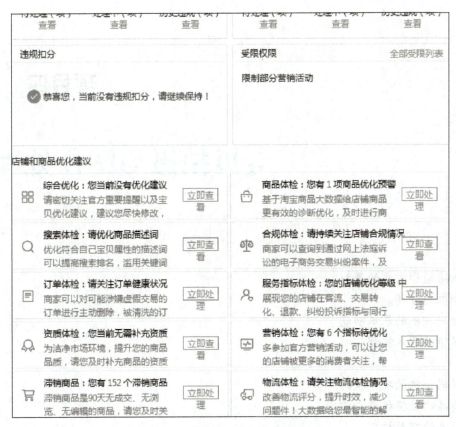

图 3-35 "体检中心"的其他功能

实训 7　网店宝贝的发布与管理

实训目的：掌握宝贝发布的基本流程和方法，提高网店宝贝管理的技巧和能力，加快宝贝的流转率。

实训内容：网店宝贝的发布和体检。

实训要求：在对发布宝贝信息有所了解的基础上，选择一种宝贝发布方式，编辑宝贝的发布信息，并对宝贝进行体检优化。提交实训报告。

项目四

宝贝拍摄与图片处理

知识目标：
（1）了解网店摄影需要的器材。
（2）了解相机的分类。
（3）了解数码相机的基本功能。
（4）了解拍摄的基本流程。

技能目标：
（1）掌握数码相机的操作技巧。
（2）掌握商品的拍摄视角与构图。
（3）掌握商品的摆放技巧。

任务1 商品拍摄的基本技巧

1. 摄影器材的选择

作为一名网店摄影师，首先要了解最基本的摄影器材配备知识。俗话说："工欲善其事，必先利其器。"只有对摄影器材有了一定的认识，才能在众多的摄影器材中找到适合自己网店的器材。

1）照相机

（1）数码单反相机

数码单反相机就是使用了单反新技术的数码相机，如图4-1所示。作为专业级的数码相机，用其拍摄出来的照片，无论在清晰度上还是在照片质量上都是一般照相机不可比拟的。数码单反相机的一个很大特点就是可以变换不同规格的镜头，这是普通数码相机不能比拟的。但数码单反相机也具有机身笨重、不便携带、操作复杂、价格较高等缺点。

图4-1 数码单反相机

（2）微型单反相机

微型单反相机简称"微单"（图 4-2），是一种介于数码单反相机和卡片机之间的跨界产品，其在结构上最主要的特点是没有反光镜和棱镜。这种照相机体积较小，具有接近单反相机的画质，且具有便携性、专业性、时尚性相结合的特点，其价格一般低于同档次的入门单反相机。

图 4-2　微型单反相机

（3）手机

手机可以代替部分相机，具有部分相机的专业功能。此外，手机携带方便、快捷、随意性强，可以直接将拍得的照片传到网上，如图 4-3 所示。但由于手机的摄像头受手机机身轻薄的限制，实现光学变焦的难度很大。

图 4-3　手机拍摄

2）三脚架

三脚架的主要作用就是稳定照相机，以达到某些摄影效果，如图 4-4 所示。最常见的三脚架就是在长曝光中使用的三脚架，用户如果要拍摄夜景或者带涌动轨迹的图片，曝光时间需要加长，这时数码相机不能抖动，就需要三脚架的帮助。

图 4-4 三脚架

市场上三脚架的种类很多，按照材质分为高强塑料材质三脚架、铝合金材质三脚架、钢铁材质三脚架、碳素纤维材质三脚架等多种。其中，钢铁材质三脚架的稳定性高，但是体积大、便携性差；铝合金材质三脚架和碳素纤维材质三脚架的体积小且结实，但是碳素纤维材质三脚架的价格较高。

3）反光板

反光板是用锡箔纸、白布、米菠萝等材料制成的。反光板在外景拍摄中起辅助照明作用，有时也作主光用。不同的反光板表面可以产生软、硬不同的光线。反光板作为拍摄中的辅助设备，它的常见程度不亚于闪光灯。根据环境需要用好反光板，可以让平淡的画面变得更加饱满，体现出良好的影像光感、质感。同时，利用反光板适当改变画面中的光线，对于简化画面成分、突出主体有很好的帮助作用。

常用的反光板有五种，即白色反光板、银色反光板、金色反光板、黑色反光板和柔光板，如图 4-5 所示。

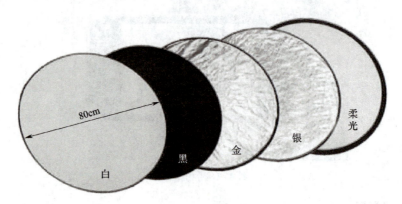

图 4-5 反光板

4）拍摄背景

拍摄背景可给所拍摄的物体背面加上背景，起到美化拍摄主体的作用。按照材质来分，拍摄背景可以分为布质背景、纸质背景图 4-6 所示、木质背景和塑料背景。

图 4-6 拍摄背景

（a）布质背景；（b）纸质背景

5）布光

单用自然光的摄影系 1 灯布光、2 灯以上组配时，使主光线和辅助光有效地配合应用，叫作布光。运用布光技巧能客观地表现出商品的形态特征，可以使商品更加生动、富有表现力。

拍摄静止的物体是一种造型行为，布光是让塑造的形象更具有表现力的关键。但在室外拍摄照片时会受到很多外在环境因素的影响，如灯光、布置、清晰范围、拍摄时刻等；而在室内拍摄照片，则可以控制周围的状况，在拍摄中运用不同的布光可表现出商品的软硬、粗细、轻重、厚薄，甚至冷热的视觉感受，使消费者直观地看到商品的不同形态，由此联想到自己在享受商品时可能获得的感受。

下面简单介绍一下常见的布光方式及特点。

（1）正面两侧布光

正面两侧布光是指在被摄物体的前方采用一左一右成 45°角的位置布光，如图 4-7 所示。正面两侧布光是商品拍摄中最常用的布光方式。该种布光方式的特点是正面投射出来的光线全面而均衡，商品表现全面，不会有暗角，但缺乏立体感。这种布光方式适合拍摄有一定高度和宽度且立体感强的物体。

（2）前后交叉布光

前后交叉布光是指在被摄物体的前方和后方各成 45°角的位置布光，形成对角线，后面的灯开全光以作为主光打在被摄物体上，被摄物体前方的灯开 1/2 光作为辅光，前、后光形成夹光，如图 4-8 所示。

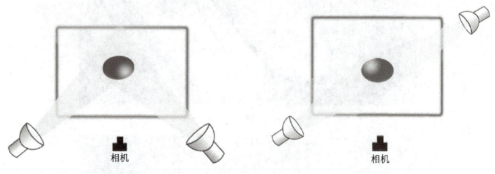

图 4-7　正面两侧 45°角布光　　　　　　图 4-8　前后交叉布光

（3）后方布光

后方布光是指在被摄物体的后方一左一右各成 45°角的位置布光，从背后打光，与被摄物体构成一个三角形，如图 4-9 所示。这种布光方式使商品的正面没有光线而产生大片的阴影，无法看出商品的全貌，因此，除拍摄通透性较强的商品外，不要轻易尝试这种布光方式。

（4）顶部 45°角布光

顶部 45°角布光是指在被摄物体的上方采用一左一右成 45°角的位置布光，光源与被摄物体呈倒三角形，如图 4-10 所示。这种布光方式使商品的顶部受光，正面没有完全受光，适合拍摄外形扁平的小商品，不适合拍摄立体感较强且有一定高度的商品。

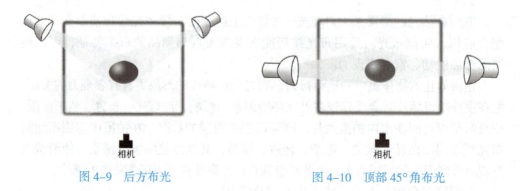

图 4-9　后方布光　　　　　　图 4-10　顶部 45°角布光

2. 商品摆放技巧

网店商品照片的好坏除了与拍摄技巧有关外，还与商品摆放的技巧有很大的关系。不同的摆放方式所带来的视觉效果不同。要想让商品照片更具吸引力，激起买家的购买欲望，就要运用一定的艺术方法和技巧，借助一定的道具，将商品进行有规律的摆放与展示，使其在众多同类商品中脱颖而出。

1)商品的摆放角度

(1)侧着摆放

如图4-11所示为营养药的侧摆方式。营养药若正对镜头,则过于端正,会给人以呆板的感觉,无法展示出商品的个性。而将实物从包装中取出来,将包装侧着摆放,这样既可以将商品的侧面信息展示出来,让买家近距离地感觉到商品的立体信息,也可以给人随意自然的感觉。

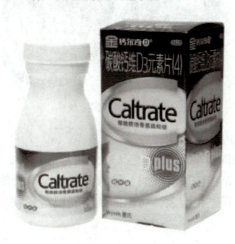

图4-11 侧着摆放

(2)同类商品的摆放

卖家在拍摄同种类型的多款商品时,简单的排列方式通常难以实现成功的造型设计。因此,在拍摄同种类型的多款商品时,应尽可能地将商品摆放得错落有致,避免死板地并列摆放,注意疏密与次序。此外,还可以根据商品的外部形态进行造型设计,使商品呈现出独有的设计感和美感。

如图4-12所示的烘焙模具、袜子和帽子,分别将其围绕成四叶草形、圆形和风车造型进行摆放,可使它们显得具有个性化色彩,让买家眼前一亮。

(a)　　　　　　　　(b)　　　　　　　　(c)

图4-12 造型设计摆放

(a)烘焙模具;(b)袜子;(c)帽子

图4-13所示为彩色发圈的摆放方式,这样的小件商品一般都是按照有序排列的方式摆放的,这样不仅可以同时展现多种颜色,而且可以增加构图的美观性。

图 4-13 序列摆放

（3）展示商品的内部结构

买家在购买商品时，除了关注商品的外观形态以外，更重要的是关注商品的内部结构和细节，如钱包里有几层、能放几张银行卡、使用材质等。因此，在拍摄时可以把商品打开进行摆放，将内部结构展现给买家，消除买家的顾虑，如图 4-14 所示。

图 4-14 钱包内部结构的展示

（4）选择合适的背景

一个好的背景对于商品照片的视觉起着重要的作用。干净、简单的背景既不会让画面显得杂乱，又能够衬托拍摄主体。同时，要选择与实物匹配的背景色调，在色彩上力求和谐、统一，切忌颜色跨度太大。

小件商品的背景选择范围非常广，不同颜色的背景布和卡纸都可以作为背景。在纯色背景中，白色和黑色由于与其他颜色都具有相容性，容易搭配，因此应用最广。

首饰或者工艺品可以借助棉、麻、丝、缎等作为背景。当使用纯色背景时，可有意地摆放出褶皱感，使背景产生层次，营造出高贵典雅的感觉，如图 4-15 所示。

图 4-15 用适当的背景衬托珍珠的光泽

（5）巧妙地使用道具

拍摄单一的商品时，画面有时候会显得比较单调，这时候可以根据需要加入一些小道具进行搭配，使画面充实、丰富，并且可以用来调节画面的构图与色彩对比。道具的选取一定要和拍摄的主题、场景相适应，如图 4-16 所示。

(a)　　　　　　　　　　　　　　　　(b)

图 4-16 使用道具

(a) 用恰当的道具拍摄巧克力；(b) 用不恰当的道具拍摄巧克力

（6）虚实对比和层次分明

在拍摄中，景深的控制是非常重要的。用于网店拍摄的商品相对比较单一，在搭配其他道具和背景的情况下应做到主体鲜明，将商品的所有细节一一呈现出来。恰当地控制景深，不仅可以使整个画面富有层次感和立体感，而且可以更好地突出某一部分的细节。如图 4-17 所示，这个小饰品的拍摄，画面虚实对比得当，既展现了整体的美感，又展示了局部细节。

（7）固定商品的拍摄方法

在拍摄商品时，为了拍摄出商品在特定角度下的效果，需要使用万能黏土将商品进行固定，使其"站立"或倾斜。如图 4-18 所示，在拍摄手表类商品时，可以使用铝板等材料固定住腕表的表带部分，为了不让铝板划伤腕表，可以使用柔软的材料将铝板包裹起来。

图 4-17　小饰品的拍摄　　　　　　图 4-18　手表的拍摄

2）商品拍摄构图

构图是一切造型艺术的重要造型手段之一。摄影构图是指通过镜头在取景框中将所有拍摄的要素——商品、光线、道具进行有序排列，以表现一定的内容和美感效果，增加消费者的购买欲望。构图的方法有很多，根据线形结构的不同，可以分为"井"字形构图、水平线构图、垂直线构图、斜线构图、中央构图、对角线构图等；根据形状的不同，可以分为黄金分割构图、三分法构图、对比式构图等。下面介绍几种常用的构图方法。

（1）"井"字形构图

"井"字形构图是最为常见的一种构图方法，即通过两条横线与两条竖线将画面进行等分，这时四条线段就构成了"井"字形，并在画面中产生了四个交点。拍摄者需要做的事情就是将商品的位置安排到画面中的这四个交点之一的附近。"井"字形构图使用前和使用后产生的画面感是有所差别的，使用"井"字形构图可使画面显得更加活泼，主体依然突出。

如图 4-19 所示，图 4-19（a）的构图不符合"井"字形构图，图 4-19（b）的构图符合"井"字形构图。

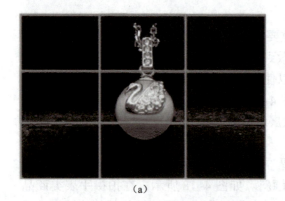
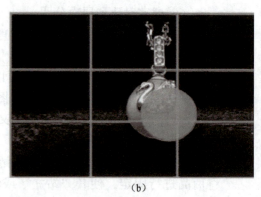

（a）　　　　　　　　　　　　　　　（b）

图 4-19　"井"字形构图

（a）不符合"井"字形构图；（b）符合"井"字形构图

（2）水平线构图

水平线构图具有平静、安宁、舒适、稳定等特点，使用水平线构图的画面，一般主导线形是水平方向的，主要用于表现宏大、宽敞的大场面。水平线构图还可以兼顾另外一种构图形式——对称构图，可以增加画面的对称美和均衡美，一举两得，如图4-20所示。

图4-20　水平线构图

（3）竖式（垂直线）构图

竖式构图是商品呈竖向放置和竖向排列的构图方式（图4-21）。这种构图方式可以表现出商品的高耸、秀朗、威严，常用来拍摄长条的或者竖立的商品。竖式构图在商品的拍摄中也是经常使用的，如在模特穿拍服装时，因为人的身体是垂直的，所以最佳的构图是竖式构图。

（4）对角线构图

对角线构图是将商品呈斜向摆放，与画面呈对角线的构图方式（图4-22）。对角线构图可以使画面产生活力，使物体产生动感和延伸感，易于突出表现商品的造型与色彩。

图4-21　竖式构图　　　　　　　　图4-22　对角线构图

（5）中央构图

中央构图，顾名思义，就是将主体安排在画面的中心。拍摄网店商品时，商品通常被安排在画面的中心。采用中央构图的原因有四点：第一，将商品安排到画面的中心，很容易吸引观赏者的注意力；第二，中央构图非常方便、精准，拍摄者只需要使用中心对焦点对焦并拍摄，即可得到符合中央构图的画面；第三，采用中央构图可以避免网店商品照片在后期添加文字时对商品造成遮挡；第四，对采用中央构图拍摄的画面进行后期处理时，可以有较多的空间对画面的构图进行重新调整，以迎合新的设计或排版的需要。

图 4-23 所示的照片符合中央构图的特点。一般在拍摄中央构图照片时需要运用照相机的中心对焦点来辅助构图。

图 4-23　中央构图

（6）黄金分割构图

把一条线段分割为两部分，使其中一部分与全长之比等于另一部分与这部分之比，其比值是一个无理数，取其前三位数字的近似值是 0.618，所以也称为"0.618法"。由于按此比例设计的造型十分美丽，因此称为黄金分割。日常生活中的很多东西都采用这个比例，如电视屏幕、书报、杂志、箱子、盒子等。把黄金分割法的概念略为引申，0.7 的地方是放置拍摄主体最佳的位置，以此形成视觉的重心。

(a)　　　　　　　　　　　　　　(b)

图 4-24　黄金分割构图

(a) 黄金分割·上下结构；(b) 黄金分割·左右结构

（7）三分法构图

三分法构图实际上是黄金分割构图的简化版，基本目的是避免对称式构图。三分法构图的原理是将画面按 2∶1 的比例划分，把画面划分成三等份，将趣味中心安排在画面 1/3、2/3 处，按照这种方法安排主体和陪体，可使照片显得更加紧凑，如图 4-25 所示。

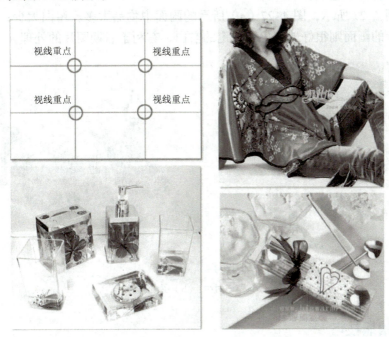

图 4-25　三分法构图

（8）远近结合、明暗相间法

图 4-26 中的喜糖包装和玫瑰花、近景的巧克力和远景的白色杯碟、可爱的小兔和粉嫩的环境都营造了一种意境，而这种意境往往最容易感染消费者，给他们留下了足够大的想象空间。

图 4-26　远近结合、明暗相间法构图

（9）留白

留白是指画面中要留出一些空白的部分。对于商品摄影来说，留白有实际的意义。很多时候会对网店商品照片进行一些装饰性或说明性的处理，例如增加一些花边、文字、水印等，因此，在构图的时候要有足够多的空白部分，否则商品主体容易被遮挡。

如图4-27所示，图4-27（a）所示的画面中物品太多，留白太少；图4-27（b）所示的画面则很好地留出了一定的空白，有利于后期图片的处理。

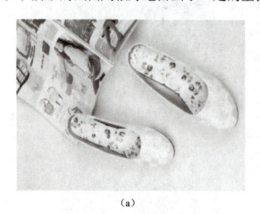 

（a） （b）

图4-27 留白

（a）留白过少；（b）留白适当

3. 拍照技巧

要想拍出美观和清晰的照片，需要掌握一定的拍照技巧。除了要了解单反相机的基本结构和功能、布光的方式和构图的方式外，还要熟练地掌握各种拍摄技巧。

1）正确地握持照相机

（1）横向握机

如图4-28所示，拍摄时，右手三指握住照相机的手柄，食指放在快门上，大拇指握住照相机的后上部，左手托住镜头下方，将双臂的肘部紧紧收拢在身体两侧，身体和胳膊形成一个支撑。双手持稳相机后，左手对焦，右手食指按快门。

（2）纵向握机

如图4-29所示，拍摄时，右手三指握住照相机的手柄，食指放在快门上，大拇指握住照相机的后上部，左手托住镜头下方，将双臂的肘部紧紧收拢在身体两侧，身体和胳膊形成一个支撑。双手持稳相机后，左手对焦，右手食指按快门。

2）拍照中的技巧

（1）光圈的设置

光圈是位于镜头内部的叶片的集合，如图4-30所示。用f值表示光圈的大小。光圈的作用在于决定镜头的进光量。简单地说，在快门速度（曝光速度）不变的情况下，f 值越小，光圈越大，进光量就越多，画面越亮；f 值越大，光圈越小，进光量就越少，画面越暗。

图 4-28　横向握机

图 4-29　纵向握机

图 4-30　光圈图示

光圈孔径越小，进光量越少。f 对应的数值越大，光圈越小，如图 4-31 所示。随着 f 值的不断增大，光圈越来越小。

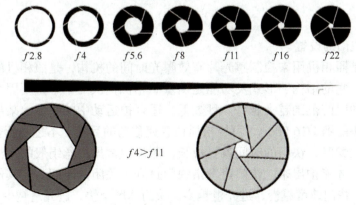

图 4-31　f 值增大，光圈减小

由于光圈是用来调节进光量的大小的，因此在其他参数不变的情况下，光圈决定着画面的明暗，如图4-32所示。

图4-32 光圈决定画面的明暗

(a) f=4.5；(b) f=3.5；(c) f=2.8

光圈除了可以控制画面的明暗以外，还能控制画面的景深。如图4-33所示，f=2.8光圈照片中的背景已经被虚化了，而f=4光圈照片中的背景还能明显看出。

图4-33 光圈控制画面的景深

(a) f=4；(b) f=2.8

（2）快门的设置

快门是照相机用来控制感光片有效曝光时间的机构，是照相机的一个重要组成部分，它的结构、形式及功能是衡量照相机档次的一个重要因素。一般而言，快门的时间范围越大越好。秒数低，适合拍运动中的物体，某款相机就强调快门最快能到1/16 000 s，可轻松抓住急速移动的目标。不过当所要拍的是夜晚的车水马龙时，快门的时间就要拉长，照片中常见的丝绢般的水流效果也要用慢速快门才能拍出来。快门速度指快门打开及关闭的时间。在其他参数不变的条件下，快门速度越慢，进光量越多；快门速度越快，进光量越少。

以运动中的汽车模型为例，用 1/8 000 s 进行第一次拍摄，可以很清晰地将车模定格在画面当中；用 1/10 s 进行第二次拍摄，车模图像变得很模糊，如图 4-34 所示。

图 4-34　1/8 000 s 和 1/10 s 快门速度下拍摄出的照片
（a）快门速度：1/8 000 s；（b）快门速度：1/10 s

在室内使用影室闪光灯拍摄时，快门速度不能超过 1/200 s，因为如果快门速度太快，而闪光灯频闪的速度跟不上，在快门帘关上的时候，照相机内的感光元件没能完全捕捉到闪光，就会出现黑边的现象。

手持照相机拍摄时，快门速度不能低于 1/60 s，如果必须使用慢速快门，可以给照相机配备一个三脚架。

高速快门能够捕捉物体瞬间的动态和美感，能够拍摄出让人惊叹的效果，如图 4-35 和图 4-36 所示。

图 4-35　高速快门下拍摄的牛奶喷溅的状态

图 4-36　1/45 s 和 1/1 500 s 快门下拍摄的小球掉落的状态
（a）1/45 s；（b）1/1 500 s

慢速快门可以表现事物的过程美,如夜晚的车水马龙(图4-37)、丝绸般的水流效果。

图4-37 慢速快门拍摄的车水马龙的夜晚

因此,网店的初级拍摄人员要记住的操作要领是:安全快门速度不低于1/60 s,快门速度慢,能捕捉过程和表现过程美;快门速度快,能抓拍瞬间和表现瞬间美。

实训8 搭建简易摄影棚对宝贝进行拍摄

实训目的:以小组为单位完成一件自选商品的拍摄,使学生掌握单反相机的拍摄技巧、产品的布光和构图技巧。

实训内容:

(1)按小组选择一种商品,结合商品的特征和所学的产品布光方式与构图方式,选择两种合适的布光方式和构图方式,对所选产品进行布光和构图,将内容填入表4-1中。

(2)按小组选择一种商品,利用所学的单反相机操作的基础知识完成5张主图、3张详情页的拍摄,将拍摄的图片复制到表4-2中。

表4-1 产品的布光和构图

产品名称	布光方式	构图方式

表 4-2　自选商品拍摄

拍摄内容	拍摄步骤	拍摄技巧
主图		
详情图		

任务 2　商品图片的处理

知识目标：

（1）了解 Photoshop 软件的基本功能。

（2）了解图片处理的基本流程。

（3）了解店铺装修的意义。

技能目标：

（1）掌握 Photoshop 的基本操作。

（2）掌握主图和描述图的设计方法。

由于消费者在网上购物看不到商品实体，只能通过图片来感受商品的好坏，因此图片设计的好坏会直接影响店铺的流量和转化率，进而影响店铺的销售额。目前处理图片的软件较多，常见的有 Photoshop、光影魔术手、Flash、CorelDRAW 等。这些软件中以 Photoshop 的应用最为广泛，同时 Photoshop 也可以和其他软件结合使用。本节将以 Photoshop CS6 为例进行介绍。

1. Photoshop 概述

Adobe Photoshop 简称 PS，是由 Adobe 公司开发和发行的图像处理软件，它主要处理由像素构成的数字图像。

Photoshop 的功能有图像编辑、图像合成、校色调色及特效制作等。图像编辑是图像处理的基础，可以对图像做各种变换，如缩放、旋转、倾斜、镜像、透视等；也可进行复制、去除斑点、修补、修饰图像的残损等操作。图像合成功能是将几幅图像通过图层操作和工具应用合成完整的、传达明确意义的图像。校色调色功能既可方便、快捷地对图像的颜色进行明暗和色偏的调整及校正，也可在不同颜色之间进行切换，以满足图像在不同领域中的应用。特效制作功能主要由滤镜、通道及工具综合完成，包括图像的特效创意和特效字的制作等。

1）Photoshop CS6 的工作界面

Photoshop CS6 的工作界面由菜单栏、工具箱、选项栏、面板组、图像窗口、标题栏、状态栏部分构成，如图 4-38 所示。

（1）菜单栏

菜单栏用于存放各种应用命令，从左到右依次是"文件""编辑""图像""图层""文字""选择""滤镜""视图""窗口"和"帮助"。每个菜单选项均有多个子选项，集合了上百个菜单命令。菜单栏中的许多命令可以通过快捷键直接操作，也可以通过对某一命令自行设置或修改快捷键，实现了预期的人性化效果。

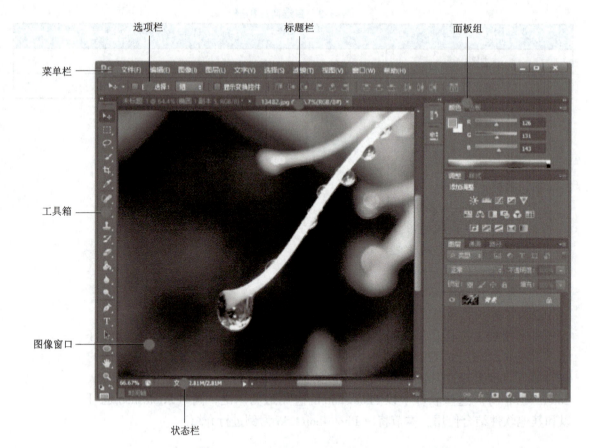

图 4-38 Photoshop CS6 的工作界面

（2）工具箱

工具箱中存放了日常处理图像使用频率较高的工具，主要有规则选区工具、不规则选区工具、图像修复工具、文字工具和图像润色工具等。使用这些工具可以绘制图像，裁剪、修饰图像，创建选区及调整图像等。

选择工具箱中的任意一个工具有两种方法：一种是单击工具图标，另一种是使用快捷键。例如，使用文字工具可以单击按钮，也可以直接按快捷键 T 进入文字编辑状态。有些工具按钮右下角有一个白色的三角标记，此标记表示此工具位于一个工具组中，单击鼠标右键可以显示工具组中的所有工具，如图 4-39 所示。

（3）选项栏

选项栏用于设置各个工具的属性，选中任意一个工具，对应的选项栏也会随之变化，显示当前工具的属性和参数。用户可以通过设置不同的参数来调整工具的属性，以实现不一样的效果。

（4）面板组

面板是进行颜色选择、图层编辑、路径编辑、通道编辑和撤销编辑等操作的主要功能面板，是工作界面的一个重要组成部分。面板默认显示在界面右侧，除了默

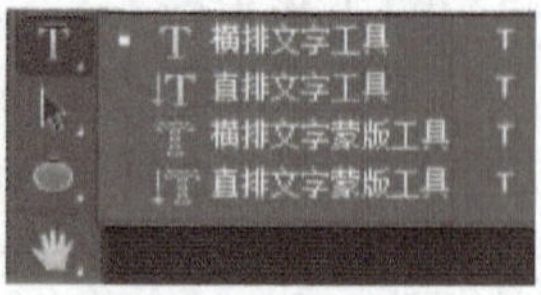

图 4-39 文字工具

认显示的三组面板外，用户还可以通过选择"窗口"菜单中的命令显示所需的面板。

（5）图像窗口

图像窗口是工作界面中占据最大面积的部分，是用户编辑和图像显示的主要地方。

（6）标题栏

标题栏位于图像窗口的上方、选项栏的下方，用于显示当前打开图像的文件名、显示比例、文件格式和图像模式。

（7）状态栏

状态栏位于工作界面的正下方，在图像窗口的底部。状态栏显示当前图像的基本信息，如文档大小、显示比例。当图像足够大时，可以通过右侧的滑动条查看图像。

2）Photoshop 的基础知识

（1）认识选区

① 选区的概念。

顾名思义，Photoshop 的选区就是在图像上用来限制操作范围的选择区域。从外观上看，选区呈浮动的"蚂蚁线"（运动的虚线）状态，如图 4-40 所示。

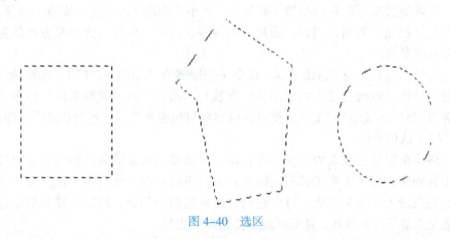

图 4-40　选区

根据形状的不同，Photoshop 的选区可以分为规则选区和不规则选区两大类。规则选区工具主要包括矩形选框工具、椭圆选框工具、单行选框工具和单列选框工具，不规则选区工具主要包括套索工具、多边形套索工具、磁性套索工具、快速选择工具和魔棒工具，如图 4-41 所示。

图 4-41　选区类型

② 选区的填充。

填充指的是将颜色添加在选区之内，如果将颜色添加在选区的边缘，就叫作描边，如图4-42所示。

绘制完选区后，选区只是以浮动的"蚂蚁线"状态存在的，按"Ctrl"+"D"快捷键取消选区后，图像将无任何变化。但是如果在选区内填充了颜色，那么，即使选区被取消了，颜色还是会存在，如图4-43所示。

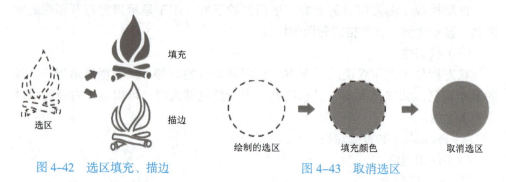

图4-42 选区填充、描边　　　　图4-43 取消选区

③ 选区的变换。

在绘制矩形和椭圆选区时，如果在绘制的同时要平移选区，只需要按住空格键即可。

选区的变换不但包括位置（移动）、大小（缩放）、方向（旋转）的变换，而且包括扭曲、倾斜、斜切、透视、翻转等。其中，位置、大小和方向的变换称为基本变换。

执行"编辑"→"自由变换"命令（快捷键为"Ctrl"+"T"），变换的内容既包含选区，也包含选区内的图像；而执行"选择"→"变换选区"命令（快捷键为"Alt"+"Ctrl"+"T"），变换的内容则只包含选区，不包含选区内的图像。

（2）认识路径

路径在屏幕上表现为一些不可打印、不活动的矢量形状。路径可以通过钢笔工具创建，使用钢笔工具的同级其他工具进行修改。路径由定位点和连接定位点的线段（曲线）构成；每个定位点还包括两个句柄，用以精准调整定位点和定位点前后段的曲线，从而匹配想要选择的边界。

① 锚点和路径。

一条完整的路径是由一个或多个直线路径段或曲线路径段组合而成的，用来连接这些路径段的对象便是锚点，锚点同时也标记了路径段的端点。

锚点分为两种：一种是平滑点，平滑曲线由平滑点连接而成，如图4-44（a）所示；另外一种是角点，转角曲线和折线由角点连接而成，如图4-44（b）、（c）所示。

在曲线路径段上，每个锚点都包含一条或两条方向线，方向线的端点是方向点，如图4-45（a）所示。方向线指示了曲线的走向，通过拖动方向点可以调整方向线，将其拉长、拉短或者改变角度，从而改变曲线的形状。当移动平滑点上的方向点时，将同时调整平滑点两侧的曲线路径段，如图4-45（b）所示；

当移动角点上的方向点时，只能调整与方向线同侧的曲线路径段，如图 4-45（c）所示。

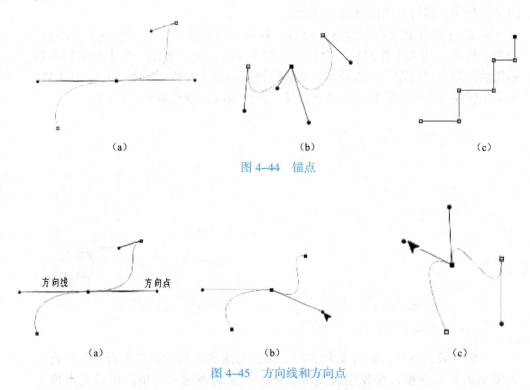

图 4-44　锚点

图 4-45　方向线和方向点

路径分为两种：一种是有明确起点和终点的开放式路径，另一种是没有起点和终点的闭合式路径。这两种路径都可以转换为选区，如图 4-46 所示。

②路径与选区的相互转换。

路径与选区可以相互转换，即路径可以变为选区，选区也能变为路径。将路径转换为选区之后，可以用其他选择工具、图层蒙版或快速蒙版来编辑选区；将选区转换为路径之后，可以用路径编辑工具或形状工具对其进行处理。

a. 将路径转换为选区的方法：

● 通过快捷键转换。在按住"Ctrl"键的同时单击"路径"面板中的路径，即可将其转换为选区。

● 通过"Enter"键转换。在"路径"面板中单击路径，按"Ctrl"+"Enter"组合键即可将所选择的路径转换为选区。对于刚刚绘制完的路径，采用这种方法进行转换比较方便。

● 通过按钮转换。在"路径"面板中单击路径，再单击"将路径作为选区载入"按钮即可进行转换。

● 通过快捷菜单转换。如果当前使用的是钢笔工具、形状工具、路径选择或直接选择工具，则在画面中单击鼠标右键，然后在弹出的快捷菜单中选择"建立选区"命令即可进行转换。

b. 将选区转换为路径的方法：

● 通过按钮转换。创建选区后，单击"路径"面板中的"从选区生成工作路径"按钮，即可将选区转换为路径。

● 通过面板菜单命令转换。执行"路径"面板菜单中的"建立工作路径"命令，打开"建立工作路径"对话框（图4-47），在"容差"文本框中输入容差值后，单击"确定"按钮即可将选区转换为路径。容差（范围为0.5~10像素）决定了转换为路径后所包含的锚点数量，该值越高，锚点越少。

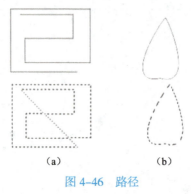

（a）

（b）

图4-46　路径

（a）开放式；（b）闭合式

图4-47　"建立工作路径"对话框

一般来说，当锚点的数量较多时，路径与选区的形状比较接近，但也正因为锚点的数量较多，路径也会变得复杂，不仅编辑起来麻烦，而且光滑度也会降低。锚点的数量越少，与选区的形状背离越大，但路径比较简单、平滑。图4-48所示为设置不同容差值得到的路径。

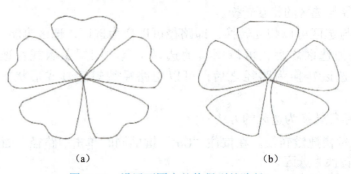

（a）　　　　　　　　　　　　（b）

图4-48　设置不同容差值得到的路径

● 通过快捷菜单命令转换。如果当前使用的是选框、套索、魔棒工具，则在画面中单击鼠标右键，可以在弹出的快捷菜单中选择"建立工作路径"命令来进行转换。

（3）路径的绘制工具

Photoshop中的钢笔可以创建路径和形状图层，它们是两种不同的对象。在使用钢笔工具抠图之前，需要进行一些必要的设定，以确定绘制的是哪种类型的对象及路径是否运算。

选择钢笔工具以后，选项栏中会出现图 4-49 所示的选项，先根据需要设定形状、路径或像素的绘图模式，再通过钢笔绘图。

图 4-49 钢笔工具选项

① 形状。选择"形状"模式，使用钢笔工具绘制的路径会出现在单独的形状图层中，它包含定义形状颜色的填充图层及定义形状轮廓的矢量蒙版。形状轮廓是路径，会出现在"路径"面板中。

② 路径。使用钢笔工具抠图时，通常先选择"路径"模式，然后绘制出工作路径。工作路径是一个临时的路径，会出现在"路径"面板中，可以用来转换选区和创建矢量蒙版，也可以对路径进行填充和描边。

③ 像素。只有使用形状工具（矩形工具、椭圆工具、自定义形状工具等）时才可以选择"像素"模式，而钢笔工具不能设定该模式。可直接在图层中绘制光栅化图形，从"图形"面板和"路径"面板的状态中很容易看出它们之间的区别。

图 4-50 所示为使用自定义工具分别切换为"形状""路径"和"像素"模式后创建的形状图层、路径和光栅化图形。

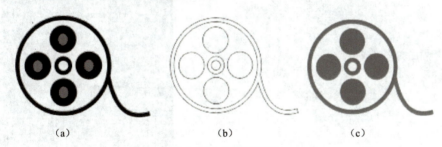

图 4-50 自定义工具
（a）形状图层；（b）路径；（c）光栅化图形

工作路径是临时的路径，如果没有存储便会取消对它的选择（在"路径"面板的空白处单击即可取消选择），当绘制新的路径时，原工作路径将被替换。要保存工作路径，需要将其拖动到面板底部的"创建新路径"按钮上。

（4）认识通道

① 通道的原理和作用。

在 Photoshop 中，通道用于存放颜色信息，是独立的颜色屏幕。每个 Photoshop 图像都具有一个或多个通道。当新建或打开一幅图像时，Photoshop 会自动为图像创建相应的颜色通道，图像的颜色模式不同，Photoshop 所创建的通道数量就会不同。

② 认识"通道"面板。

在 Photoshop 中，对通道的管理是通过"通道"面板来实现的，要掌握通道的使用和编辑，需先熟悉"通道"面板。执行"窗口"→"通道"命令，打开"通道"面板，如图 4-51 所示。

③ 通道的基本操作。

a. 选择通道。

使用通道的操作方法与使用图层类似，对某个通道进行编辑处理时，应先选择该通道。当新打开一幅图像时，合成通道和所有分色通道都处于激活状态，并以蓝色高亮显示，如果要将某个通道作为当前工作通道，则只需单击该通道对应的缩略图，如图4-52、图4-53所示。

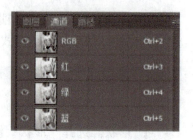

图4-51 "通道"面板示例

图4-52 选中一个通道后的图像效果

b. 创建Alpha和专色通道。

Alpha通道专门用于保存图像选区，对图像中的一些需要控制的选区进行特殊处理。专色通道可保存专色信息，被用于专色印刷。专色通道具有Alpha的所有特点，但专色通道只可以为灰度模式存储一种专色信息。

c. 复制通道。

复制通道的操作方法与复制图层类似，选中需要复制的通道，按住鼠标左键不放，将该通道拖至"通道"面板底部的"创建新通道"按钮上，或者在要复制的通道上单击鼠标右键，在弹出的快捷菜单中选择"复制通道"命令，即可进行复制操作。

d. 删除通道。

第一步，直接将要删除的通道拖动至"通道"面板底部的"删除当前通道"按钮上。

图 4-53　选中两个通道后的图像效果

第二步，在要删除的通道上单击鼠标右键，然后在弹出的快捷菜单中选择"删除通道"命令。

第三步，选中要删除的通道后，单击"通道"面板右上角的按钮，在弹出的下拉菜单中选择"删除通道"命令。

④ 通道的使用技巧。

在图像处理的过程中，需要使用通道来编辑图像。常见的使用通道编辑图像的方法有通过通道调整图像颜色亮度、降低图像颜色等。下面通过实例讲解使用通道调亮图像颜色的方法。为了将图像调整出更丰富的颜色，可使用 Lab 颜色模式对图像进行细致的调整，以使图像看起来更加自然。

打开"鸭舌帽.jpg"图像，如图 4-54 所示。执行"图像"→"模式"→"Lab 颜色"命令，将图像的颜色模式转换为 Lab 颜色模式。

按"Ctrl"+"J"组合键复制图层。在"通道"面板中选择"明度"通道，执行"图像"→"应用图像"命令，在打开的"应用图像"对话框中设置"图层""通道""混合"分别为"合并图层""a""叠加"，单击"确定"按钮。

选择"a"通道，执行"图像"→"应用图像"命令，在打开的"应用图像"对话框中设置"图层""通道""混合""不透明度"分别为"合并图层""a""叠加""60"，单击"确定"按钮。

选择"b"通道，执行"图像"→"应用图像"命令，在打开的"应用图像"对话框中设置"图层""通道""混合"分别为"合并图层""b""叠加"，单击"确定"按钮。"鸭舌帽.jpg"图像的最终效果如图 4-55 所示。

图 4-54 "鸭舌帽 .jpg"图像　　　　　　图 4-55　使用通道编辑"鸭舌帽 .jpg"
　　　　　　　　　　　　　　　　　　　　　　　　图像的最终效果

（5）认识蒙版

蒙版是另一种专用的选区处理工具，可选择图像也可隔离图像，在处理图像时可屏蔽和保护一些重要的图像区域不受编辑和加工的影响，即当对图像的其余区域进行颜色变化、滤镜效果和其他效果处理时，被蒙版蒙住的区域不会发生改变。

蒙版是一种 256 色的灰度图像，作为 8 位灰度通道存放在图层或通道中，可使用绘图编辑工具对其进行修改。此外，蒙版还可将选区转换为 Alpha 通道。

① 创建快速蒙版。

快速蒙版是临时性的蒙版，可暂时在图像表面产生一种与保护膜类似的保护装置。通过快速蒙版可以绘制选区。创建快速蒙版的方法是：打开需要创建蒙版的图像，在工具箱中单击"以标准模式编辑"按钮，再在工具箱中选择画笔工具。

使用鼠标在图像中需建立蒙版的区域进行涂抹，涂抹的区域显示为透明的红色，如图 4-56 所示。

在工具箱中单击按钮，退出快速蒙版操作，如图 4-57 所示。

图 4-56　建立蒙版区域进行涂抹

图 4-57　退出快速蒙版操作

②创建图层蒙版。

图层蒙版存在于图层中的图像之上，使用图层蒙版可以控制图层中不同区域的隐藏或显示，通过编辑图层蒙版可将各种特殊效果应用于图层中的图像上，且不会影响该图层的像素。

a. 直接创建图层蒙版

选择要添加图层蒙版的图层。单击"图层"面板底部的"添加图层蒙版"按钮。创建的图层蒙版的默认填充色为白色［图 4-58（a）］，表示全部显示图层中的图像。如果在按住"Alt"键的同时单击按钮，则创建后的图层蒙版的填充色为黑色［图 4-58（b）］，表示全部隐藏图层中的图像。

图 4-58　直接创建图层蒙版

（a）创建的图层蒙版；（b）按住 Alt 键创建的图层蒙版

b. 利用选区创建图层蒙版

选择要添加图层蒙版的图层，绘制选区，执行"图层"→"图层蒙版"命令，在弹出的子菜单中选择相应的命令，即可隐藏或显示需要的区域。

③ 创建矢量蒙版和剪贴蒙版。

在处理图像时经常会使用矢量蒙版和剪贴蒙版。使用矢量蒙版可在图层上创建边缘明显的图像，使用剪贴蒙版可以根据一个图像的形状限制剪切蒙版上方图层的显示范围。使用剪贴蒙版可以控制多个图层，而使用矢量蒙版只能控制一个图层。

下面以"玩具海报 .psd"图像创建蒙版为例进行介绍，具体操作步骤如下：

第一步，打开"玩具海报 .psd"图像，如图 4-59 所示。

再打开"公仔 .psd"图像，使用移动工具将"1"图层中的公仔图像移动到"玩具海报 .psd"图像中。按"Ctrl"+"T"组合键旋转并调整公仔图像的大小，将其移动到"玩具海报 .psd"图像的右上角，如图 4-60 所示。

第二步，在工具箱中选择自定义形状工具，在选项栏的"形状"下拉列表框中选择选项，在"创建对象"下拉列表框中选择"路径"选项，使用鼠标在添加的图像中绘制形状，如图 4-61 所示。

图 4-59 "玩具海报.psd" 图像

图 4-60 移动 "1" 图层

第三步，按住"Ctrl"键并单击"图层"面板底部的"添加矢量蒙版"按钮，为图像添加矢量蒙版，效果如图 4-62 所示。

图 4-61 绘制形状

图 4-62 添加矢量蒙版

第四步，使用移动工具在"公仔.psd"图像中将"底纹"图层移动到"玩具海报.psd"图像中，如图 4-63 所示。

第五步，使用移动工具在"公仔.psd"图像中将"2"图层移动到"玩具海报.psd"图像中，并缩放、旋转图像，如图 4-64 所示。

图 4-63 移动底纹

图 4-64 移动 "2" 图层

第六步，执行"图层"→"创建剪贴蒙版"命令。在"图层"面板中选择"底纹"图层。执行"图层"→"图层样式"→"外发光"命令，在弹出的"图层样式"对话框中单击"确定"按钮，效果如图 4-65 所示。

图 4-65　创建剪贴蒙版的效果

第七步，使用相同的方法在"公仔.psd"图像中将底纹移动到"玩具海报.psd"图像中，再将"公仔.psd"图像中的图层"3"~图层"5"移动到"玩具海报.psd"中，并创建剪贴图层，设置相同的图层样式，最终效果如图 4-66 所示。

图 4-66　最终效果

2. 调整图片的尺寸

网店中所用的图片一般都要经过一定的编辑，比如调整图片尺寸。

任何一个图像都有宽度、高度和分辨率，调整图像的尺寸就是通过调整这些要素来实现的。操作方法如下：

选择"图像"→"图像大小"命令，打开"图像大小"对话框，如图 4-67 所示。

3. 处理模糊的照片

当对焦不准或手持相机不稳时，经常会出现照片模糊的情况。如果模糊得不严重，可以使用锐化工具进行修复。操作方法如下：

在 Photoshop 中打开图片，如图 4-68 所示。

选择菜单栏中的"滤镜"→"锐化"→"智能锐化"命令，如图 4-69 所示。

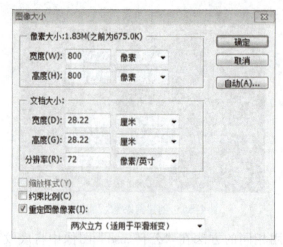

图 4-67 "图像大小"对话框

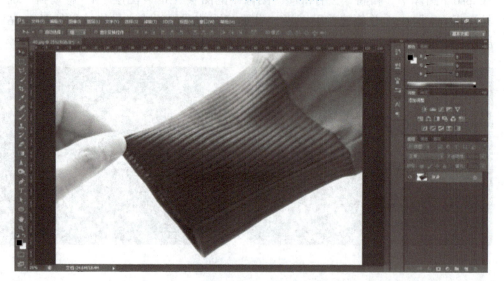

图 4-68 打开图片

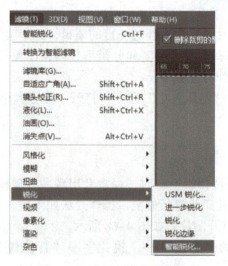

图 4-69 选择"锐化"命令

出现"智能锐化"面板,将"数量"参数调至200%,将"半径"参数调至5.5像素。这张照片属于对焦不准确,因此选择移去"高斯模糊",参看缩略图的变化,达到想要的效果后单击"确定"按钮,如图4-70和图4-71所示。

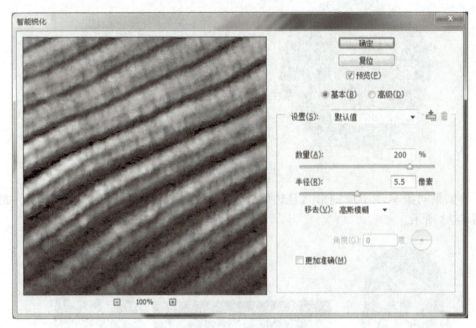

图4-70　高斯模糊设置

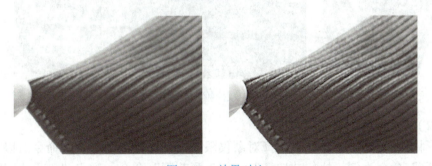

图4-71　效果对比

放大图像对比一下,纹理效果明显清楚了很多。

4. 抠图处理

1)从分析图像入手

抠图之前首先应该分析图像的特点,然后根据分析结果找出最佳的抠图方法。如果不能直接选择对象,就要先找出对象与背景之间存在的差异,再使用Photoshop的各种工具和命令让差异更加明显,使对象与背景更加容易区分,进而选取对象并将其抠出。分析图像是抠图前的首要工作,只有把握了图像的特点,才能找到正确的、有针对性的选择方法。

边界清晰流畅、图像内部没有透明区域的对象是比较容易选择的对象。如

使用Photoshop
钢笔工具抠图

果这样的对象外形为基本的几何形,便可以用选框工具(矩形选框工具、椭圆选框工具)和多边形套索工具进行选取,如图 4-72 所示。

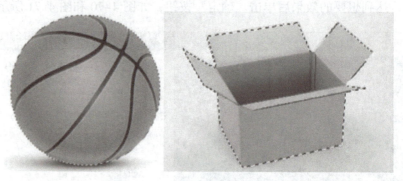

图 4-72　用多边形套索工具抠图

如果对象呈现不规则形状且边缘光滑,则更适合使用钢笔工具来选取,如图 4-73 所示。

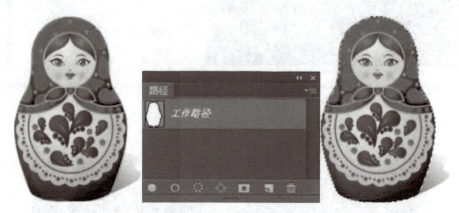

图 4-73　用钢笔工具抠图

2)从色彩差异入手

利用色彩之间的差异来选择对象仅限于"色彩范围"等少数命令。以"色彩范围"命令为例,执行"选择"→"色彩范围"命令,弹出"色彩范围"对话框,其中的"选择"下拉列表框中包含了"红色""黄色""绿色""青色""蓝色"和"洋红"等固定的色彩选项,如图 4-74 所示。

通过这些色彩选项,可以选择包含以上颜色的图像内容。图 4-75 所示为选择红色创建的选区。

3)从色调差异入手

当背景比较简单,并且对象与背景之间存在足够的色调差异时,可以先用魔棒工具或快速选择工具选择背景,如图 4-76 所示;然后通过执行"选择反向"命令选中对象,如图 4-77 所示。

当需要选取的对象与背景之间没有足够的色调差异,且采用其他的工具和方法也不能奏效时,使用钢笔工具往往可以得到满意的结果,如图 4-78 和图 4-79 所示。

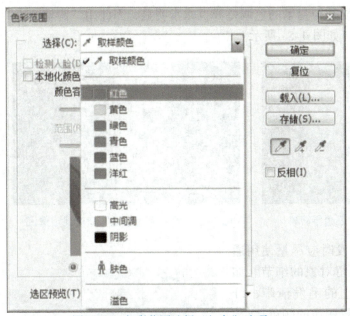 

图 4-74　色彩范围选择"红色"选项　　图 4-75　建立红色选区

图 4-76　快速选择工具选择背景　　图 4-77　"选择反向"命令选中对象

 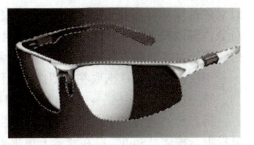

图 4-78　对象与背景之间没有足够的色调差异　　图 4-79　使用钢笔工具绘制选区

4）基于边界复杂程度的分析

人像、人和动物的毛发、树木的枝叶等边缘复杂的对象，被风吹动的旗帜、高速行驶的汽车、飞行的鸟类等边缘模糊的对象都是难以选择的对象。"调整边缘"命令和通道是抠毛发等复杂对象最主要的工具。其中，"调整边缘"命令的操作方法比较简单，如果毛发不是特别复杂，可以使用该命令来选取。

如图 4-80 所示的小猫，它的胡须是抠图的难点，不过这幅图像的背景没有任何多余的内容，而且胡须与背景的色调差异也非常明显，因此用"调整边缘"命令便可以将它抠出来，如图4-81所示。

图4-80　待选取对象边界简单　　　　　图4-81　用"调整边缘"命令确定选区

选取更加复杂的毛发时应尽量使用通道，它能最大限度地保留对象的细节。如图4-82所示的小狗，它的毛发清晰、纤细，其棕色的毛发与背景图像的颜色接近，没有足够的色调差异，包括"调整边缘"命令在内的能够抠毛发的所有工具（如"色彩范围"命令）都无法处理该图像，只有使用通道才能制作出准确的选区。

在抠图的工具与命令中，快速蒙版工具、"色彩范围"命令、"调整边缘"命令、通道等都可以用来抠边缘模糊的对象。快速蒙版工具适合处理边缘简单的对象；"色彩范围"命令适合处理边缘复杂的对象；"调整边缘"命令要比前两种工具强大，它

图4-82　抠复杂的毛发时选择通道

对对象的要求简单得多，只要对象的边缘与背景色之间存在一定的差异，即使对象内部的颜色与背景的颜色接近，也可以获得比较满意的结果；通道也是抠边缘模糊对象的最有效工具，它可以非常准确地控制选择程度。

用快速蒙版工具抠取花篮图像的操作步骤如下：

第一步，按"Ctrl"+"O"组合键打开素材文件，如图4-83所示。

第二步，选择魔棒工具，在选项栏中将"容差"设置为30，选中"连续"复选框。按住"Shift"键在背景上单击创建选区，花篮提手内的背景及绿叶内的背景也要选取到，如图4-84所示。

第三步，按"Shift"+"Ctrl"+"I"组合键反选，将花篮选中，按Q键切换到快速蒙版模式，如图4-85所示。

第四步，选择画笔工具，选择一个圆形笔尖，设置主直径为50 px，硬度为100%。设置前景色为白色，在花篮底部未选中的区域内涂抹，将这部分图像加入选区。按"Q"键切换为标准模式，重新显示"蚂蚁线"，得到精确的选区，如图4-86所示。

图 4-83　打开素材文件

图 4-84　用魔棒工具选中选区

图 4-85　反选选区

图 4-86　选区调整

第五步，按 "Ctrl" + "J" 组合键将选中的图像复制到新图层中，单击原花篮图层前面的隐藏按钮，得到抠出的透明背景花篮，如图 4-87 所示。

图 4-87　效果图

5）智能抠图

快速选择工具是 Photoshop 发展到 CS5 版本之后才出现的一个工具，只需拖动鼠标，就可以大致选择出比较满意的选区，当计划选择的区域与背景色差别明显时，方便有效，如图 4-88 所示；当背景和选区的边界不明显时，操作困难。

图 4-88　智能抠图

比如，卖家想做一个巧克力的广告，需要将图 4-88 中的巧克力图案选取出来，再搭配上适合的背景色和广告词，以达到促销的目的。操作步骤如下：

第一步，在 Photoshop 中打开图片，如图 4-89 所示。

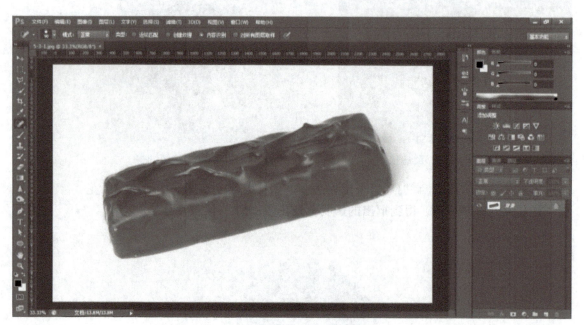

图 4-89　打开文件

第二步，选择工具栏中"快速选择工具"，如图 4-90 所示。

图 4-90　选中"快速选择工具"

第三步，按"Ctrl"+"J"组合键复制原图到新图层，将鼠标移至画布，调整画笔大小为 60，在巧克力上单击拖动选中大部分图像，如图 4-91 所示。

第四步，放大图像，可以看到有个别边缘的内容没有选中，可继续用画笔边缘进行选择，直至全部选中为止，如图 4-92 所示。

第五步，将选区羽化 4 个像素后，按"Ctrl"+"J"组合键复制选区内的内容到新图层，隐藏背景图层和图层 1，查看抠图效果，如图 4-93 所示。

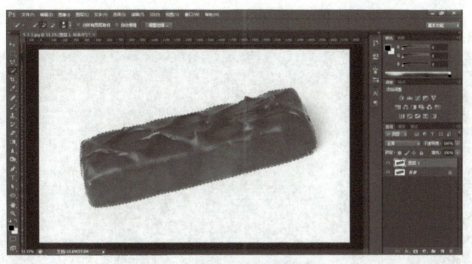

图 4-91　复制图层

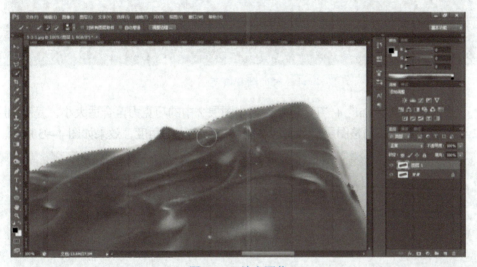

图 4-92　放大图像

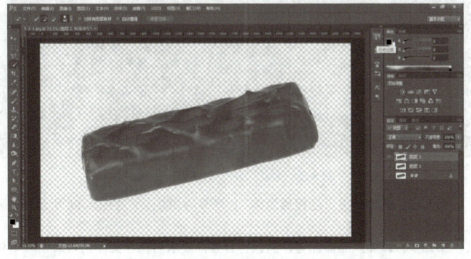

图 4-93　羽化后复制选区内的内容到新图层

第六步，对图层1作径向渐变填充，颜色选择 R：180，G：140，B：0 和 R：70，G：30，B：20，效果如图 4-94 所示。

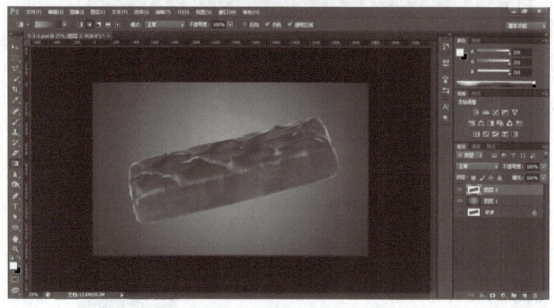

图 4-94　径向渐变填充

第七步，按"Ctrl"+"T"组合键缩小图层2中的巧克力至合适大小，复制图层2至图层2副本，调整图层2和图层2副本中巧克力的角度，效果如图4-95所示。

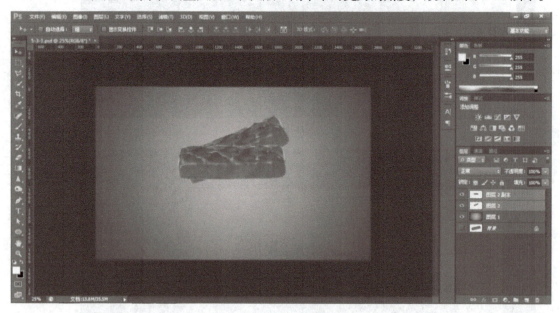

图 4-95　调整合适大小

第八步，选择"方正超粗黑简体"，字号为200点，在图4-96所示的位置上添加广告词。

第九步，添加产品商标等，确认符合客户要求后保存文件，效果如图4-97所示。

图 4-96　添加文字

图 4-97　效果图

6）钢笔抠图基础

钢笔工具是矢量工具，因此其工作方式必然与 Photoshop 的位图工具不同。用钢笔工具抠图大致包括两个阶段：第一阶段是在对象边界上布置锚点，一系列的锚点自动连接而成为路径，将对象的轮廓确定下来；第二阶段是描绘完轮廓之后，将路径转换为选区，以选中对象。

例如，图 4-98（a）所示为用钢笔工具绘制的轮廓，图 4-98（b）所示为通过转换路径得到的选区，图 4-98（c）所示为抠出的图像。

使用钢笔工具绘制的路径既有优点也有缺点。从优点上看，这种边界非常适合选择边缘光滑的对象，如汽车、电器、家具、瓷器、建筑等。尤其是在对象与背景之间没有足够的颜色或色调差异，采用其他工具和方法不能奏效的情况下，使用钢笔工具往往可以得到满意的结果。但也正由于边界过于明确，钢笔工具无法选择边界模糊的对象或透明的对象，如毛发、玻璃杯、烟雾、

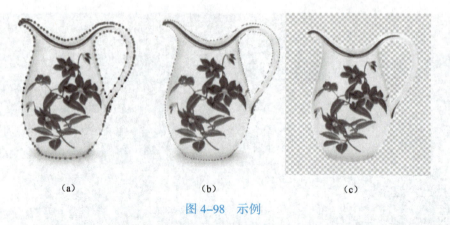

图 4-98 示例

运动的对象等。此外,在选择枝叶等细节较多的对象时,也应该避免使用钢笔工具。图 4-99 所示为钢笔工具的抠图分析。

图 4-99 钢笔工具的抠图分析

(a)边界清晰;(b)无毛发干扰;(c)边界光滑流畅;(d)用于商业用途;
(e)毛发;(f)边界模糊;(g)透明;(h)边缘复杂

5. 为照片添加水印

有些卖家会为自己的商品照片添加水印效果,以防止别人盗用。卖家可以设计一个标有店铺名的水印标识,个性鲜明的水印图片既能够防止其他卖家盗用商品图片,也能够让买家对店家印象深刻。

添加水印的具体操作步骤如下:

① 执行"文件"→"新建"命令,新建一个图层(宽度和高度相等或不等皆可,只是成品图片上水印密度有差别)。这里将宽度和高度皆设为 6 cm,分辨率为 72 像素/英寸,将背景内容设置为"透明",如图 4-100 所示。

② 单击工具栏中的"横排文字工具"按钮,在图层上需要写字的地方单击,输入"小薇之店",然后设定字体和字体大小,字体颜色自定义。

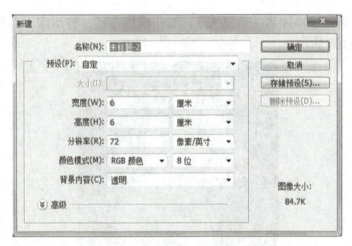

图 4-100　新建文件

③ 选中"小薇之店"，同时按住"Ctrl"键和鼠标左键，既可以调整文字的位置，又可以调整文字的角度。如果需要有一定倾斜度的字体，在按住"Ctrl"键和鼠标左键的同时，把鼠标箭头移到小框的任意一角附近，当出现一个弯弯的两边都有箭头的标记时，移动鼠标，即可调整文字的角度，如图 4-101 所示。

④ 单击"图层"面板中的"添加图层样式"按钮，在弹出的列表中选择"描边"选项，弹出"图层样式"对话框，默认是描成红色边。

⑤ 单击"颜色"右侧的色块，弹出"拾色器（描边颜色）"对话框，单击"颜色库"按钮，在弹出的"颜色库"中选择所需的颜色后，单击"确定"按钮，这时字的边会变成所选的颜色，如果感觉合适，单击"确定"按钮确认。

⑥ 将"图层"面板中的"填充"选项由默认的 100% 改成 0，文字将变成空心的。

⑦ 将"图层"面板中的"不透明度"选项由默认的 100% 改成 55%，效果如图 4-102 所示。

图 4-101　调整文字的角度　　　　图 4-102　更改设置后的文字效果

⑧ 执行"编辑"→"定义图案"命令，弹出"图案名称"对话框，在"名称"文本框中输入"小薇水印"，单击"确定"按钮，完成水印图案的制作。

⑨ 打开商品图像，选择图案图章工具，选中"小薇"水印图案，将图案图

章工具大小调至 100 像素（或更大），按住鼠标左键，将水印添加到商品图像上，如图 4-103 所示。

图 4-103　给图像添加水印

实训 9　主图和广告图的制作

实训目的：通过技能实训，使学生能够运用软件制作主图和广告图。

实训内容：

1. 主图的制作

以图 4-104 为例，根据素材包中的素材，进行"烧鸡酱"主图的设计制作。主图制作的基本要求是背景色单一、画面清晰、品牌突出、主体商品突出、5 张主图完整呈现。

2. 广告图的制作

以图 4-105 为例，根据素材包中的素材，进行苹果宣传海报的设计制作。海报设计制作要求：进行商品图片、文字、水印、边框、拼图等效果处理，保证图片画面无瑕疵。

图 4-104　"烧鸡酱"主图　　　　　图 4-105　苹果宣传海报

主要操作：进行图片色彩校正，修复斑点、瑕疵，通过抠图获取需要的图像区域。进行添加海报的宣传文字、水印、边框、拼图等效果处理。

项目五

店 铺 装 修

学习目标

知识目标：
（1）了解淘宝店铺装修的基本规则。
（2）了解 PC 端店铺装修的操作流程。
（3）了解旺铺的基本功能。
（4）了解无线端店铺装修的操作流程。

技能目标：
（1）能够独立完成 PC 端店铺的装修。
（2）能够独立完成无线端店铺的装修。

淘宝店铺除了以宝贝的质量和店铺信誉吸引顾客外，店铺的装修也是重要的因素。一个美观、具有特色的页面会让买家流连忘返，提高店铺的流量，从而给店铺带来销售量的提升。淘宝店铺的装修主要分为 PC 端和无线端，下面分别介绍两种店铺类型的装修过程。

任务 1 PC 端店铺装修

1. 了解装修后台

淘宝旺铺是淘宝官方提供的一款装修系统，分为基础版、专业版、智能版（图 5-1）三个版本。

淘宝旺铺基础版是所有淘宝卖家均可免费使用的装修版本，可以实现店铺的简单布局和信息展示，装修后的效果与住房装修相比，属于简装风格；淘宝旺铺专业版为卖家提供了更加丰富的装修功能，能够满足 950 px 模块装修，提供更丰富的配色选择、页头和页面插入背景功能，装修后的效果与住房装修相比，属于精装水平；2016 年淘宝推出旺铺装修智能版，在专业版的基础上增加了 16 种功能，可以直接实现宽屏装修、热区切图等原本需要代码编译才能达到的效果，并提供无线端一键智能装修，基于淘宝千人千面的浏览机制向不同的人展现不同的装修内容,提供首页分流测试。智能版目前对店铺信用等级 1 蓝钻以下是免费开放的。

图 5-1 淘宝旺铺智能版后台

旺铺后台主要分为四个区域:菜单区、页面切换区、左侧工具栏、装修编辑区。

1)菜单区

如图 5-2 所示,旺铺菜单区的主要功能有"店铺装修""详情装修""素材中心"。

图 5-2 旺铺菜单区

2)页面切换区

如图 5-3 所示,页面切换区提供基础页、宝贝详情页、宝贝列表页、自定义页、大促承接页、门店详情页等功能。

图 5-3 页面切换区

3）左侧工具栏

如图5-4所示，左侧工具栏提供模块添加、配色、页头、页面、背景设置等功能。

图5-4 左侧工具栏

4）装修编辑区

如图5-5所示，菜单栏下的主要区域为装修编辑区，这是店铺装修的主要操作区域。可以更换相应尺寸的图片，根据需求增加或减少模块，实现最终的装修效果。

图5-5 装修编辑区

2. 装修步骤

对于新手卖家，不建议选择基础版，选用智能版可以达到较好的视觉效果，提升店铺的运营质量。下面以智能版为例介绍PC端装修的操作流程。

第一步，选择模板。

装修手机淘宝店铺

选择"菜单区"中的"模板管理功能",淘宝为卖家提供 3 套免费的模板,如图 5-6 所示。不同模板之间不仅选择的配色不同,对相同模块的展示样式也有区别。卖家在选择时可以试用模板预览效果以便选择最满意的模板。如果现有模板不能满足需求,可以前往装修市场挑选更多更优秀的付费模板。

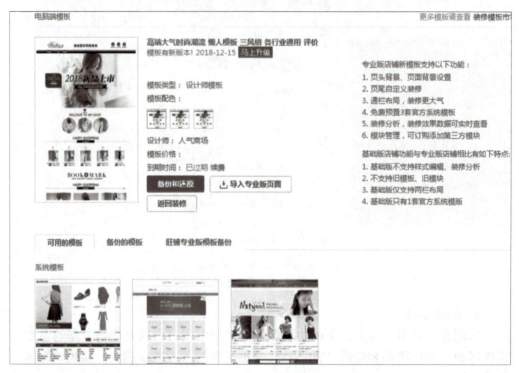

图 5-6 免费模板

第二步,选择页面。

在"页面切换区"中选择需要装修的页面或创建新页面,并且对页面进行布局,单击"布局管理"按钮,进入图 5-7 所示页面。根据装修需要,可以对页面

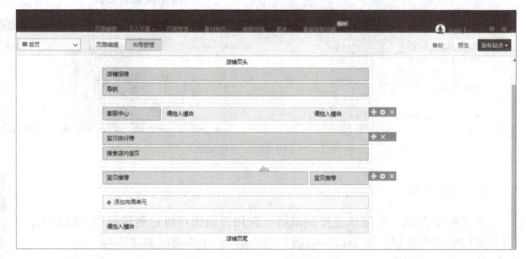

图 5-7 布局管理

的布局单元进行管理或新增。目前有三种布局分类：950 px 通栏布局、750 px+190 px 左右布局和 190 px+750 px 左右布局。选用布局不同，装修模块的尺寸也随之不同。

第三步，确定样式。

在"左侧工具栏"中，可以对页面的基础样式进行设置。如图 5-8 所示，左侧"配色"样式的设置是针对全部页面进行的。右侧"页头"和"页面"可实现对不同页面的单独设置。

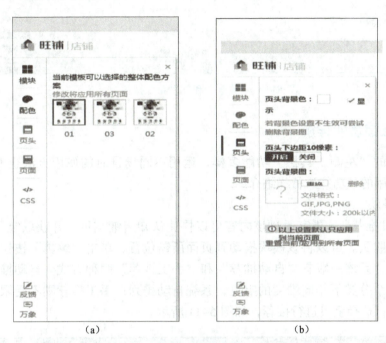

图 5-8 样式设置

第四步，拖动模块。

在"左侧工具栏"中打开"模块"区域，用鼠标按住需要使用的模块拖拽到"装修编辑区"的所需位置即可，如图 5-9 所示。

图 5-9 拖拽模块至"装修编辑区"

第五步，预览效果。

卖家可以随时单击页面上方的"预览"按钮，体验装修效果，此时所做的装修并不影响买家购物，当单击"发布站点"按钮时，才会将装修的效果显示在买家面前，如图 5-10 所示。

图 5-10 "预览"和"发布"按钮

升级到旺铺专业版

3. 旺铺功能详解

常用的"左侧工具栏"功能多样，运用不同场景时的使用方法也有区别，下面对常用的各功能进行详细介绍。

1）模块

"宝贝推荐"：买家通过该内容可以快速认知店铺宝贝，并获取宝贝信息，促进买家购买。可以将该模块拖动到页面所需位置，单击"编辑"按钮对宝贝进行设置，系统一般有"自动推荐"和"手工推荐"两种方式。自动推荐主要是推荐某个分类下相同维度的宝贝，系统自动排列；手工推荐则不受限制，卖家可以自行选择宝贝进行推荐，如图 5-11 所示。

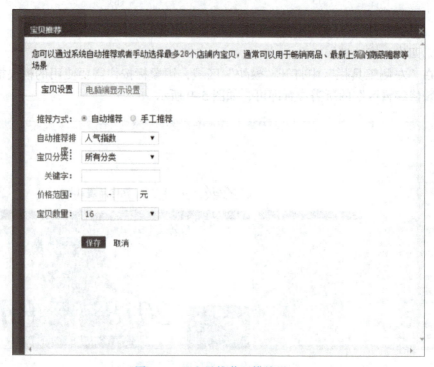

图 5-11 "宝贝推荐"模块设置

"导航":该模块是店铺买家浏览的快捷通道,在"装修编辑区"找到"导航"模块,单击"编辑"按钮,在弹出的对话框中单击"添加"按钮,如图5-12所示,可以在导航栏上添加宝贝分类、页面、自定义链接,同时也可以调整导航内容顺序或进行删除,其中,"首页"选项为系统默认导航内容,不可删除,如图5-12所示。

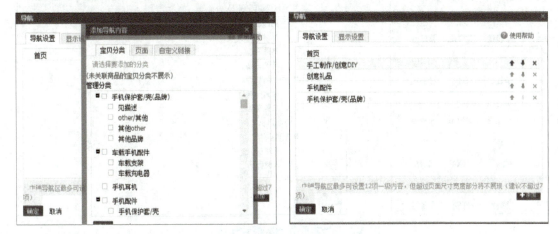

图 5-12 "导航"模块设置

"自定义":该模块能让卖家更加自由地装修店铺,添加一些个性化的设计效果,比如添加"收藏店铺""友情链接"等模块,并进行设置,获得更多的回头客和店铺人气,如图5-13所示。

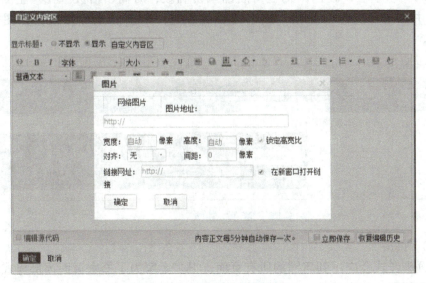

图 5-13 "自定义"模块设置

"宝贝分类":该模块是卖家管理宝贝的常用模块,通常有两种分类设置方式,分别是"个性分类"和"默认分类","个性分类"可以由卖家根据售卖的宝贝自行设置分类名称,也可以进行个性化分类内容设置;"默认分类"由系统自动按照销售的宝贝进行分类,如图5-14所示。

 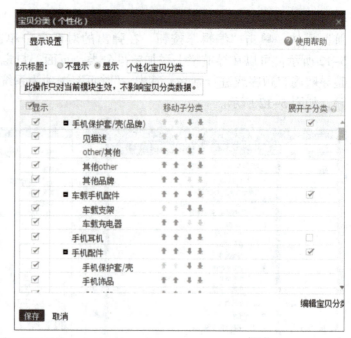

图 5-14 "宝贝分类"模块设置

2）配色

使用的模板不同，店铺装修时使用的颜色方案也不同。一个店铺的整体风格，在很大程度上受到店铺色调的影响。冷色调显得店铺风格前卫、炫酷、个性，暖色调则显得店铺风格温暖、时尚、活泼。在"左侧工具栏"中单击"配色"按钮，挑选需要的颜色，单击后立即生效，如图 5-15 所示。

图 5-15 "配色"功能

3）页头

页头样式会应用到店铺的所有页面，很多卖家为了追求页面顶部样式的美观，希望页头与店铺招牌和导航的配色一致，提高营销视觉效果。一般在设置好店铺招牌以及页面配色后，将其精准截图并保存在本地，在"左侧工具栏"中"页头"部分选择"页头背景图"选项，更换上面截图所得的图片，将"背景显示"设为"横向平铺"，如图 5-16 所示，将设置应用到所有页面，即可实现全店通屏的店铺招牌的效果。

图 5-16　设置页头背景图

4）页面

页面模块可以实现背景色的填充或页面背景图片的设置，与设置页头的方法相似。在"页面"功能中选择"更换图片"，在弹出的对话框中选择要使用的背景图，对选用的图片进行设置，如勾选"背景锁定"复选框实现固定效果，单击"应用到所有页面"按钮，可以将本次设置应用于全部页面，如图 5-17 所示。

图 5-17　页面设置

实训 10　PC 端店铺装修实践

实训目的：使学生掌握 PC 端店铺装修的流程与操作技巧。

实训内容：按小组选择一个店铺，完成 PC 端店铺装修（主要包括店招图片设计、店铺布局、装修模块设置、店铺产品分类及 banner 的设计等），并将装修流程的装修效果图填入表 5-1 中。

表 5-1 实训 9 内容

装修内容	装修流程	装修效果
PC 端店铺装修		

实训提示：店铺装修好后分小组在班上进行讨论和展示，学生进行互评，教师进行点评总结。

任务 2 无线端店铺装修

PC 端店铺装修需要在有限的展位中展现最佳的修图片，无线店铺装修则更注重排版和设计。有些卖家直接把 PC 端的图片搬到无线端的淘宝中，结果出现图片尺寸不符、视觉效果不好、购物体验不佳等问题。根据实际经验人们发现，店铺流量大部分来自手机淘宝用户，因此，无线端店铺装修从某种程度上来说起到了重要的引流作用。

1. 无线端店铺装修任务介绍

1）无线端基本信息的设置

无线端的基本信息包括店铺名称、店铺 logo、店招图片等，如图 5-18 所示，其中，店招图片可以用官方推荐的，也可以自己设计，具体设计的方法见项目四的图片处理内容。

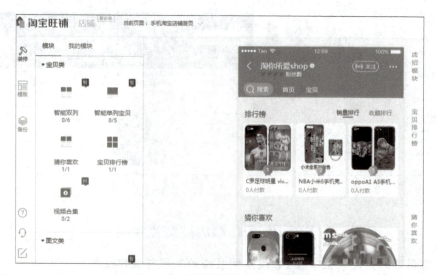

图 5-18 无线端基本信息的设计

2）无线端导航的设置

设置导航是为了让买家快速找到所需的宝贝，导航可以按照店内宝贝的分类进行设置，比如将店内的宝贝分为连衣裙、收藏 2、收藏 3、店铺动态，每个分类还可以设置超链接，如图 5-19 所示，用户选择某个分类，单击后可以链接到对应的内容，便于浏览和选择。

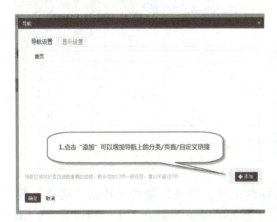 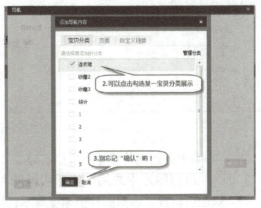

图 5-19　无线端导航的设置

另外在"搜索设置"中的"搜索栏"里也可以添加热门关键词，最多可添加 6 个，可以将店铺热卖的宝贝进行推广，如图 5-20 和图 5-21 所示。

（a）

（b）

图 5-20　热门推荐设置

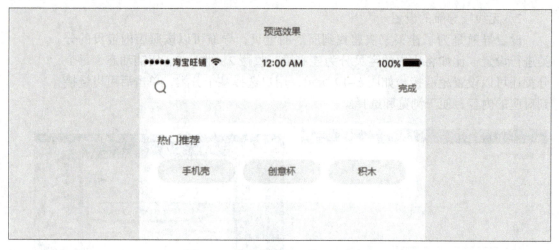

图 5-21　热门推荐设置效果显示

3）店招图片设置

店招图片主要用来指示店铺的名称和记号，可在装修后台单击"店招"模块进行设置，店招图片呈渐变显示，尺寸为 750 mm × 780 mm，大小建议为 400 KB 左右，支持 jpg、png 格式，店招图片一般可以包含店铺的名称、图标、广告语等内容。具体操作如图 5-22 所示。

图 5-22　上传店招图片

4）图文类模块设置

图文类模块主要有如下功能：

① 美颜切图为智能版专享功能，可以对图片进行个性化热区切图。

② 动图模块可以将多张图片生成 gif 动图效果。

③ 视频模块可以提供视频内容展示。

④ 标签图为智能版专享功能，可以设置不同场景下的宝贝推荐内容。

⑤ 标题模块可以书写一些容易引起消费者兴趣的文字信息，引导顾客进入设置好的链接页面。

⑥ 文本模块只能用于文字信息的展示，不能实现单击跳转的效果。

⑦ 单列图片模块实现图片内容展示，顾客单击图片可跳转至设置好的链接页面。智能版卖家还可享受淘宝平台提供的精美模板，快速编辑对应信息后即可使用。

⑧ 双列图片模块与单列图片模块功能相同，但可以同时展现两张图片。

⑨ 多图模块最少展示 3 张图片，最多展示 6 张图片。

⑩ 辅助线模块不可编辑，用于多组模块间的视觉区分。

⑪ 轮播图模块提供图片轮播展示功能，最多支持 4 张图片的添加。

● 左文右图模块可以让卖家在添加的图片上输入文字，并且实现单击模块跳转至设置好的链接页面的功能；

● 自定义模块支持在限定区域内自行规划图片尺寸和布局，是卖家使用最多的模块之一。

5）"宝贝类"模块介绍

如图 5-23 所示，在"宝贝类"模块中，除原有"宝贝排行榜""视频合集""猜你喜欢" 3 个基础模块外，2016 年还上线了智能装修模块："智能双列""智能单列宝贝"。

对于基础模块而言，系统没有提供太多的可设置内容，因此装修效果欠佳，智能模块的上线刚好解决了这一问题，它能让卖家自行设置推荐内容、展现宝贝数量，提供多维度筛选展示等功能。

6）"营销互动类"模块介绍

图 5-24 所示为"营销互动类"模块，各模块功能介绍如下：

图 5-23 "宝贝类"模块

图 5-24 "营销互动类"模块

① 倒计时模块为智能版用户专享模块，能够设置倒计时，制造活动氛围。

② 优惠券模块的使用前提是创建了优惠券活动，该模块可以自动获取优惠券

信息。但是，建议卖家手动控制优惠券的展示，这样能够更加灵活地控制信息展现。

③ 店铺红包模块可以将店铺设置好的红包信息展示到首页。

④ 电话模块能让卖家自行书写联系方式，方便买家更快速地与卖家取得联系。

⑤ 聚划算组件用于展示店铺内特色活动内容，如买家秀。

随着无线化大趋势的加快，旺铺后台的营销工具已经不能满足当下的需求。在期待淘宝平台对现有工具整改升级的同时，卖家仍需对现有工具、功能进行更多的练习使用，结合以上内容对店铺进行优化。

2. 无线端店铺装修流程

下面介绍如何对无线端店铺进行装修操作：

第一步，在"卖家中心"左边栏目"店铺管理"中找到"店铺装修"，选择"手机端"，单击"装修页面"按钮，进入装修界面，如图5-25所示。

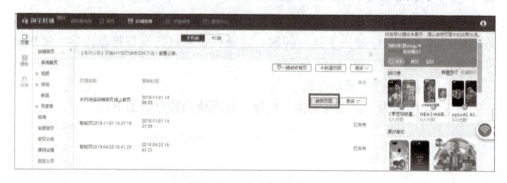

图 5-25　进入装修界面

第二步，选择"模板"，用官方提供的免费模板或前往装修市场购买精美的设计师模板，也可以自定义添加删除模块，并按照要求上传信息，单击"装修页面"按钮进入装修编辑区，拖动模块至需要的编辑区位置，单击各个模块区域进行设置，如店招图片上传、宝贝排行榜等，如图5-26所示。

图 5-26　对"宝贝排行榜"模块进行设置

第三步，设置完毕可以进行预览以查看效果，也可以暂时保存和备份，当对效果满意的时候，单击"发布"按钮，如图 5-27 所示，最后可以前往"手机淘宝店铺"进行最终访问，以查看效果。

图 5-27　进行预览、保存、备份、发布操作

实训 11　无线端店铺装修实践

实战演练

实训目的：使学生掌握无线端店铺装修的流程与操作技巧。

实训内容：按小组选择一个店铺，完成无线端店铺装修（主要包括店招图片的设计、导航的设计、店铺产品分类及焦点图的设计等），并将装修的效果图填入表 5-2 中。

表 5-2　实训 10 内容

装修内容	装修流程	装修效果
无线店铺		

实训提示：店铺装修好后，分小组在班上进行讨论和展示，学生进行互评，教师进行点评总结。

项目六

网上店铺推广

任务1　站内推广

知识目标：
（1）掌握图片优化的作用与一般技巧。
（2）掌握宝贝描述的常见做法。
（3）掌握直通车推广、淘宝客推广和钻石展位推广的操作技巧。
（4）了解卖家活动的主要类型。

技能目标：
（1）能够利用宝贝图片及宝贝描述提高店铺宝贝的吸引力。
（2）能够利用直通车、淘宝客、钻石展位等推广工具完成一件产品的推广工作。
（3）能够独立完成淘宝官方活动的报名工作。

1. 图片与描述优化

宝贝图片的美观与否直接关系到买家是否有兴趣查看宝贝的详细情况，从而直接影响到宝贝的浏览量。与此同时，图片的美观与否也是刺激消费者产生购买行为的关键因素。

1）优化宝贝图片，提高点击率

美观的宝贝图片是让买家心动的基础。不同于传统面对面的直接交易，买家不可能亲身感受宝贝的材质、做工、细节和特色，那么传达宝贝信息的图片就变得尤为重要，即图片美观与否直接影响到最终的购买结果。一张有说服力的宝贝图片就像一名优秀的促销员，传递给买家很多信息，较为真实地反映出宝贝的种类、样式、颜色、质地等基本信息。因此，要求图片拍摄清晰、主题明确及色彩逼真、还原度高。

宝贝图片应具备以下几个特点：

（1）需要有宝贝的整体效果图片

买家通过宝贝的整体效果图片，可以对宝贝有一个整体的了解和认识，无形中会增加购买欲望，如图6-1所示。

图 6-1 展示宝贝的整体效果

（2）图片的背景

在拍摄图片时，适当地加入背景可以更好地渲染气氛，恰到好处地展现宝贝。注意，切勿喧宾夺主，背景元素不可太复杂，要充分展示出宝贝，主次分明，如图 6-2 所示。

图 6-2 以背景营造氛围，衬托宝贝特点

（3）使用真人模特

卖家在拍摄照片时选用真人模特，不仅可以较为真实地宣传宝贝，在某种程度上模拟穿戴的效果，可以为用户提供有效的购物帮助。注意：模特的选择要与宝贝的目标消费群体保持一致，如图 6-3 所示。

（4）实景拍摄

有些宝贝需要到户外去拍摄，周围环境可以更好地衬托宝贝的特性，能与宝贝融为一体，给用户带来亲切美好的感觉，因此，实景拍摄也是非常好的一种宣传手段，如图 6-4 所示。

一张好的宝贝照片是提高宝贝点击率的法宝，而宝贝照片的拍摄与选择是非常关键的敲门砖，会影响消费者购买时的心情。

① 展示宝贝细节的图片，能引起买家的购物欲望。通过宝贝整体图片概括性地介绍宝贝，再加上细节部分的补充说明，就能吸引用户的眼球，一定程度上可以这样说：吸引了多少眼球，就会有多少潜在顾客，就等于增加了多少流量，如图 6-5 所示。

图6-3 真人模特展示

图6-4 实景拍摄

图6-5 多角度展示宝贝细节的图片示例

  从顾客的角度去设计、体验、展示宝贝的细节，比如宝贝的品质、品牌、特性、性价比、尺码、使用说明、售后服务、有效期识别方法、用量说明、防伪标识等，全方位地展示宝贝，顾客了解得越清楚，购买宝贝的欲望就越强烈，对宝贝的信任感就越强。

  ② 为宝贝图片添加水印，为店铺和品牌做宣传。为宝贝图片添加水印，一方面可以防止他人盗图，保护个人的利益；另一方面可以为店铺和品牌做宣传，吸引更多买家的关注，为后期品牌化店铺之路奠定基础。具体的添加水印方法

在项目二中的任务 4 中已介绍，这里不再叙述。

2）宝贝描述优化是达成交易的金钥匙

当顾客被漂亮的图片吸引而进入店铺后，成功的宝贝描述对留住顾客，从而让顾客实施购买行为会起到重要的作用，因此，好的宝贝描述是达成交易的金钥匙。

（1）宝贝描述优化需要达到的效果

① 充当销售的角色：当潜在客户在网上浏览的时候，往往会通过宝贝详情进行辨别选择，因此，专业的宝贝描述就像训练有素的售货员，可以让顾客清晰、全面、详尽地了解商品的品牌、性能、优势，消除顾客的疑虑，还可以洞察顾客的心理，判断出顾客的抗拒点并消除顾客的疑虑，满足顾客的需求并超越顾客的期望。粗糙的商品描述就如同一个沉默的售货员，碌碌无为、不知所措。

② 让顾客按"你的专业意见"购买：线下优秀的家电销售员，会用精彩的话术改变顾客刚进店里时心中预设的目标商品与预算，以达到销售目的。网上的商品描述也是如此，如先通过特价产品把顾客吸引进来，再通过商品描述中的活动及掌柜推荐商品，把顾客引导到主推商品或其他想销售的商品页，然后通过折扣、功能描述等内容促使顾客下单。

③ 增加流量：商品描述不仅是写给目标用户看的，还是写给搜索引擎看的，其目的是吸引更多目标客户。因此，在商品描述中出现的商品名称要表达完整（包含品牌、中文、英文、型号），方便百度、Google 等搜索引擎读取。

④ 可防御竞争对手的攻击：专业的商品描述可以防御竞争对手的攻击。当下在各类网上交易平台上经常遇到的情形是，某竞争对手说其商品性价比最高，这时可以强调店铺的商品来自正规渠道，品质好，服务有保障，从而实现人无我有，人有我优，人优我廉，人廉我转，给顾客一个充分必要的购买理由。

（2）宝贝描述重点优化内容

宝贝详情页是一个向顾客详细展示宝贝细节与优势的地方。顾客喜不喜欢宝贝、是否愿意在店里购买，都取决于仔细查看宝贝详情页的结果，99% 的订单都是在顾客看过宝贝详情页后生成的。宝贝详情页就像一页详细的产品说明书，顾客通过浏览宝贝详情页就可以了解产品的相关信息。除此之外，宝贝详情页还是产品的形象展示，买家通过宝贝详情页能够直观地看到产品的整体形象、细节、构造等。

宝贝详情页的一般宽度是 750 px，对高度没有限制，但并不是越长越好。宝贝详情页的结构如图 6-6 所示。

一般来说，宝贝详情页可以按照以下内容进行排版设计：

① 基本信息：这是宝贝详情页最常用的模块之一，主要内容包括商品的属性、尺寸等信息，如图 6-7 所示。

② 商品展示：从各个角度展示商品，配合模特展示图来展示商品和商品的使用环境等，如图 6-8 所示。

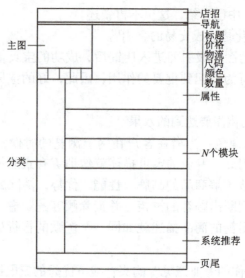

图 6-6　宝贝详情页的结构

图 6-7　基本信息

图 6-8　商品展示

③ 细节展示：展示买家最关注的商品的细节，突出商品的优势，如图 6-9 所示。

图 6-9　细节展示

④ 卖点提炼：深度挖掘商品的卖点，提升商品的价值和买家的购买欲望，如图 6-10 所示。

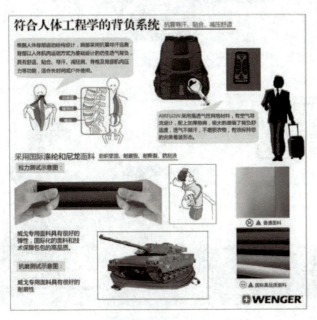

图 6-10　卖点提炼

⑤ 商品对比：与同类商品进行对比，突出商品的优势，加深买家对商品的认同感，如图 6-11 所示。

⑥ 突出优势：突出与同类商品的差异化优势，提炼商品的核心竞争力，给买家一个非常好的购买理由，如图 6-12 所示。

⑦ 情感营销：通过情感营销博得买家的情感共鸣，加强其购买欲望。情感营销可以以友情、亲情、爱情和关怀等为主题，如图 6-13 所示。

图 6-11 商品对比

图 6-12 提炼核心竞争力

图 6-13 亲情主题营销

⑧ 售后服务：展示卖家或者品牌作出的承诺，提供尽可能周到的商品售后服务说明，从而打消买家的购买疑虑，促使买家下单，如图 6-14 所示。

⑨ 品牌文化：通过企业文化将企业的服务意识、品牌愿景等信息传达给买家，借此树立品牌的正面形象，让买家认同品牌、认同店铺，如图 6-15 所示。

⑩ 实力展示：卖家和品牌的实力展示可以进一步提升商品的价值，增强买家的购买欲望，如图 6-16 所示。

图 6-14　售后服务说明

图 6-15　品牌文化

图 6-16　实力展示

⑪ 生产流程展示：展示商品半公开性的生产过程，以加强买家对商品的信任感，如图6-17所示。

图6-17　生产流程展示

⑫ 包装展示：展示商品精美的外包装、快递包裹的包装过程等信息，如图6-18所示。

图6-18　包装展示

⑬ 常见问题解答：将商品的常见问题以问答的形式展现，以减轻客服的压力，并打消买家的购物顾虑，如图6-19所示。

⑭ 关联营销：通过关联其他商品，让买家有更多选择，以提升单价，如图6-20所示。

（3）宝贝详情页的设计流程

下面介绍宝贝详情页的设计流程，如图6-21所示。

在设计宝贝详情页之前要进行充分的市场调查（同行业调查、规避同款等），同时也要做好消费者调查（分析消费人群、消费能力、消费喜好及消费者在意的问题等）。

根据市场调查结果及自己的产品进行系统的分析、总结，罗列出消费者在意的问题、同行的优缺点及自身产品的定位，挖掘自身产品与众不同的卖点。

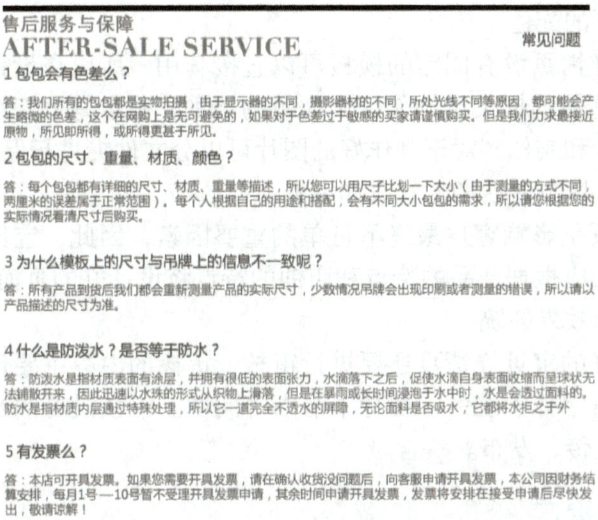

图 6-19 常见问题解答

图 6-20 关联营销

市场调查 → 调查结果及产品的分析 → 宝贝卖点的挖掘 → 设计元素的准备 → 确定色彩和字体 → 确定框架结构 → 设计模块 → 统一页面效果 → 审核和上传发布

图 6-21 宝贝详情页的设计流程

　　针对不同消费群体的需求特点，挖掘出本店宝贝的卖点。卖点的挖掘可以从多个角度进行，如价格、款式、文化、感觉、服务、特色、品质及人气等。

　　通过对消费者的分析及自身产品卖点的提炼，首先根据宝贝风格的定位，准备所用的设计素材；然后根据宝贝详情页所用的文案确立宝贝详情页的用色、字体及排版等；最后还要营造出符合宝贝特性的氛围。例如，羽绒服的背景可以采用冬天的冰山效果。因此，宝贝详情页的设计主要包括配色、字体、文案、构图、排版及氛围六大元素。

　　根据店铺和产品的特点确定宝贝详情页的主色调与字体，避免出现配色凌乱、冲突和字体过多的现象，可以考虑从 logo、产品本身的属性和产品的联想属性中提取内页的配色。

因为宝贝详情页没有固定的模板可以直接套用，所以在设计宝贝详情页之前，还需要对整体的框架结构作一个大致的规划。确定好框架结构后，要对每个模块进行设计和制作。对于制作好的图片可以分文件夹进行保存，最好以 .psd 格式进行保存，以方便后期的修改和完善。

宝贝详情页是影响客户最终下订单的重要因素，因此，宝贝详情页的设计尤为重要。美工应根据产品的特点和店铺的特点将设计好的页面模块进行组合，同时要保证页面效果的统一。

对于设计好的宝贝详情页还要进行审核，审核的内容主要包括有没有违规的地方，有没有字体不统一、图片不清晰等问题。审核没有问题后，可以直接通过淘宝后台上传、发布。

2. 直通车推广

1）认识直通车

淘宝直通车是一款帮助卖家推广商品和店铺的营销工具，它按点击量收费，为卖家实现宝贝的精准推广，将宝贝展现在高流量的直通车展位上，让宝贝在众多商品中脱颖而出找到买家。

淘宝直通车推广在给宝贝带来曝光量的同时，精准的搜索匹配也给宝贝带来了精准的潜在买家。淘宝直通车推广，可用一个点击让卖家找到买家，产生一次甚至多次的店铺内跳转流量，这种以点带面的关联效应可以降低推广的成本，提高整店的关联营销效果。同时，淘宝直通车还给用户提供了淘宝首现热卖单品活动和各个频道的热卖单品活动，以及不定期的淘宝各类资源整合的直通车用户专享活动。

现有的淘宝直通车推广形式，根据匹配技术和展现资源的不同，可以分为搜索推广和定向推广。另外，淘宝直通车还设有增值服务推广，即活动推广。

（1）搜索推广

在淘宝直通车后台为推广宝贝设置相关的关键词，并设定一个合理的出价，当买家搜索该关键词时，用户的推广宝贝就会得到展现，迎合买家明确的搜索意图，帮助用户精准锁定潜在目标客户。

（2）定向推广

利用淘宝网庞大的数据库，通过网页内容定向、人群行为习惯定向、人群基本属性定向等创新的多维度人群定向技术，分析不同买家在各种浏览路径下的不同兴趣和需求，帮助用户锁定潜在目标买家，并将用户的推广信息展现在目标买家浏览的网页上。

（3）活动推广

淘宝直通车用户通过自主报名的方式，以活动的形式进行推广。这个推广形式对标题和图片的要求比较高，能在活动期间对潜在客户进行引流。

2）直通车的展现逻辑

直通车目前的排名规则是根据关键词的质量得分和关键词的出价综合衡量

得出商品排名。在一般情况下，店铺设置的推广价格越高，质量得分越好，推广的商品越有机会展现在靠前的直通车展位上。

质量得分是系统估算的一种相对值，主要用于衡量关键词与宝贝推广信息和淘宝网用户搜索意向之间的相关性。目前，PC端质量得分和移动端质量得分各自独立。质量得分的影响因素包括创意质量、相关性、买家体验等。

3）直通车的扣费方式

直通车展现免费，按点击量扣费。扣费是实时的，当买家在直通车展位上点击了卖家推广的宝贝后，就产生相应扣费，卖家可以通过直通车自助系统首页的今日费用和实时数据表关注实时的扣费情况。

单次点击扣费=（下一名出价×下一名质量分）÷本人质量分+0.01元

因此，本人质量分越高，所需付出的费用就越低。扣费最高为卖家设置的关键词出价，当公式计算得出的金额大于出价时，将按实际出价扣费。

为了防止恶意点击影响直通车的效果，直通车有24小时全天实时无效点击过滤系统，系统会监控多项参数，通过智能化的算法分析实时过滤无效点击。为了排除竞争对手之间的恶意点击，同个IP在一个时间段（2~20分钟）内的多次点击算作一个有效点击。定义的标准是直通车后台监测系统。卖家可以在直通车效果监测里看到每个点击的来源、停留时间、人口等信息，从而全方位地保护直通车客户的投放利益。

另外，直通车有自助灵活的成本控制功能。

（1）自由控制关键词出价

根据自身成本投入设置价格排名，随时调整。通过管理出价，可以影响推广宝贝获得的流量。修改出价的方法如下：

① 自定义单独出价。自定义单独出价可以为单个关键词进行出价的更改。

② 批量修改出价。批量修改出价可以同时勾选多个关键词进行批量的出价更改。

③ 默认出价。默认出价可以更改某个推广宝贝或推广页面中所有元素（关键词、定向等）的出价。

直通车按点击量收取费用，设置的出价就是卖家愿意支付的最高金额。目前，直通车宝贝推广的起价为0.05元，店铺推广的起价为0.2元，最高出价不能超过99.99元，加价幅度至少为0.01元，即1分钱起。

（2）自主控制每日最高限额

严格控制每日预算，一天内可多次设置日限额，以最后一次的设置为准，花费如超出日限额，日终系统结算后会自动返还超出部分。当推广计划的总消耗达到限额时，这个推广计划下的所有推广宝贝都会下线，第二天再自动上线。如果消耗没有达到限额，则会按照实际金额进行扣除。

（3）自主选择投放时间

可以为推广计划设置指定的投放时间，并且可以为不同的时间段设置对应的出价百分比，也就是分时折扣。

（4）自主选择投放地域

通过设置地域投放，结合店铺的商品特性和推广策略将宝贝投放到希望投放的地区。

4）直通车宝贝推广展位

通过关键词搜索类目属性词进入的搜索页面，共有右侧掌柜热卖展示页 16 个、底部掌柜热卖展示页 5 个。图 6-22 所示为在淘宝网搜索"滑板车"出现的结果，标记线所示为右侧掌柜热卖 16 个展位中的前 2 位。图 6-23 所示为底部掌柜热卖展位。

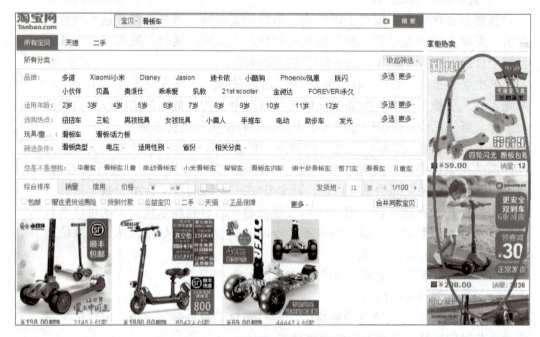

图 6-22　淘宝直通车右侧掌柜热卖展位

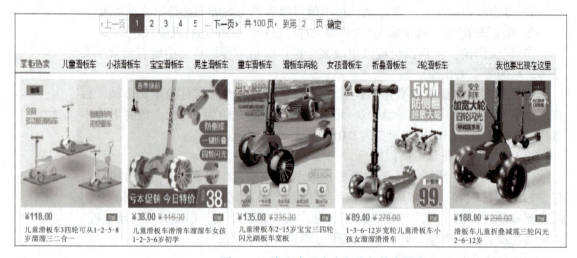

图 6-23　淘宝直通车底部掌柜热卖展位

5）直通车基本规则

在淘宝直通车中，各类违规情节对应的扣分情况见表 6-1，违规累计分数及对应处罚情况见表 6-2。

表 6-1　直通车违规情节与对应扣分情况　　　　　　　　　　　　　　　　　　　　　　　　　　分

违规类型	一般违规	较重违规	严重违规	情节恶劣
A 类违规	2~6	6~12	12~24	24~48
B 类违规	1~3	6~12	12~24	24~48
C 类违规	0~3	6~12	12~24	24~48

表 6-2　违规累计分数及对应处罚情况

累计扣分值 / 分	A 类违规行为 / 天	B 类违规行为 / 天	C 类违规行为 / 天
12	暂停服务 14	暂停服务 7	暂停服务 7
24	暂停服务 90	暂停服务 14	暂停服务 14
36	清退	暂停服务 30	暂停服务 30
48		暂停服务 90	暂停服务 90

其中，A 类违规行为是指推广色情淫秽商品或信息，未经授权使用他人商标、名称等行为；B 类违规行为是指推广二手、闲置类商品，推广具有安全隐患的商品及推广含有虚假夸大、承诺性表述等行为；C 类违规行为是指推广的商品已下架或活动已过期，详情可参见网址：htp://rule.alimama.com/?spm = a2e2i.10402135.0.0.27626abbRUAO2A #!/announce/ businessdetail? id=8306451&-knowledgeid= 20432827。

A 类、B 类、C 类等违规行为的扣分分别累计，B 类、C 类违规行为若累计扣分达到 48 分，在扣分清零前，每增加 12 分，暂停服务天数皆为 90 天。违规行为扣分累计分数在每年的 12 月 31 日 24 时清零，但正在执行的违规处理不会随着累计分数清零而撤销。

6）直通车的基本操作步骤

① 在网页端登录淘宝账号，单击"卖家中心"按钮，在"营销中心"中找到"我要推广"功能，然后在"直通车账户"中充值，最低 500 元。再单击"直通车板块"按钮，进入直通车后台操作系统。

② 找到"推广计划"，单击"标准推广"按钮就会看到右边的板块，再单击"新建推广计划"按钮，输入推广计划名称，如推广电水壶，则输入"电水壶"，最后单击"提交"按钮即可。

③ 添加宝贝。单击"电水壶"标题，在打开的界面中单击"新建宝贝推广"按钮，会跳转到一个新网页中，然后选择要推广的宝贝，添加直通车主图和标题。

④ 添加关键词。关键词比较重要，如和"电水壶"相关的关键词有很多，如"烧水壶""保温水壶""304 不锈钢电水壶"等。

⑤ 出价。不同产品的合理出价是不一样的，需要结合行业数据分析确定。产品第一次开通直通车，建议出价低一点。

⑥ 其他设置。单击推广计划"电水壶",就能看到刚刚添加的计划。接着,根据店铺活动设置日限额、投放平台、投放时间和投放地域。

对于日限额,直通车默认是 30 元 / 天,就是说一个宝贝一天付费最多为 30 元,当然店铺也可以将日限额设置得高一些。例如,如果 10 个宝贝开了直通车,日限额都是 30 元,那么一天最多付费 300 元,一个月最多付费 9 000 元。

⑦ 设置投放平台。一般来说,重点投放 PC 端,因为 PC 端好控制一些,直通车排名也容易保持。无线端受淘宝千人千面规则的影响,除非开价特别高,可以出现在首屏外,其余基本都在 20 名以后。

7)直通车优化推广实例

某韩版女装店铺某月的直通车数据见表 6-3,此店是韩版小清新风格,款式较为大众化,单价较低。

表 6-3 某韩版女装店铺某月的直通车数据

花费 / 元	点击量 / 次	平均点击花费 / 元	成交金额 / 元	成交笔数 / 笔	收藏量 / 次	点击转化率 /%
122 464.1	111 868	1.09	99 135.98	1 571	5 858	1.4

从表 6-3 中可以分析出,这个月的点击量约为 11 万次,平均每天点击量为 3 000~4 000 次,PPC(点击扣费单价)约为 1 元,相当于每天花费 4 000 元左右,ROI(投入产出比)为 1.2 左右,点击转化率为 1.4%,收藏成本约为 20.9 元。

(1)店铺存在的问题

PPC 高:该店铺每日 PPC 需要 1 元,在日投入为 4 000 元的情况下,PPC 有下降的空间。这时有人会问,为什么做到 1 元的价格还算高?主要原因有以下两点:女装类目的 PPC 本来就不高,在点击量很高的情况下,第一要做的是优化点击率,提升质量得分,降低 PPC。

转化率:转化率低应该是该店铺直通车操作中最严重的问题,但是该店主一直将原因归结于产品本身,而忽略了直通车的精准性。

笔单价低:通过计算成交金额、成交笔数,可以得到通过直通车成交的笔单价为 63 元,笔单价会直接影响投入产出比,也就是常说的流量价值。每个流量带来的产出提升,可使 ROI 得到提升。

由以上数据分析可知,目前店铺主要存在的问题是流量基数较大,但不精准,导致投入产出不成正比。优化方向为在保证原有流量的基础上提升转化率,降低 PPC,提升投入产出比。

(2)优化参考步骤

① 选款。

目前店铺主要推广的宝贝是一款价位中等的针织开衫。此款产品的优势在于受众面很广,劣势在于受众面过广而竞争激烈。这类产品一般起量多且快,由于买家从众效应激烈,所以做好的前提是转化率要高,在同类同价位产品中有购买转化优势。该款产品的整体拍摄效果还不错,能够抓住顾客的眼球。目前该款产品的月销售量约为 3 800 件，属于小爆款范围。

此款产品在该店铺中占据很大的流量来源，但是由于单价相对较低，所以导致 ROI 比较低，然而由于已经形成了小爆款规模，对店铺的作用明显，因此可选择继续推广该款产品。如何拉升笔单价呢？唯一可以做的就是选择单价稍微高一点的产品做辅助推广，但是这个商品的单价不易太高，因为 68 元的爆款单价决定了商品的受众群体，店铺集中了很大一批消费水平在 68 元左右的顾客，这个时候去推一款 168 元的商品将毫无意义，但是又想提升笔单价，所以在选择推广宝贝时一定要注意商品的价格。在众多稍高于这款单品价格的产品中，可以考虑同时选出 3 款，通过直通车点击和转化测试，计算出利润率和转化率等指标，最终选定一款售价为 79 元的商品作为辅助推广宝贝。

② 选词。

选词策略需要根据店铺的具体情况来确定，这里主要针对优化方向做出调整，即从词的精准性方面着手。店铺原有的转化关键词如图 6-24 所示。

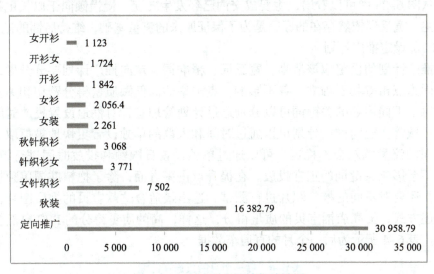

图 6-24　店铺原有的转化关键词

主要成交的关键词属于宽泛词和定向词，这样的情况导致转化率低、竞价高。众所周知，"女装"和"开衫"这些词流量很大，但是竞争很激烈，转化率也较低。考虑到女性消费者的购物习惯，这些产品的位置不一定要放在前面，放到后面也有流量，而且流量也是可观的。

在制造爆款初期，流量大的关键词可以快速提升流量，但是转化率相对较低。当宝贝销量有一定基数时，就要采取另外的策略使流量精准化，以提高转化率，降低 PPC。

在考虑优化时，首先对关键词进行替换，降低原来卖家主要流量来源的"秋装""女装"等流量大的关键词出价，把这部分推广预算用于精准关键词的投放。在拖后排名的同时，该关键词的流量势必要降低，怎样解决这个问题也是关键。以行业搜索和成交比较好的属性词为核心，搜索相关关键词，加入更多的精准关键词来弥补因替换掉流量大的关键词而损失的流量。在保证流量的基础上，提高精准流量的占比。这样做的主要目的是减少高价宽泛词的推广预算，降低 PPC，提升转化率。图 6-25 所示为优化后的关键词。

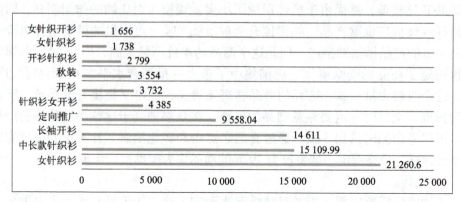

图 6-25　优化后的关键词

从图 6-25 中可以看出，主要成交词已经发生转变，慢慢倾向于以长尾精准词为主，宽泛词依然存在的原因是为了保证原来的流量基础，维持店铺的流量。

（3）设定推广计划

推广计划的设定应该清晰。宽泛词、精准词、定向推广计划要分开做，主要是因为点击率相互独立，各不影响，点击率的高低跟质量得分密切相关。另外，对于不同用处的关键词可以分别通过计划管理有针对性地设置投放时间和投放区域等。定向推广计划可以通过时间和人群的单独设置更快地被抓取。另外定向的流量偶尔会不稳定，可以通过单独设置日限额和投放时间进行控制，并且不会影响关键词的正常投放。在提升点击率方面，除了把精准词单独挑出来外，还要对不同的推广图片进行测试，选出最适合这款宝贝的推广图片，通过上述方式，提高店铺宝贝的质量得分，这样，高的质量得分的 PPC 自然就会下降。表 6-4 所示为后一个月的直通车数据。

表 6-4　后一个月的直通车数据

花费/元	点击量/次	平均点击花费/元	成交金额/元	成交笔数/笔	收藏量/次	单击转化率/%
108 486.4	139 058	0.79	295 822.8	4 214	9 763	3.03

3. 淘宝客推广

淘宝客是指通过网络帮助淘宝卖家推广商品，并按照成交效果获得佣金的个人或集体，属于效果类推广营销广告。不同于淘宝直通车按点击计费，它按实际完成的交易计费。

1）淘宝客平台的基本功能

淘宝联盟是由淘宝网在 2010 年 4 月针对中小站长及网络合作伙伴推出的网络广告交易平台。它的前身是阿里妈妈网站，是阿里巴巴集团旗下一个全新的互联网广告交易平台，是主要针对网站广告位的发布和购买创造的一个交易平台,让卖家、买家都能清楚地看到广告位的性质和价格。

淘宝联盟的主推形式为淘宝客推广,淘宝客也是淘宝联盟平台的主要发展方向。2009年之前,淘宝客主要通过向客户介绍功能、设置佣金等,让更多的卖家受益。2009年之后,淘宝客一方面让大卖家不断加入,另一方面为了迎合卖家的推广需求,开始寻求站外合作。同时,淘宝客还在推广宝贝和推广模式上做了优化,淘宝联盟将不限于以往淘宝客的形式,还引入了包括商业搜索、P4P、钻石展位、麦霸等在内的诸多形式,以吸引中小站长和网络从业者。

淘宝客支持按单个商品和店铺推广的形式,可以针对某个商品或店铺设定推广的佣金。淘宝佣金 = 实际成交金额 × 佣金比例。佣金可以在0.1%~90%范围内任意调整,较高的佣金设置可以让更多的淘宝客青睐。佣金会在交易完成后,在每月20日结算上个月预估收入,可以提现。

淘宝客的推广运作模式如图6-26所示。发布需要推广的宝贝链接到淘宝联盟,并设置佣金,淘宝客从淘宝联盟推广专区获取卖家推广宝贝的链接,将其分享到各种渠道中,任何人通过这个链接进入卖家店铺完成购买后,淘宝客就可得到卖家支付的佣金。

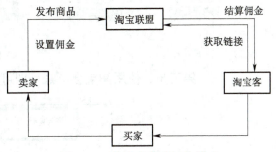

图6-26 淘宝客推广运作模式

在淘宝的推广付费模式中,淘宝客因门槛低、效果佳,且无推广风险,成为店铺初期推广的最佳选择。

2)淘宝客推广流程

第一步,进入"卖家中心"页面,在左侧菜单"营销中心"区域中单击"我要推广"按钮,进入图6-27所示页面。

图6-27 "我要推广"页面

第二步，单击"淘宝客"模块中的"开始拓展"按钮，如图6-28所示。

图6-28 单击"开始拓展"按钮

第三步，使用淘宝会员账号即可登录阿里妈妈推广平台，如图6-29所示。

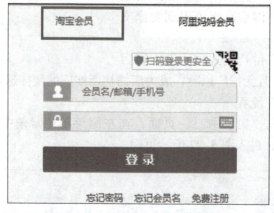

图6-29 登录阿里妈妈推广平台

第四步，选择"推广管理"→"营销计划"功能，如图6-30所示。

第五步，单击"商品推广管理"→"添加主推商品"按钮，如图6-31所示。

第六步，选择想要设置的宝贝，单击"确定"按钮。注意：这里所展示的宝贝都是店铺可以设置营销计划的宝贝，如果有的宝贝未展示，就不可以设置，可以查询不可以设置的原因。按照上面的提示填写时间、佣金比例，然后保存就可以了。注意：中间有一个"添加"环节，意思是这个宝贝可以设置几个不同的佣金，到期时间可以选择也可以设置为"不限"，设置好之后第二天生效，如图6-32所示。

第七步，如果想要修改，可以单击"商品推广管理"→"添加策略"按钮，这里可以修改到期时间、佣金，以及是否使用优惠券。注意：修改后也是第二天生效，如图6-33所示。

项目六　网上店铺推广

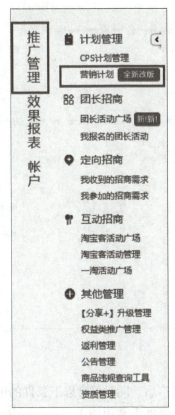

图 6-30　选择"营销计划"功能

图 6-31　单击"商品推广管理"→"添加主推商品"按钮

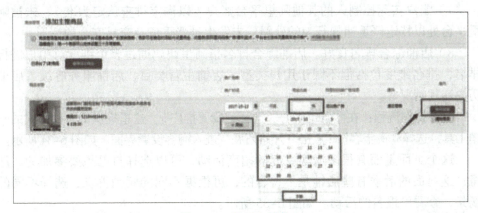

图 6-32　设置宝贝信息

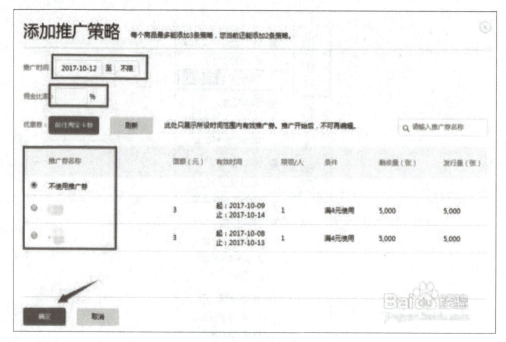

图 6-33　添加推广策略

3）寻找淘宝客

商家开通使用淘宝客推广后，同时符合以下条件的可开通使用淘客营销计划：

1）店铺状态正常（店铺可正常访问）。

2）用户状态正常（店铺账户可正常使用）。

3）近 30 天内成交金额大于 0。

4）掌柜信用≥ 300 分，信用分查看：

https://myseller.taobao.com/seller_admin.htm（该项仅针对集市商家，天猫商家忽略）

5）近一年内未存在修改商品如类目、品牌、型号、价格等重要属性，成为另外一种宝贝继续出售被淘宝处罚的记录。

详细规则 https://rule.taobao.com/detail-2012.htm

6）近 365 天因虚假交易（严重违规虚假交易除外）被淘宝扣分的，累计扣分 <6 分。

7）账户实际控制人的其他阿里平台账户（以淘宝排查认定为准），未被阿里平台处以特定严重违规行为的处罚，未发生过严重危及交易安全的情形。

8）店铺综合排名良好。店铺综合排名指阿里妈妈通过多个维度对用户进行排名，排名维度包括但不限于用户类型、店铺主营类目、店铺服务等级、店铺历史违规情况等。

具体操作流程：在"营销中心"选择"我要推广"，这里提供了各种形式的营销工具，选择"淘宝客"，点击"开始拓展"进入淘客设置界面。如图 6-34 所示。

这个页面里面有很多淘客发起的招商活动，可以选择自己想要参加的，注意：这里面的活动有些店铺是不符合的，可根据不同的营销诉求，选择不同的场景，查看可报名的活动。如图 6-35 所示。

图6-34 选择"团长活动广场"功能

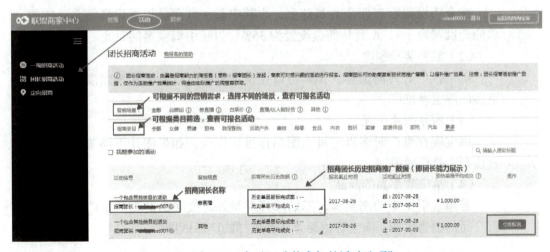

图6-35 勾选"我能参加的活动选项"

如果您觉得活动条件都可以,那么点击"立即报名"去报名活动,即可进入报名页面,选择满足条件的、想要推广的商品即可。选择自己要参加活动的宝贝,按照活动要求填写时间、佣金,然后提交报名就可以了,这个佣金同样是第二天生效,可以设置比没参加的活动设置的佣金高些,具体根据互动要求提交之后,如果想修改报名宝贝信息,点击"我的活动管理",找到刚才报名宝贝,然后点击"修改"或者是"取消报名"就可以了,如图6-36所示。

值得注意的是,在"我的活动管理"界面,商家可查看已报名信息,在本页面商家均可修改报名信息,或取消商品报名,一旦进行了"通过"或"拒绝"的操作,那么就不可以再修改信息了。报名商品审核通过后,在排期时间内,会按照您设置的活动策略,锁定佣金比率和优惠券(如果有券的话),不可修改。

图6-36 "活动管理"设置界面

除此之外,卖家还可以通过搜索关键词进入"阿里妈妈联盟社区",或者自己询问身边的朋友等来寻找淘客,并和他们建立良好的关系,让他们主动来推广您的宝贝。

那么,如何吸引更多的淘宝客推广自己的商品?作为卖家,可以考虑如下几点:

(1)设置高佣单品

在全店设置合理佣金的基础上,为其中某一款商品设置提高佣金。比如全店佣金设置为3%,A商品佣金设置为35%,以吸引淘宝客的目光。

(2)额外奖励制度

对于推广好的淘宝客,卖家可以提供正常佣金以外的奖励制度,以此吸引更多的淘宝客推广。

(3)商品图片美观

淘宝客在推广时多以宝贝主图当作推广广告,如果图片不够清晰美观,会直接影响推广效果。

(4)推广效率高的商品

若想吸引更多的淘宝客,不妨选择质量好、效率高的商品推广。顾客会在意产品的销售数据,淘宝客也愿意选择这样的产品做推广。

4. 钻石展位推广

钻石展位,简称钻展,是淘宝网专门为有更高推广需求的卖家量身定制的产品,它精选了淘宝网的优质展位,通过竞价排名,以广告图的形式对卖家的推广进行展现。钻石展位是按广告每千次展现收取费用,其推广费消耗较快,更适合店铺、品牌的曝光推广,建议较成熟的卖家使用。

1)钻展的展示原理

卖家能获得的总展现量 = 总预算 ÷ 出价 × 1 000,在同样的预算下,千次展现出价越高,获得的展现反而越少,因此卖家需要在了解钻展原理的情况下,做到合理竞价。

需要注意的是,系统根据流量比例将预算分配到各个时间段;系统按照竞价从高到低的顺序将各个时间段的推广计划的出价进行排序,价高者优先;出价最高的推广计划预算消耗完后,轮到出价排名第二位进行展示,以此类推,若该时间段内的流量消耗完,此排名之后的推广计划将无法被展示;出价相同时,则创建时间更早的计划图片获得优先展示权。

钻石展位的核心就是精准定向,为卖家提供品牌展位和智能优化两种产品服务,帮助卖家更高效地吸引网购流量,达到高曝光、高点击的传播效果。

钻石展位为店铺提供图片或动画制作,以实现推广单品或整个店铺的目的。仅在淘宝网内就有 200 多个优质展位,包括淘宝首页、频道页、门户、帮派等多个淘宝站内广告位,每天有超过 15 亿的展示量。它还可以帮助客户把广告投向站外,涵盖影视、网上购物、综合门户、地方门户、小说、社交、娱乐八卦等多个行业,卖家在钻展后台可以根据"日均访问量""创意尺寸""创意类型"等多个条件对广告资源位进行搜索和选择。常见的钻石展位汇总如图 6–37 所示。

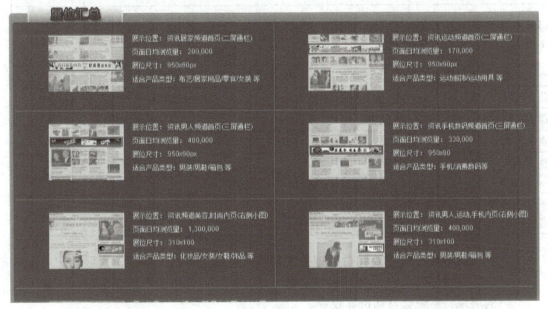

图 6–37 钻石展位汇总

2)钻展的出价方式

2016 年 5 月钻展升级为智钻,在按展现付费(CPM)出价方式的基础上新增了按点击付费(CPC)的出价方式。

(1)CPM 出价

钻展 CPM 出价是按照 1 000 次展现出价,在实际竞价中,系统会根据每一次展现的出价来排序。当有一个符合定向要求的消费者打开网页,浏览广告位时,系统会根据每个推广计划对该消费者的出价高低排序,出价最高的计划获得展现机会。

钻展调整出价后实时生效,因此在实际竞价中,下一名的店铺和出价都是频繁变化的,每一次展现都是根据下一名的出价来结算的。最终的扣费是多次展现结算汇总的结果。

假如有 4 家店铺圈定了同一用户群,投入了同一资源位,在选用 CPM 出价方式时的出价分别是 72 元、60 元、54 元、53.99 元,且竞价过程中都没有调整过出价。各店铺均选用 CPM 出价方式，各项数据对比汇总结果如表 6-5 所示。

系统会计算每家店铺对一次展现的出价，确定竞价排名。当用户打开页面浏览资源位时，系统投放推广创意，同时根据 CPM 结算价格计算一次展现的计算价格，对这一次展现做一次计费。系统会持续投放，把展现、计费全部累积汇总。

表 6-5　各店铺均选用 CPM 出价方式各项数据对比

店铺名称	A 店铺	B 店铺	C 店铺	D 店铺
出价方式	CPM	CPM	CPM	CPM
CPM 出价 / 元	72	60	54	53.99
对一次展现的出价 / 元	0.072	0.06	0.054	0.053 99
竞价排名	1	2	3	4
CPM 结算价格（下一名 +0.1）/ 元	60+0.1=60.1	54+0.1=54.1	54（下一名 +0.1，高于自己的出价，因此按自己的价格出价）	53.99
一次展现的结算价格 / 元	0.060 1	0.054 1	0.054	0.053 99
获得展现 / 千次	8 713	4 665	2 423	590
点击次数 / 次	805	421	155	34
点击率 /%	9.24	9.02	6.4	5.76
总花费（一次展现结算价 × 展现）/ 元	523.65	252.38	130.84	31.85
平均点击单价（总花费 / 点击次数）/ 元	0.65	0.6	0.84	0.94

钻石展位的主要扣费原理是按每千次展现进行的，即每千次展现记一次出价。钻展系统会自动统计展现次数，并在钻展后台报表中给予反馈，不满千次的展现，系统会自动折算收费。

（2）CPC 出价

CPC 是指广告创意按照用户点击次数计费。使用 CPC 出价时，系统会将 CPC 出价折算成 CPM 出价，折算公式为 CPM=CPC× 预估点击率 ×1 000，然后再与其他 CPM 出价计划混合竞价。

假设有 4 家店铺圈定了同一用户群，投放同一资源位，其中两家选用了 CPC 出价，另外两家选用了 CPM 出价，且竞价过程中没有调整过出价，投放的汇总结果如表 6-6 所示。

表 6-6　各店铺选用 CPC/CPM 出价方式各项数据对比汇总

店铺名称	A 店铺	B 店铺	C 店铺	D 店铺
出价方式	CPC	CPM	CPC	CPM
出价 / 元	0.8	60	0.9	53.99
预估点击率 /%	9	—	6	—
折算后 CPM 结算价格 / 元	0.8×9%×1 000=72	60.00	0.9×6%×1 000=54.00	53.99

续表

店铺名称	A店铺	B店铺	C店铺	D店铺
折算后对一次展现的出价/元	0.072 00	0.060 00	0.054 00	0.053 99
竞价排名	1	2	3	4
CPM结算价格（下一名+0.1）/元	60+0.1=60.1	54+0.1=54.1	54（下一名+0.1，高于自己的出价，因此按自己的价格出价）	53.99
一次展现的结算价格/元	0.060 1	0.054 1	0.054	0.053 99
获得展现/千次	8 713	4 665	2 423	590
点击次数/次	805	421	155	34
点击率/%	9.24	9.02	6.4	5.76
总花费（一次展现结算价×展现）/元	523.65	252.38	130.84	31.85
平均点击单价（总花费/点击次数）/元	0.65	0.6	0.84	0.94

对于选用CPC出价的卖家而言，系统把所有出价都折算成CPM出价，然后通过计算每家店铺对一次展现的出价，确定竞价排名。

CPC出价的优势是点击次数可控，但由于预估点击率是系统决定的，预估点击率越高，折算出来的CPM出价就越高。所以，折算的CPM出价不确定，不能保证始终有较好的竞价排名。相比之下，CPM更为直接，在获取流量方面，更具有优势。

3）钻展的推广流程

（1）进入钻石展位后台

进入"卖家中心"→"营销中心"→"我要推广"页面，单击"钻石展位"链接，进入钻石展位后台页面。

（2）账户充值

钻石展位推广与直通车推广一样，在推广之前都需要向账户充值，钻石展位每次最低充值300元，如图6-38所示。

（3）新建推广计划

充值以后单击右侧的"新建推广计划"按钮，系统进入"推广计划"页面。在该页面中，首先选择营销目标，包括全店日常销售、全店拉新和全店自定义三个目标，如图6-39所示。

全店日常销售目标覆盖店铺的核心用户及潜在用户，提升日常销量；全店拉新目标为店铺引入新用户，增加店铺人气；全店自定义目标可自主设置定向人群、资源位及出价，满足店铺多元化的营销需求。设置计划包括基本信息（有计划名称、付费方式、每日预算、投放日期、投放方式等）投放地域和投放时段等，如图6-40所示。

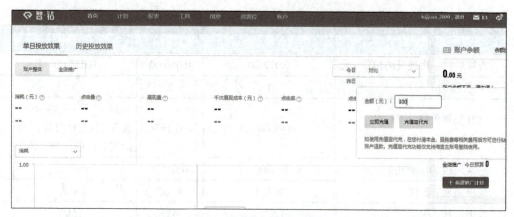

图 6-38 账户充值

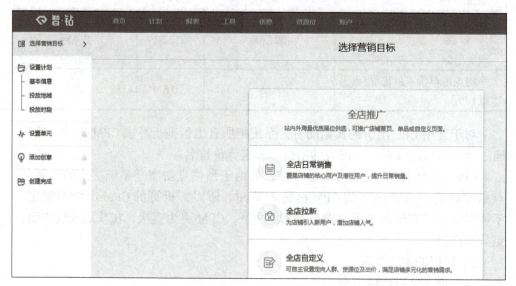

图 6-39 选择营销目标

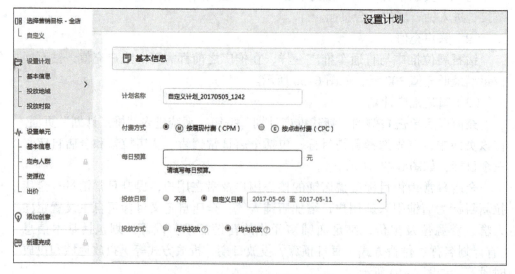

图 6-40 设置计划基本信息

（4）设置推广单元

设置新建单元，填写单元名称，添加投放资源位，设置定向及溢价。此处选择的资源位就是卖家的广告展示位，对应的出价是卖家愿意为该广告位千次展示所付出的费用，出价越高，展示的概率越大，这种展示主要是指通投。通投只针对位置展示，不区分人群特点。

（5）添加创意

单击（从创意库中选择）即可看到之前上传的已经审核且符合这个展位尺寸的图片，勾选后进行添加。添加完成后单击"下一步"按钮，完成创意添加。

5. 活动推广及店内促销

1）活动推广

活动推广主要利用淘宝官方或第三方组织的优惠或促销活动来完成，活动主要在淘宝官方专题页中进行展示。由于这类活动拥有广泛的用户群体，因此中小卖家通过参加此类活动可以快速提升自己的销量、积累客户和清理库存。淘宝官方活动主要包括行业营销活动、品牌活动、无线手淘活动等。

报名参加淘宝试用

这里以天天特价活动为例来介绍一下活动的报名流程和注意事项。天天特价是以扶持淘宝网中小卖家为宗旨的唯一官方平台，扶持对象为淘宝网集市店铺（只招商集市卖家）。天天特价频道目前有类目活动、10元包邮和主题活动三大块，其中10元包邮为特色栏目，类目活动为日常招商，每周会有不同的主题性活动。天天特价活动只展示在类目详情页面中，随机展示到首页中。

卖家首先要找到天天特价的报名入口，然后可以通过两种方式进入天天特价报名入口。第一种方式是从"淘宝网首页"→"网站导航"→"特色市场"→"天天特价"→"卖家中心"→"卖家报名"页面；第二种方式是直接输入网址 https://tejia.taobao.com/，进入天天特价主页，然后从"卖家中心"→"卖家报名"页面，如图6-41所示。

图6-41 报名入口

在报名页面中选择好报名日期,单击右侧的"日常活动"或"主题活动"按钮。在这里,报名日期选择3月9日,活动类型选择日常活动中的类目活动,天天特价的类目活动有一定的报名要求,如图6-42所示。

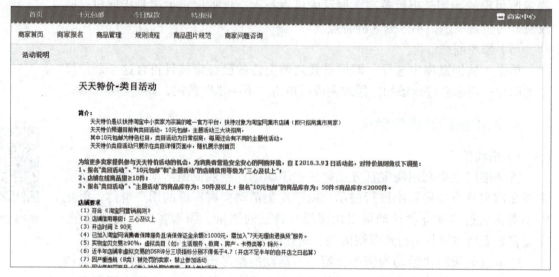

图6-42 报名"天天特价"活动

对卖家来说,微淘也是一个重要的引流入口。微淘是集卖家、达人、买家于一体的平台,拥有极强的商品分销能力,所以微淘是卖家不可忽视的地方。

单击"卖家中心"→"店铺管理"→"手机淘宝店铺"选项,系统进入"无线店铺"页面,如图6-43所示。

图6-43 选择"无线店铺"的"发微淘"

单击"发微淘"链接,进入微淘首页。微淘包括发帖子、发宝贝清单、发图片、发上新等内容,如图6-44所示。

(1)发帖子

每个店铺每天可以发布一篇帖子,帖子包括标题内容、副标题、添加封面图及正文等内容,如图6-45所示。

(2)发宝贝清单

发宝贝清单具体包括填写标题、添加封面图、填写描述和添加宝贝,单击"发布"按钮,即可完成宝贝清单的发布,如图6-46所示。

项目六 网上店铺推广 173

图 6-44 微淘界面

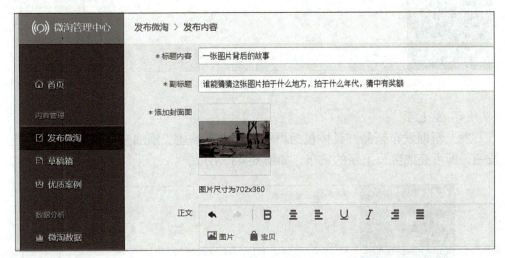

图 6-45 发帖子

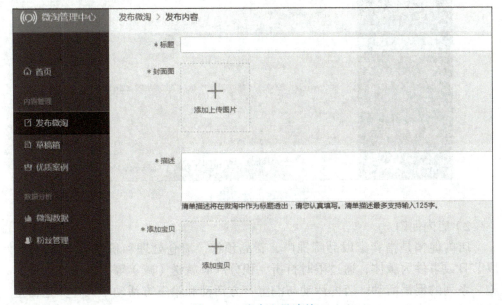

图 6-46 发布宝贝清单

（3）发图片

发图片具体包括填写图集标题和添加图片，如图 6-47 所示，单击"发布"按钮，即可完成图片的发布。

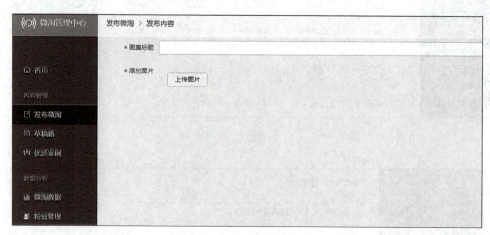

图 6-47　发布图片

（4）发上新

发上新即发布新品，具体包括填写上新内容描述、添加宝贝，单击"发布"按钮，即可完成宝贝上新的发布，如图 6-48 所示。

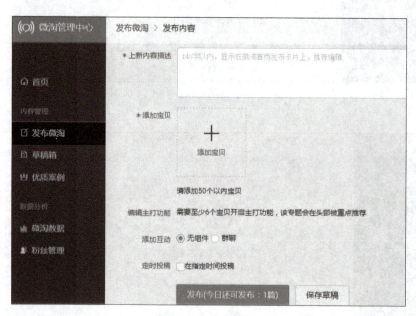

图 6-48　发布操作

2）店内促销

店内促销是指卖家以品牌推广、新品预售、清仓处理和积累客户为目的，以节日或事件为载体，通过限时打折、积分和满就送（减）等手段有计划地实施一系列的促销活动。店内活动与淘宝官方活动和第三方活动不同，其运营主体为卖家，其营销目的明确，可控制性较强。

大多数店内活动都是借助促销手段来实现的，因此对于卖家而言，店内活动是卖家活动与促销工具的综合运用。近年来，随着淘宝体系的发展，促销工具也越来越多样化。从促销效果来看，这些工具的应用可以促进消费者及时消费、提升消费者客单价、提升消费者的复购率等。目前，店内促销工具主要有单品宝、优惠券、限时打折、满就送（减）、搭配套餐、淘金币抵扣等。

促销工具大部分都是收费的，单击"卖家中心"→"营销中心"→"店铺营销工具"选项，系统进入店铺营销工具页面，如图6-49所示。

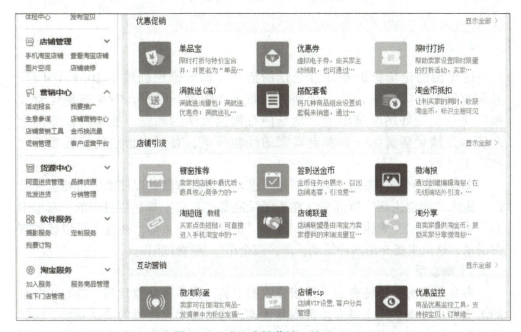

图6-49　进入店铺营销工具页面

如要利用优惠券这一促销工具，单击"优惠券"链接，系统进入优惠券购买页面，如图6-50所示。

图6-50　进入优惠券购买页面

实训 12　直通车推广

实训目的：通过技能实训使学生掌握直通车推广的流程与技巧。

实训内容：分小组完成店铺产品的直通车推广方案设计，每组 3~4 人，完成后在班上讨论展示。

任务 2　站 外 推 广

1. 论坛宣传

这里说的论坛指的是淘宝论坛的活动。淘宝论坛创建于 2008 年 4 月，是淘宝网的官方论坛，是一个拥有较高人气的论坛平台，对于店铺运营和推广是一个较好的交流渠道，论坛内有淘宝大学的教程，能免费发布网上开店、分销代理货源，有淘宝卖家的经验分享，有淘宝指定的店铺经营与推广工具等。

淘宝论坛有许多推广工具和渠道，也有许多官方活动以便卖家进行宣传推广。进入"淘宝论坛"页面后，在页面最底部"卖家工具"栏目中的"营销中心"下面单击"我要推广"链接，进入"卖家中心"页面，在这里可以找到官方活动，这里主要介绍两种活动，即"淘金币""免费试用"。

1）淘金币

淘金币是淘宝网特有的一种积分营销工具，是一种虚拟货币。持有淘金币的淘宝用户在淘宝网上享有多种商品优惠，可参与卖家提供的商品兑换、抽奖等活动。淘宝网根据协议及淘金币相关规则向卖家提供淘金币产品及服务，帮助卖家提升消费者体验，从而增加店铺用户黏度。

淘金币活动对于买家来说是一种效果非常好的引流渠道，并且它是免费的，门槛相对较低。淘金币活动一般需要四步来操作，如图 6-51 所示。

图 6-51　淘金币流程图

注意，目前淘金币账户的开通对卖家有一定的要求，具体要求是：店铺 4 星以上；开店时间不少于 90 天且 90 天内有成交；B 类处罚少于 12 分、C 类处罚少于 12 分的集市卖家。

一旦店铺有了一定的淘金币后，可以利用淘金币完成一系列的推广活动。常见的推广活动有如下三种：

（1）分享送淘金币

分享送淘金币分为分享店铺送淘金币和分享宝贝送淘金币。

（2）收藏店铺送淘金币

卖家开通此功能，买家在进入该店分享自己喜爱的宝贝或直接分享店铺时，就会得到卖家送出的淘金币。"收藏店铺送淘金币"的引导图标卖家可以任意设置。

（3）店铺签到送淘金币

卖家对每天来店铺签到的买家赠送一定数量的淘金币，从而提升店铺老客户的回访率。

另外，淘宝论坛对签到送淘金币活动有要求：新开店时长达到 90 天以上，并且违规扣分不超过 12 分，店铺信用等级大于 4 星，最近 90 天内支付宝交易金额大于 0，就能参加淘金币的首页活动。淘金币官方活动需要店铺主动申请，由淘宝平台进行审核，审核通过后即可参加。

2）免费试用

淘宝试用中心是目前最大的免费试用中心，是专业的试客分享平台，是集用户营销、活动营销、口碑营销、商品营销于一体的营销导购平台。试用中心聚集了上百万个试用机会及亿万个消费者对各类商品最全面、真实、客观的试用体验报告，能够为消费者提供购买决策，帮助卖家提升品牌价值与影响力。淘宝试用中心需要用户试用后提交试用报告。操作界面如图 6-52 所示。

图 6-52　卖家报名免费试用界面

店铺参加免费试用活动，用户提交申请，审核成功后由卖家免费包邮发货给用户试用，用户不需要出任何费用，试用结束后商品无须返还卖家。用户通过试用报告分享试用感受，给卖家的商品做出公正、专业的描述，从而帮助其他消费者做出购物决策，找到真正适合自己的商品，其中免费试用活动展示期为 7 天，付邮试用期为 3 天。

该营销方式对卖家的要求如下：集市店铺为一钻以上，店铺评分 4.6 分以上，加入消保；商城店铺为店铺综合评分 4.6 分以上；店铺无严重违规及售假处罚扣分；试用品必须为原厂出产的合格全新且在保质期内的产品；试用品总价值（报名价 × 数量）需不低于 1 500 元，价格不得虚高。

具体的流程为：卖家报名，提交试用商品审核通过后，试用品上架，用户通过申请，确定试用名单，发货后由用户提交试用报告。如图 6-53 所示。

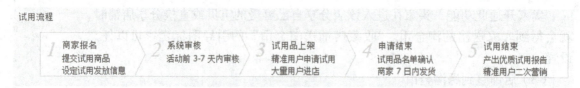

图 6-53　试用流程图

2. 帮派推广

1）淘宝帮派概述

加入淘宝帮派

淘宝帮派实际上就是店铺或店主的个人社区，将他们按照兴趣喜好聚集在一起，含有武侠特色。淘宝帮派完全由个人支配，个人可以发表文字、图片等在帮派中分享经验，也可以发布广告及促销活动。浏览淘宝帮派的用户基本上都是淘宝的卖家或买家，因此，帮派的针对性比较强，对于新店来说，如果帮派的人气旺，那么店铺的流量也会骤升。

淘宝会员可以随意建立自己的帮派，并邀请志趣相投的朋友共同维护，使其成为一个虚拟的网络社区。帮派建立后，默认建帮人为第一任掌门，掌门就是这个帮派的国王，拥有一切权力。而在帮主之下分别设立副帮主、帮派参事、帮派编修等职务，副帮主拥有帮派全部控制权，但是不能任命帮主；帮派参事拥有帖子管理权限和成员管理权限；帮派编修则拥有帖子管理权限。另外，根据建帮人的不同需求和成立帮派的目的与特色，每个帮派还可以选择公开、半公开和隐秘类型。

一个帮派就相当于一个独立的论坛，其主要作用就是让卖家和买家获得更多的资讯，帮派级别越高，所获得的推广机会也就越多。淘宝网把武侠文化引入淘宝用户群，不仅仅是单纯的一个产品创新，同时还能让淘宝网中不同层次、不同需求的用户有一个自己的归属地，帮派在凝聚用户、扩大影响、增强类似需求用户交流等方面起到了很好的推动作用。图 6-54 为淘宝帮派官方平台。

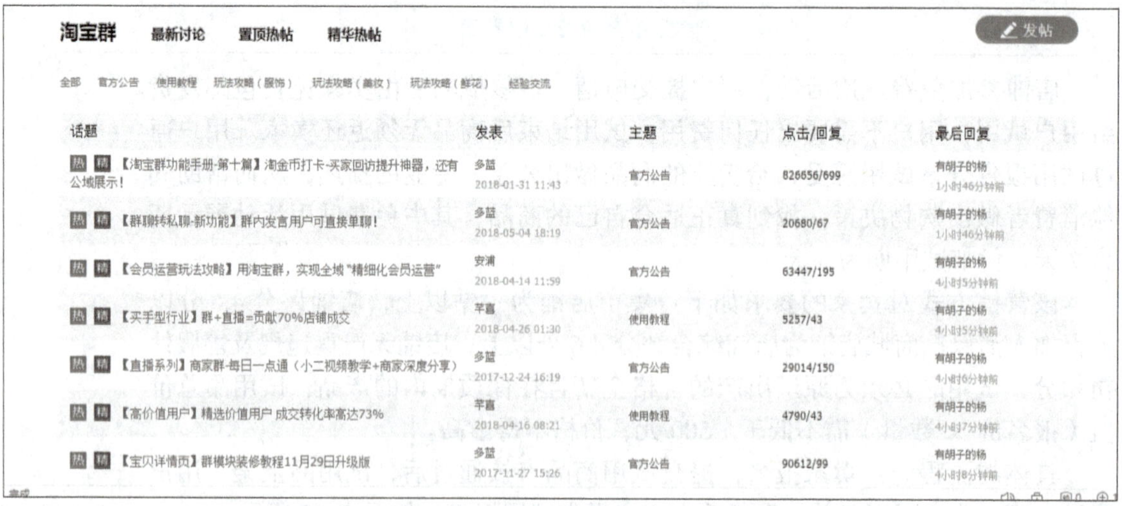

图 6-54　淘宝帮派官方平台

2）店铺帮派运营

（1）明确帮派定位

如果不能明确帮派的定位，就谈不上帮派的正确发展。帮派在不同时期的定位，需要根据当时淘宝的大环境进行调整。目前，帮派一般被定义为店铺营销推广的一个产品和工具。通过在帮派内发表优质精彩的原创精华帖，举办丰富而有吸引力的活动来推广帮派和店铺的影响，从而达到为店铺推广服务的目的。因此，帮派要有具体的内容，要有实质性的东西。

（2）帮派邀人

对于新建帮派，要想在众多竞争者中快速发展，前期需要大量的人气。帮派邀请方式有以下两种：

① 发帖招帮众。发布某个帖子，如彩票、衣服或包，可以吸引有同样兴趣爱好的人，也可以通过关键字寻找旺旺群，或者在查帖子时输入关键字，寻找同样属性的帖子，发帖之人一般都是对某个主题产生兴趣才会发表帖子，经过交流，就可以邀请他们加入帮派。

② 店铺挂链接。一般做法是在店铺上嵌入帮派链接。在店铺明显的地方宣传入帮派免邮费、减5元等活动，通过这样的方式不断地刺激买家或潜在买家加入帮派。

（3）帮派内部互动

一个优秀的帮派，除了管理上帖、回帖外，最重要的是获得认同感和流量。在一个帮派，要让会员不停地发帖，要想形成良好的帮派氛围，就不能让帮派冷清，特别是主帖，其回复量是衡量帮派氛围的一个标尺。作为帮派管理者，一定要积极回复帮派里面的帖子，让发帖人感觉自己受到重视。

帮派管理者需要学会引荐自己帮派的帖子。例如，同一个商品的买家秀，当有其他人感兴趣时，店铺在向其推销商品的同时引荐帖子，让发帖人和看帖人都有同样的归属感。对好的帮派帖子应及时地加精，让发帖人获得认同感。

通过及时地加精推荐原创好帖，以及奖励奖品和广告位的形式，吸引和留住优秀的原创作者。而把这些优秀的原创帖子及时加精并推荐到帮派资源位，这不仅能大大鼓励和刺激人们发帖的积极性，也能给帮派和店铺带来非常可观的流量，同时也会增加很多成交的机会。认同感和流量是相辅相成的，认同帮派的人越多，那么帮派内部的互动就越好，帮派内的流量也就越多。流量越多，人们对帮派的认同感就越强，从而形成良性循环；反之，帮派认同感低，内部冷清，自然也就没有流量。

3）帮派活动的开展

（1）活动周期不宜太长

帮派活动时间一般都不适合拖太久，20~30天比较合适。帮派活动时间太短，会造成有些会员还没参加，活动就已经结束；帮派活动时间太长，会造成会员疲惫，容易让人遗忘或趋于平淡。如果是在节假日做活动，那就要提前。比如情人节的征文或讨论活动，必须放在节日之前做，否则活动基本上就没什么效果了。

（2）活动步骤要公开透明

一般的帮派活动是依据以下步骤完成的，如图6-55所示。

图6-55　帮派活动的一般步骤

在上述步骤中，需要注意以下四点：

① 策划是基础，有创意的策划能聚集大量人气。一个好的活动，一般会有一个良好的活动目的，通过活动来提升策划。

② 活动帖是关键。在活动帖中必须陈述清楚活动内容，活动流程应简洁明了。另外，活动时间安排（包括活动时间、评奖时间、发奖时间）都要在帖子里做出说明，避免纠纷。

③ 及时公布获奖名单是重点。活动结束后一定要及时公布获奖名单。

④ 快速发放奖品是保证。按约定发放奖品是活动成功的保证，如果条件允许，可以鼓励获奖者把奖品秀出来。

3. 微博推广

1）微博推广的概念

微博推广是以微博作为推广平台，每个听众（粉丝）都是潜在的营销对象。企业通过更新自己的微博向网友传播企业和产品的信息，树立良好的企业形象和产品形象，企业可以就每天更新的内容和大家进行交流或者推出大家感兴趣的话题，以达到营销的目的，这就是新兴的微博营销。

2）微博推广的技巧

（1）微博头像和资料尽可能真实且详尽

真实且详尽的资料不仅可以让人产生信任感，而且可以吸引更多的粉丝来关注。

（2）对微博有明确的定位

一个品牌有定位，可以迅速占领目标群体的心智。而一个微博有自己的清晰定位，可以约束微博内容，使其朝着自己想要的方向发展。例如，有传播美容信息的微博，有专门传播经典语录的微博，有专门传播线上活动的微博，这些微博都以其特殊定位而获得了更多粉丝的关注。

（3）精心设计微博的内容

在微博中尽可能设计网友感兴趣的内容，当然，品牌微博切不可为迎合大众而写一些娱乐八卦新闻，而应发布新品，传播企业动态信息，开展促销活动，与网友及时沟通，解决投诉，搜集实时市场情报与反馈信息，多转发一些有趣的图片及视频。

总之，微博是趣味性与企业及品牌相关信息的结合，可在节假日和周年庆等特殊日子里举办互动参与活动，将品牌信息以润物细无声的方式传达给粉丝。

（4）成为微博的活跃分子

养成每天写微博的习惯，尽量原创些有意思的话题，多参加其他微博的评论及转发，多关注别人，以吸引更多的粉丝。另外，对于别人对微博的评论及提出来的问题，应积极回复并表示感谢。同时，积极进行微博推广，多在 QQ 群、论坛或其他地方宣传微博，积极参与热点话题的讨论。

（5）注意微博语法的运用

微博中两个"#"号之间的词是关键词，"@"后为好友昵称，巧用这些符号能使信息在更短的时间内传播，而且在发信息时可多转发给好友，让更多的好友关注你的动态。

3）微博推广的流程

下面以新浪微博为例，简单介绍一下微博推广的流程。

（1）注册并登录微博

打开网址 http://weibo.com，单击"立即注册"链接，进入注册页面，注册完毕后，输入账号和密码，即可登录新浪微博，如图 6-56 所示。

图 6-56 登录新浪微博

（2）设置个人信息

登录新浪微博以后，需要完成个人信息设置、头像设置、隐私设置、消息设置、偏好设置等内容，如图 6-57 所示。

图 6-57 设置微博个人信息

（3）发布微博信息

结合要推广的宝贝，编辑要发布的信息，每条信息只能写入140个字，在信息内容中可以添加图片、视频和头条文章等，如图6-58所示。

图6-58　发布微博

4. 微信推广

1）微信推广的概念

所谓微信推广，是指用户通过添加微信号、扫描二维码来订阅自己所需的消息，通过提供用户需要的信息来推广自己的产品所形成的点对点营销方式。

微信拥有庞大的用户群，它借助移动终端、天然的社交和位置定位等优势将每条信息都推送出去，能够让每个个体都有机会接收到这条信息，继而帮助卖家实现点对点精准营销。

（1）二维码营销

用户可以通过扫描和识别二维码身份来添加朋友、关注企业账号；企业可以设定自己品牌的二维码，用折扣和优惠来吸引用户关注，开拓O2O（在线离线/线上到线下）的营销模式。

（2）开放的平台营销

通过微信开放平台，应用开发者不仅可以接入第三方应用，还可以将应用的logo放在微信附件栏里，使用户可以方便地在会话中调用第三方应用选择与分享内容。例如"美丽说"的用户可以将自己在"美丽说"中的内容分享到微信中，使"美丽说"的商品得到不断的传播，进而实现口碑营销。

（3）公众号营销

在微信公众平台上，每个人都可以用一个QQ号码打造属于自己的微信公众账号，并在微信平台上实现与特定群体的文字、图片、语音的全方位沟通和互动。

2）微信公众号推广的流程

目前，个人用户可以申请订阅号，企业或组织用户可以申请服务号、小程序和企业号。下面以订阅号为例，介绍一下微信公众号的推广流程。

（1）注册和登录微信公众号

打开网址 https://mp.weixin.qq.com/，进入微信公众号的注册和登录页面，如图6-59所示。

图6-59　登录微信公众号平台

（2）选择注册账号的类型

微信公众号目前有订阅号、服务号、小程序和企业号，订阅号适合个人及媒体注册，服务号适合企业和组织注册，小程序适合服务内容的企业和组织注册，企业号适合企业客户，如图6-60所示。

图6-60　注册账号的类型

（3）新建图文信息

信息的发布，如图 6-61 所示。在"素材管理"中上传图片视频素材，在"功能"里"自定义菜单"栏中根据自己的需求设置菜单，并进行图文信息的编辑和发布。用户的信息在"用户管理"中可以看到详情。

图 6-61　编辑微信公众号信息

5. 直播类视频推广

1）直播类视频推广概述

移动视频直播的到来，让传统电商日渐成熟的运营模式找到了突破口。从刚开始的游戏直播和秀场娱乐开始，到现在各个行业里都植入了直播元素。直播+电商的发展模式，让"边看边买"的形式在母婴、服装、箱包等类目中得到广泛应用。"淘宝直播"自 2016 年 3 月试运营以来，观看直播内容的移动用户超千万，主播数量超千人，大量的买家通过更直观的方式看到产品，增加了下单的可能性，提高了转化率。

2）直播类视频推广的流程

还值得一提的是移动端小视频的出现，作为淘宝平台 2017 年的主要创新之一，小视频为淘宝卖家带来了可观的流量。那么卖家如何开通淘宝直播呢？

（1）卖家开通淘宝直播的步骤

① 先登录淘宝达人管理中心，入驻成为淘宝达人，在"淘宝达人管理中心"后台的"淘宝直播申请"入口提交申请。

② 多发布原创内容（至少 5 条），吸引粉丝。

③ 申请大 V 认证。

④ 通过大 V 认证后，申请开通淘宝直播，发布一条视频，等待官方审核直

播权限。

⑤ 通过审核，完成开通淘宝直播，就可以开始淘宝直播了。

（2）淘宝直播常见问答

① 淘宝直播与图文推广的区别是什么？

淘宝直播与图文推广最大的区别就是模特回归本真，以最真实的衣着打扮来让粉丝了解所出售的商品，而图文推广最大的弊端就是PS，并且互动性不强，而淘宝直播的互动性无疑是极佳的。

② 哪些淘宝直播内容观看粉丝人数更多？

这需要看直播的表达能力，直播的内容是否能让观看的粉丝都有代入感或感同身受。比如可以直播做菜，从准备到下锅烹饪都让粉丝们全程参与；比如直播化妆，从素面朝天到一步步成为女神让粉丝们全程了解；比如全球直播，带粉丝在全球各地买买买。

③ 如何让自己的商品上淘宝直播？

有淘宝直播能力，店铺综合排名指数较高的卖家可以自行开通，自己不会直播，但是商品比较合适的，可以通过阿里V任务与主播达人进行合作。

④ 怎么边看淘宝直播边购买？

打开手淘的淘宝直播一栏，选择喜爱的主播进入直播间。单击底部的"宝贝"按键，就可以看到主播所分享推售的产品链接，单击"购物车"按键，就可以在不退出直播间的情况下将该产品加入购物车。

（3）手机发布直播

目前能够支持发布直播的手机机型有IOS系统的手机、安卓系统里的公开版三星S6、移动版三星S6、电信版三星S6、S5Edge+。

发布直播前的准备工作如下：

① 确保稳定的Wi-Fi或4G网络。

② 下载或更新到最新版本的手机淘宝。

③ 手机设定中允许手机淘宝使用麦克风。

④ 在情况允许的条件下加配补光灯及防抖效果，以保证直播质量达到最佳效果。

（4）注意事项

① 淘宝直播的基本要求就是，谁的账号就必须由谁来直播（店铺账号除外），否则会被封号。所以，对于是机构或者团队来说，原先的主播若是离开了，这个账号就不能继续开播了，应该重新申请。

② 避免空播。此类卖家基本上都是准备一块写字板或者产品放在镜头正中做无声的宣传。

③ 在直播间里面，不管是画面还是语音或者别的形式，都不允许出现QQ、手机号、包含淘系在内的二维码等联系方式，这一点也是处理得比较严格的。所以一定不能将店铺的二维码放到直播间里，否则后果自负。

④ 营造一个美观的环境。在灯光昏暗、物品摆放脏乱、嘈杂声太大的环境

当中做直播，短期来说没什么问题。但如果长期如此，是会被降权的。

⑤ 端正主播行为，树立正确的价值观。作为一个正规的平台，平台肯定要求主播做到穿着得体、行为规范、传递正能量，等等。

⑥ 注意时长。有的主播或者店主就是"佛性直播"——主播只顾玩手机干自己的活，也不说话和观众互动交流。假如在直播过程中有离开镜头超过10分钟，又或者是直播时长太短、上架宝贝太少等情况，也会被平台降权。

6. 搜索引擎推广

1）搜索引擎概述

在如今的流量时代，网站的流量可以分为两类：一类是自然流量；一类就是通过搜索引擎引入的流量。搜索引擎是网站建设中针对"用户使用网站的便利性"所提供的必要功能，同时也是"研究网站用户行为的一个有效工具"。高效的站内检索可以让用户快速准确地找到目标信息，从而更有效地促进产品、服务的销售，而且对网站访问者搜索行为的深度分析，对进一步制定更为有效的网络营销策略具有重要价值。

如果搜索引擎能够多且有效地抓取网站内容，那么对于网站的好处是不言而喻的。所以，SEO也应运而生了。SEO是英文search engine opinization的缩写，在国内被称为搜索引擎优化，简单点说，SEO就是从搜索引擎上获得流量的技术，分为站外SEO和站内SEO两种。它是通过了解各类搜索引擎，抓取互联网页面进行搜索以及确定其对特定关键词搜索结果排名等技术，来对网页进行相关的优化，使其提高搜索引擎排名，从而提高访问量，最终提升销售量或宣传效果。它是一种利用搜索引擎的搜索规则来提高自然排名的方式。

获得和提高关键词自然排名是SEO效果的表现之一，但最终目的是获得搜索流量，没有流量的排名是没有意义的。因此，关键词、文案写作对于SEO是非常重要的。进一步说，SEO追求的是目标流量，是最终能带来盈利的流量。目前，国内使用频率相对较高的搜索引擎有百度、搜狗等。

2）SEO排名原理

每一个搜索引擎的功能基本类似。搜索引擎的排名流程从原理上可以分为以下几步：

（1）发现、搜集网页信息

搜索引擎会排出一个能够在网上发现新网页并抓取文件的程序，通常把这个程序叫作网络蜘蛛程序（spider）或机器人（robot）。一个典型的网络蜘蛛的工作方式是查看一个页面（这个页面是已知的页面），并从中找到相关信息。

网络蜘蛛要求快速全面。网络蜘蛛为实现快速浏览整个互联网，通常采用抢先式多线程技术在网上聚集信息。通过抢先式多线程的使用，用户能索引一个基于URL链接的Web页面，启动一个新的线程，跟随每个新的URL链接，索引一个新的 URL 起点。

当然，在服务器上所开的线程不能无限膨胀，需要在服务器的正常运转和快速收集网页之间找到一个平衡点。在算法上，各个搜索引擎技术公司可能不尽相同，但目的都是快速浏览 Web 页与后续过程相配合。目前，在国内的搜索引擎技术公司中，如百度公司，其网络蜘蛛采用了可定制、高扩展性的调度算法，可使搜索器在极短的时间内收集到最大数量的互联网信息，并把所获得的信息保存下来，以备建立索引库和用户检索之用。

（2）建立索引库

搜索引擎抓到网页后，还要做大量的预处理工作。这样才能够提供检索服务。其中，最重要的就是提取关键词，建立索引文件；其他还包括去除重复网页、分析超链接、计算网页的重要程度。

这个工作流程要看搜索引擎是否强悍。网络蜘蛛抓取完网页后，这些页面总有个归属，搜索引擎的索引程序此刻就开始动作。因为这关系到用户能否最迅速地找到最准确、最广泛的信息。通过索引程序对网络蜘蛛抓取回来的页面进行分解和分析，建立一个巨大表格，并放入数据库中，从而极快地建立索引。大多数搜索引擎在对网站数据建立索引的过程中都按照关键词在网站标题、网站描述、网站 URL 等不同位置的出现或网站的质量等级等建立索引库，从而保证搜索出的结果与用户的查询结果一致。

（3）处理搜索词

处理搜索词是对前两个过程的检验，检验该搜索引擎能否给出最准确、最广泛的信息，检验该搜索引擎能否迅速地给出用户最想得到的信息。对于网站数据的检索，搜索引擎采用 Client/Server 结构、多进程的方式在索引库中检索，大大减少了用户的等待时间，并且在用户查询高峰时服务器的负担不会过高（平均的检索时间在 0.3 s 左右）。对于网页信息的检索，百度的搜索引擎运用了先进的多线程技术，采用了高效的搜索算法和稳定的 UNIX 平台，因此可大大缩短对用户搜索请求的响应时间。

这就造成了一个结果，即用户在搜索引擎界面上输入关键词进行搜索，搜索引擎从索引数据库中找到匹配该关键词的网页后，立刻给出回应。此外，为了便于用户判断，除了网页标题和 URL 外，还会提供一段来自网页的摘要及其他信息。

（4）排名

排名其实是所有想要进行 SEO 的人最关心的，即为什么别人的搜索结果会排在前面。在提交搜索后，搜索引擎排序程序启动，从搜索数据库中找到所有包含搜索词的网页，并且按照排名算法来计算出哪些网页应该排在前面。

排名算法是一个非常复杂的过程，尽管从表面上看只需要零点几秒的时间，但其实需要实时从索引数据库中找到相关页面，实时计算相关性，并加入过滤算法，我们只要摸索出它的排名特征，就可以有效进行 SEO。

3）SEO 技巧

通过采用易于搜索引擎索引的合理手段，使网站对用户和搜索引擎更友好，从而被搜索引擎收录及优先排序，而 SEO 推广的起点是设计合适的关键词，索引的所有信息都是通过输入关键词来实现的。因此，关键词的设计是整个网店登录过程中最重要的一步，可很多人在设计关键词的过程中都自觉或不自觉地陷入这样那样的误区，绞尽脑汁，结果却常常不尽如人意。

（1）买家常用的搜索方式

① 产品名搜索。

产品名最好与产品类目词相同，而且要将产品的特征体现出来，与网上其他卖家的产品也不要相差太远。例如，一件 Disney 的米老鼠图案的哈衣，其产品名一定要包含哈衣（这是童装分类下的产品类目词）、Disney、米老鼠（这是代表该产品特征的关键词），这种搜索方式是刚来淘宝的买家最常用的，这部分买家一定会多逛几家卖相同产品的店，货比三家后才会下单。价格、网店装修、宝贝描述相符程度、评价服务态度等将是决定最后成交的重要因素。

② 功能词搜索。

功能词是指好评、人气、特价特卖、热销正品、促销赠品、包邮等词汇。这类买家最关注的点就体现在这些词汇上，当网店进行某些优惠活动或某款宝贝销售情况正火时，一定要在宝贝的标题中体现出它的特色。

③ 品牌名搜索。

搜索品牌名的买家，其买东西的目标很明确，一是为了便宜，二是为了方便。因此，大家在找到有竞争力的货源，并取得价格上的优势后，在网店中一定要及时标明自家宝贝身价，让买家放心购买。

④ 多次组合搜索。

例如，将品牌和功能词联合起来进行搜索，这类买家一般在网络上已经积累了一些购买经验。抓住这类买家要靠实打实的质量和服务，留住他们，就相当于留住了一个免费的好口碑，这比任何广告的效果都要好。

（2）关键词优化

① 注意属性和类目的精确性。

对于宝贝的类目和属性，有时选哪一个词都可以，但一定要保证属性和类目的精确性，类目要为热门类目，属性要填写被买家勾选最多或者搜索结果中竞争宝贝数量较少的属性。另外，宝贝的属性尽量都要填上。

② 确定主关键词。

主关键词是指能最准确地描述宝贝且能用来区分的关键词，一般的做法是，对这个宝贝进行全方位的分析（如属性、卖点、价格、可能的客户群等），确定它的主关键词，之后所有关键词的选取都要围绕这个主题来扩展。

③ 选取关键词。

在选取之前，最重要的是分析出这个产品的客户群，一定要以主关键词为中心，所有的长尾词都要围绕这个主关键词来分布，注意与宝贝的属性相对应，也要注意买家的特殊习惯，关于一些类目性不明的关键词的类目配比，要具体问题具体分析，有的时候，卖家还可以考虑添加一些英文词，如连衣裙 dress。

④ 建立品类关键词词库。

假如网店有多个卫衣款式的衣服，把所有与卫衣有关且符合网店宝贝的关键词找出来，做成表格，统计并计算各种数据，这个品类关键词词库在以后关键词替换优化和全店关键词布局中会经常用到。要注意的是，类目词有何关联热词也要加上，这样可以更好地和长尾词进行对比，此外还需要统计主要关键词往年变化曲线、对应的上下架提前展现时间。根据类目的不同，一个品类关键词词库中可能有几十个词，也可能有数百个词。

搜索引擎不断升级，如果卖家参加了对应的活动或在属性里正确填写了内容，则有些词即使不被添加到标题中也能被搜索到，如包邮打折、促销颜色（如白色）、全新（清仓部分）、材质（如毛线）、领型（如圆领）、腰型（如高腰）、风格（如通勤）等。部分类目若是天猫店默认正品，则像"专柜正品"这种词就不用加到标题上。不同类目甚至不同单价，哪些要不要加，都是不同的，最好用这些加类目词的词去搜索，看系统中有没有这些词。例如，如果商品是十几二十元的，而且是同行大多都不包邮的，那么可以把"特价包邮"放在标题最前面，这样对吸引人群是很有帮助的。

还要注意等效词，比如说搜索关键词"女士连衣裙"，搜索结果基本上会出现包含"连衣裙女"的关键词的宝贝，"女士"和"女"在女装类目中是等效的，以此类推，"女士羽绒服"和"羽绒服女"是等效的。但是，在搜索"连衣裙女"的时候包含"女士连衣裙"的宝贝不一定会出现，而出现在前几页更多的是只包含"连衣裙女"的关键词宝贝，而不是"女士连衣裙"的宝贝。因此，要注意不要重复加一些等效词，导致关键词重复，如果要用到这些词应该先进行相应的搜索分析。

⑤ 注意关键词的词频和词间距。

关键词的词频和词间距对搜索结果有很大的影响。因此，核心关键词出现一次即可，在标题上堆砌关键词或堆砌不相关的关键词，会降低权重。词间距逆向匹配给予的权重较高，词间距越近，近到完整匹配时，权重也比较高。比如，标题为"纯棉四件套 全棉斜纹床上用品"和"纯棉床上用品四件套"，在搜索"四件套纯棉"时权重越高，"四件套""纯棉"挨得越近时，即使第二名的销量和评价比第一名好，仍排在第一名的后面，因为标题没有起好。那什么才是好的标题呢？一般而言，好的标题要符合用户的习惯，能展示产品的核心属性，并且能引起人的购买欲望。标题中应含有品牌、型号、类别、关键属性、功能和别称等。

⑥ 提升商品权重。

在淘宝上，影响一个宝贝排名的主要因素有停留时长、跳失率、宝贝的搜索转化率、收藏率、好评率和描述评分、人气值、销量等。卖家可以注意以下几点：

a. 同一个旺旺ID一个月只计算一个收货人数，而且实际成交价格如果低于正常售价太多，此次交易会被减去，不参与销量排序和综合排序的销量权重。建议尽量采用返现的方式，减少因为实际成交过低带来的人气折扣损耗。也不要经常修改宝贝价格，尤其不要一次修改超过 10% 的价格。

b. 提高评价得分，特别是买家信用等级高的评价，字数越多，提到的好评内容越多，带来的权重越高。特别是移动端，只能看到一个评价，其中提到的产品质量、服务、物流等，越详细越容易被系统推荐上来。

c. 移动端的销量非常影响移动端的搜索排名，不管卖家是怎么引来的流量，只要属于移动端的成交，在移动端的综合排名就会成长很快。

d. 一个宝贝权重再高，在标题固定的情况下，流量总会有到顶的一天，所以后期当宝贝有销量、有大量好评时就要更换卖点，提炼可以顾及更多人群的卖点，比如从原来的碎花短裙转为雪纺短裙。

e. 提高主营占比。如果卖家店铺又卖鞋子又卖衣服，搜索权重肯定是要打折扣的，所以，要专精于一个大类目，这样才有利于引入搜索流量。特别是那些本身是虚拟物品类目的想转过来做实物的店铺，如果不把主营占比转换过来，是很难有搜索流量的。

f. 只有纯的单击率和转化率是不够的，还需要足够的基数。比如你的宝贝一天有 200 个访客，成交 5 单，对手的宝贝一天有 2 000 个访客，成交 30 单，在其他情况相同的条件下，对手的搜索权重仍然会高过你，原因很简单，即使你的宝贝也是一天 2 000 个访客，也未必能保证转化率在 1.5% 以上。有的时候对手转化率比你低，并不代表他就没有你好，因为转化率的对比需要放在同指数的关键词下面才有意义，也就是说，对手的主要索引关键词是百万级搜索指数的，而你的是十万级的，就算对手的转化率不如你，也不代表其权重比你小。除了搜索转化率外，影响排名的还有搜索总成交金额，谁卖得多，买家一般会更愿意在那家买，搜索引擎也是这样想的。

g. 提升店铺权重。

在淘宝中，影响店铺权重的主要有全店动销率、平均退款时长、退款率、是否作弊、访问深度、老客户浏览占比、老客户购买占比、服务质量反馈、退货原因等，分析一下自己在这些方面哪里做得不够好，优先着手进行优化。

尽量在第一时间处理退款。卖家因为买家申请退款而不高兴，故意拖着不处理，这样做其实最后吃亏的是卖家。宝贝初期的几个评价是非常重要的，不管是返现还是其他方法，都要保证操作起来的爆款前几个评价都是优质的，因为前期评价少，如果有两三个差评，那就是 5% 的差评率，淘宝就会觉得你这个宝贝质量不好或店铺服务不行。如果后期有上千个评价，十来个差评就不会有太大的影响。

注意，淘宝的宝贝权重是高过店铺权重的。如果你的店铺整体权重比某个竞争对手高 30%，但对手那个和你竞争的宝贝权重比你高 30%，那实际排名时，对手的排名会在你的前面。同理，关键词权重会高过宝贝权重。有些店铺虽然服务一团糟，评分三项飘绿，但店里的宝贝常年排在第一页，就是因为其宝贝点击率和转化率远高过同行。

新品的排名前期主要依靠店铺权重，大家都是新品，没有点击转化数据，淘宝如何安排每天这么多新品的排名，就是根据店铺权重。店铺优质，新上架的宝贝起得就快。新品上架时，都会有一个比平均人气高些的初始人气值，所以新品容易获得流量，但如果接下来的展现机会没能抓住买家的心，点击率和停留时长等数据不好，就会慢慢消耗新品权重，而最终从搜索结果中消失。所以，做好前期工作对新品推广很重要。

（3）竞价排名

在搜索引擎中，排名主要有两大类，即自然排名和竞价排名。SEO 排名就是自然排名，竞价排名是指按照搜索引擎既定规则分析后得到的排名，也就是通常所说的通过优化而得到的排名。具体来说，竞价排名的最基本特点是按点击付费，有用户点击，就需要付相关费用，如果没有用户点击，就不收取费用。

打开搜索引擎，左侧部分就是竞价排名和 SEO 排名。竞价排名位于 SEO 排名的上面。这是按照人们的搜索习惯设置的，毕竟人们习惯点击最前面的那些网页，由于 SEO 排名是在竞价排名的下面，因此流量可能相对较少。

竞价排名是需要很多费用的，从这方面考虑，中小企业不适合长期投入。综合考虑性价比、费用成效等因素，SEO 排名服务，先期投入不大，后期维持的费用相对前期投入更低，所以同样的投入能维持的效果更好。

另外，必须强调的是，SEO 并不是任何的关键词都能百分之百地优化到首页，所以也存在一定的风险，这个风险就在于可能关键词优化不上来且又耽误了时间。具体的原因是多方面的，包括搜索引擎算法的大调整变动、优化手法的运用不当等。

竞价排名比较简单，只需要在搜索引擎上开通一个竞价账户，然后进行充值，这样就可以在你想要的关键词上出价，只要你的出价高于竞争对手，那么你的关键词就会更靠前。靠前的位置是指搜索引擎的顶部广告位，在自然搜索结果排名上面。

竞价排名的优势在于只要出价高于同行对手，那么关键词就能马上出现在排名靠前的位置，不用像 SEO 一样还需要优化周期。那么它的劣势呢？由于竞价排名是通过点击付费的，所以就存在同行恶意点击和无效单击的情况，这样一来，即使出了钱也不一定能形成有效的客户转化率。

总的来说，从长远的角度看，SEO 是获取客户资源的不二之选，但如果需要在短期内见到效益，那么竞价排名也是不错的选择。店铺在有条件的情况下，可以两者同时操作。

① 在操作 SEO 时，因为技术和资源方面的限制，不可能无限选择关键词，只能挑选那些主要的关键词进行优化。而在做竞价排名时，不需要考虑关键词的数量问题，只要是与产品有关的词，就可以全部选择，因为竞价排名的特点是不点击不要钱。

② 在做 SEO 时，还要考虑竞争问题。对于一些大词，是很难优化上去的，可以考虑用竞价排名的方式去获取排名。

实训 13　站外推广案例实践

实训目的：通过实训使学生掌握站外推广的 SEO 优化技巧。

实训内容：以小组（4~6 人为一组）为单位，选定一家店铺进行关键词优化，店铺可以是学生正在运营的，也可以是新开的。

要求如下：

（1）利用网上商城平台提供的软件进行检测对比。

（2）以 PPT 的形式说明并提交结果。

项目七

网店客服

学习目标

[知识目标]
（1）了解客服工作的分类和基本要求。
（2）熟悉并掌握千牛工作台的设置和操作方法。

[技能目标]
（1）掌握售前客服的工作流程和沟通技巧。
（2）掌握售后客服的工作流程和沟通技巧。

任务1　售前客户服务

网店客服工作主要包括售前工作、售后工作及相关客户服务，可以分为售前客户服务（简称售前客服）、售中客户服务（简称售中客服）和售后客户服务（简称售后客服）。售前客服的主要工作内容包括解答客户问题、引导客户、产品推荐、跟单和订单备注工作；售中客服主要负责订单的处理工作，包括对商品信息和收货人信息的审单工作；售后客服主要负责处理订单的退换货、查单跟单、维护评价和客户回访与维护工作。一般将售中工作和售后工作放在一起后统一交给售后客服去完成。客户服务工作看似一个简单的工作，但是要出色地完成这项工作，也需要满足一定的要求。

客户服务工作的基本要求包括具备一定的打字速度，熟悉淘宝的基本操作，服务贴心、细心、耐心，对产品知识有一定的了解，熟悉客户的心理，掌握沟通技巧，巧用快捷键、快捷语及旺旺表情。

1. 千牛工具的使用

千牛工作台由阿里巴巴集团官方出品，对淘宝卖家和天猫卖家均适用。它包含卖家工作台、消息中心、阿里旺旺、量子恒道、订单管理、商品管理等主要功能。千牛工作台目前有两个版本，即计算机版和手机版，其下载页面如图7-1所示。

使用千牛谈生意

图 7-1　千牛卖家工作台下载页面

1）设置快捷短语

为了提升客服工作效率，客服可以事先将买家可能问的问题设置成快捷短语。当回复买家提出的相关问题时，客服无须打字，直接通过快捷短语回复，可以大大提高客服的工作效率。设置快捷短语的窗口如图 7-2 所示。

图 7-2　设置快捷短语

2）设置自动回复

当客服由于各种原因暂时不在计算机旁边无法及时回复买家问题时，可以设置自动回复，让买家知道店铺客服暂时离开，如图 7-3 所示。同时，也可以将买家可能问的问题逐一列入，或者将店铺最近参加的活动或主推的产品链接放入自动回复中，以便及时回复客户，防止客户流失。

3）千牛辅助功能

通过千牛工作台可以加好友、设置表情、设置文字、创建旺旺群等，如图 7-4 所示。

千牛常用设置

项目七 网店客服

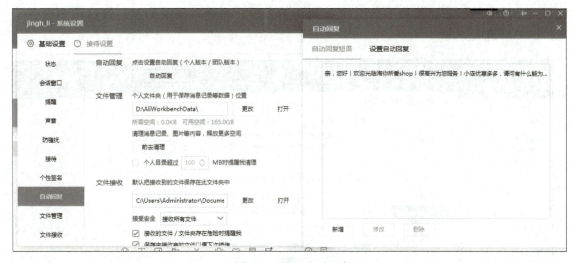

图 7-3 设置自动回复

图 7-4 创建旺旺群

下载并安装千牛

（1）客服接待量设置和转交客户

对于一些发货量较大的店铺，客服的接待压力往往较大，因此，为了缓解客服的接待压力，可以通过单击"客服设置""接待中心"选项，在"接待中心设置"界面中设置客户接待数量，如图 7-5 所示。如果接待已经超负荷或者要交接班了，客服可以单击右上角的"电话挂起"标志，而不再服务，这样再有新客户来咨询，系统会自动地把客户分配到其他客服那里；也可以通过转发消息给其他团队成员来缓解自己的工作压力或实现工作交接。

（2）设置子账号

子账号是淘宝网为了方便卖家对店铺进行高效管理而开辟的子账号系统。卖家可以根据店铺人员分工不同，在主账号下设置不同的分账号，并设置相应的权限，提高工作效率。尤其是客服，高峰时可以分流，提高用户服务满意度。

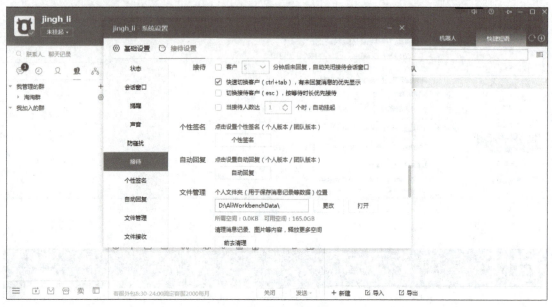

图 7-5　设置客服接待量

根据店铺的级别不同，淘宝网给予卖家的子账号数量也不同。如果免费提供的子账号不够用，那么还可以付费开辟更多的新子账号。操作步骤为：打开"卖家中心"的"店铺管理"，选择"子账号设置"按钮，或者在"千牛工作台"的"员工管理"界面进行设置。子账号管理平台如图 7-6 所示。

图 7-6　子账号管理平台

另外，子账号管理可以设置分工权限。卖家可以通过修改权限设置来对相应的工作人员操作内容进行调整，如图 7-7 所示。

子账号设置完毕并运营后，店铺运营人员可以通过监控查询栏目来查看各个子账号的操作行为、聊天记录等情况。通过监控反馈员工的工作情况,及时发现值得改进的地方,从而提升工作效率。

图 7-7　设置分工权限

2. 售前工作内容

1)迎接顾客

售前客服每天要接待大量的客户,大部分客户会主动联系客服。客服接待顾客用语如表 7-1 所示。

表 7-1　客服接待顾客用语

买家首句常用语	客服对应的回复
您好	亲,您好!
店家,在吗?	您好,亲,在的。
请问这款产品有货吗?	亲,您好,请问您需要多少?
包邮(有赠品)吗?	亲,我们现在是满××包邮(有赠品)的哦。
价格还可以优惠吗?	亲,我们现在是满××元,立减××元哦。
亲,你好,你们用什么快递?	亲,您好,我们默认发汇通快递哦,亲对快递有什么要求吗?
……	……

对于首次咨询的买家，客服要做到热情接待、快速响应。快速回答买家的疑问可以让买家感受到客服对自己的在意与重视。长时间的无响应，一般都会导致买家流失。

2）产品推荐

除了少部分买家有比较明确的购买目标外，大部分买家的购买目标并不是很明确，因此，客服的推荐就显得非常重要。一名优秀的客服应能够通过提问或倾听买家的需求而有针对性地向买家推荐产品。客服通过向买家提问可以了解其对产品、喜好等方面的需求，尽量缩小买家的需求范围，推荐接近需求的产品。例如，客服可以问："要给您配件裙子吗？""您好，请问亲是什么类型的肤质？"同时要根据买家的反馈优化推荐。

[产品推荐案例]

买家：店家，我想做蛋糕，都应该买什么原材料？

卖家：亲，请问您是想烘焙的还是免烘焙的呢？

买家：使用烤箱来做，要烘焙。

卖家：嗯，好的，亲是想做单纯奶油的还是有水果口味的？

买家：纯奶油的就可以，简单一点儿的就行。

卖家：好的，亲，这里建议您购买低筋粉1袋、淡奶油1盒、细砂糖1袋，还需要几个鲜鸡蛋，亲自行准备就可以了。

买家：这个蛋糕是给家里老人吃的，不能含糖。

卖家：这样呀，那么亲把砂糖改为木糖醇吧，会有甜味，但不会影响血糖，老人完全可以食用。

买家：哦，好的。你家有蜡烛、切刀和帽子吗？

卖家：嗯。亲，这些东西店里都有哦，我把链接发给您。

买家：谢谢！

3）处理疑虑

由于网上同类产品的店铺众多，客户在选购产品时往往会有很多疑虑，包括对产品质量、产品价格、产品功效、使用快递、交易保障等的疑虑。

[处理疑虑案例]

买家：你家类似的款式在别家要便宜些呢。

客服：本店是品牌旗舰店哦，所有商品质量上乘，而且我们采用环保工艺，不仅色牢度高，而且对皮肤没有刺激哦。

买家：那价格为什么会高这么多呢？

客服：亲，夏天的衣服都是贴身穿，如果掉色就很尴尬了。所以染色工艺好的话，衣服能长久鲜艳，而且对皮肤无刺激。为了漂亮和自己的身体健康，还是要选择优质工艺的卖家呢。

买家：嗯，这款衣服的颜色的确不错哦。

买家：买这么多，给我打点折呗。

> 客服：您的订单金额为158元，可以享受包邮的优惠哦。
> 买家：再多优惠点呗，买了这么多次了呢。
> 客服：我们还会随包裹赠送您一份小礼物，以感谢您对我们的信任与支持。不过很抱歉，价格也只能是这样了，您是我们的老顾客，对我们的产品质量也很了解了，我们产品的性价比是很高的，对吧？而且作为一名客服，我的权限也只有这么多了，还请您谅解呢。

客服针对买家的疑虑可以重点向买家传达利益点，包括产品特点、自身优势和买家利益。产品特点主要包括产品的卖点、产品的属性及产品的用法等；自身优势包括与竞品相比，人无我有，人有我优。买家利益主要包括产品的优势、对买家有什么好处。

消除买家的疑虑以后，双方就可以达成共识了，达成共识以后，双方就可以按照约定的价格成交，在所购买商品无议价的情况下，可以给予买家赠品、优惠券等优惠。

在订单形成以后，客服要及时向买家核对信息，包括确认产品的名称和购买数量，确认地址信息和买家的特殊要求（如发什么快递、派送时效等）。对于买家的特殊要求，要及时加以备注，以免仓库发货人员忘记。

为了提高客单价，售前客服要根据买家的需求，有针对性地向客户推荐关联产品，具体流程为：确定关联类型、选择关联产品、向买家陈述关联理由、发送产品链接。

关联类型包括同类商品的关联（替代式）、爆款商品间的关联（潜在式）、功能商品间的关联（延展式）和搭配商品间的关联（互补式）。

4）服务咨询

售前客服针对客户在交易操作中存在的问题（如打不开链接、无法付款、如何使用优惠券等）要及时解答，对于物流问题、店铺规定及初级的售后问题也要及时解答。如对于物流问题，一般要告知客户物流名称、物流时效和物流保障。店铺规定主要包括店铺的会员制度、店铺的活动规则等。

5）告别客户

为了能让客户有个好的购买体验，无论是否成交，都要向客户进行告别，告别也有很多种方式，好的告别方式会给客户好的购买体验，也会增强客户对店铺的信赖。

> [告别话术]
> 非常高兴为您服务，期待您下次光临！
> 谢谢您对我们工作的支持，祝您生活愉快！
> 希望您喜欢我们的商品，有任何问题请随时和我们联系。
> 最后再次为我们的工作失误向您道歉，谢谢您对我们工作的理解和支持，预祝我们下次合作愉快！
> 亲，和您聊天真开心，有空儿就来店里看看，我们每周都有新款上架，有看中的就和我说，随时为您效劳。

在客户告别的时候还可以加客户为好友，让客户收藏店铺，以使客户下次能够找到该店铺。

[加好友加收藏案例]
买家：已付款，请尽快发货。
市××区××路××号，姓名：×××，亲，请对一下您的收货信息，看是否有需要修改的地方。收货人地址：××××××××，电话：××××××××××××。
买家：没有问题，信息是对的。
客服：非常感谢您的光临，为了便于随时解答您的问题，我添加亲为好友。另外您可以收藏我们的店铺，以便随时了解我们的优惠活动及上新。
买家：好的，已经添加了。
客服：谢谢您的关注，亲如果对我们的产品和服务满意，请记得给5分好评哦！

6）收集信息

售前客服每天要接待大量的客户，如果不对这些客户进行分类和整理，这些客户就只能给卖家创造一次价值。因此，售前客服要对进店咨询的客户进行分类和整理，以便为客户维护提供基础。

任务2 售后客户服务

客户付款完毕并不代表客服工作的结束，客户从进店到完成付款的过程称为售前服务，付款之后到使用产品的整个过程称为售后服务。售后服务的环节比售前服务更加复杂，而且是考验客服综合素质的重要环节。从付款完成到卖家发货，再到收到商品，客户无外乎有两种反应：一种是满意；另一种是不满意。作为售后客服，其主要的工作就是处理客户的不满意。如何使满意的客户更加满意，进而使其成为忠实的客户，以及使不满意的客户感觉到满意并使其成为长期客户，是售后客服的主要工作。

1. 订单处理

客户付款以后可能会出现催单、查单、退换货、退款等情况，此时售后客服应做好客户服务工作，尽可能快速、高效地满足客户的需求。

1）催单和查单

客户付款以后非常关心的就是卖家能否快速发货，如果卖家没有按照约定的时间发货，客户可能催促卖家尽快发货，甚至个别客户可能会发起投诉。针对这些情形，客服应尽可能地保证所有的订单在预定的时间内发货。如果由于特殊原因没有发货，那么客服一定要与客户主动沟通说明原因，必要时可以给予客户一定的补偿。

当客户提出查单需求时，客服要快速反应，减轻客户的焦虑度，同时要注意热情、主动、耐心地解答；当快递出现意外情况（如爆仓等）时，客服要及时告知客户。

[单查件案例]
客户：在吗？我的东西怎么还没收到？好多天了。
客服：亲，请稍等，我这就为您查件。（后台查询订单及物流情况……）
客服：亲，我查了一下，您的包裹当天就发出了，是××快递，单号为××××××，我打电话给快递公司催件，让他们尽快派送，非常抱歉，给您添麻烦了！物流显示包裹已经到当地了。我现在马上打电话给快递公司催件，稍后告诉您处理结果。
（联系快递公司业务员，催件……）
客服：亲，久等了，刚查过了，包裹确实早就到您那儿了，但是过年快递物流都爆仓，导致送货不及时，我已经帮亲催过了。

2）退换货及退款

客户收到商品以后对商品不满意，原因大致有两个：一个是质量问题；另一个是非质量问题。如果是质量问题，客服要求客户提供照片，待确认属于产品质量问题以后，做出退货或换货的决定，客户提出退货申请并按照客服提供的退货地址将商品退回，卖家收到货以后审核无误并做出退款或重新发货的决定。如果是非质量问题，如快递无法派送，客户已经不需要本产品了；若客户还没有收到货，可以让客户拒收；如果已经收到货了，则按照七天无理由退换货的方式处理。退换货流程如图7-8所示。

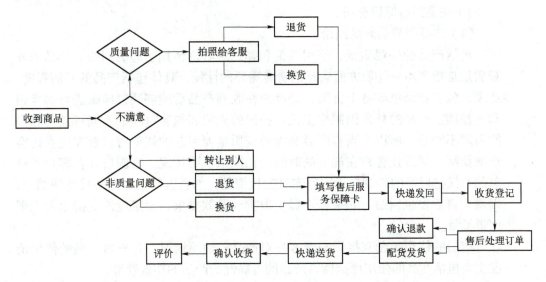

图7-8 退换货处理流程

当客户提出退款或退货申请时，客服的处理流程为：客户申请退款或退货，客服可以选择同意或拒绝。如果同意，有两种处理情形：一种是同意退款申请；另一种是同意退货申请。如果是同意退款申请，则直接退款给客户。如果是同意退货申请，有两种情形：一种是未发货，直接退款给客户；另一种是已经发货。已发货也有两种情形；一种是客户已经收到货；另一种是客户还没有收到货。如果已经收到货，客户需要向卖家退货并填写物流信息，卖家收到退货后给客户退款。如果客户没有收到货，客服可以通知客户拒收，等快递自动退回以后再退款给客户。如果客服针对客户的退款或退货选择拒绝的话，先根据实际情况选择拒绝理由，再与客户进行沟通。退款或退货处理流程如图7-9所示。

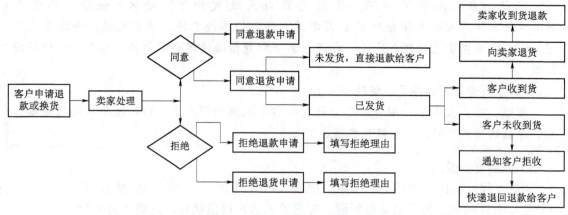

图7-9　退款或退货处理流程

2. 交易纠纷处理

所谓交易纠纷，是指买卖双方在购物过程中因各种原因而产生的分歧。售后客服需要对这些交易纠纷（如客户投诉、退换货要求等）进行处理。

1）交易纠纷原因分析

（1）产品质量引起的纠纷

包括产品的外观质量、使用质量和客户的心理预期引起的纠纷。产品的外观质量是指产品在外形方面满足消费者需要的性能，具体包括产品的光洁程度、造型、包装和颜色等各个方面，是客户在收到产品后能够通过肉眼进行感官识别的性能。产品的外形因制作工艺、拍照的光线和包装材料的不同可能与客户的需求不吻合，所以，当客服遇到因外观质量而引起的纠纷时，首先应安抚客户的情绪，然后让客户在规定的时间内拍照来说明情况。客服应该在客户下订单的时候把可能的外观质量问题向其交代清楚，如色差问题、产品尺寸问题等，以避免售后发生纠纷。如果客户提出退货或退款要求，卖家应该支持七天无理由退换货。

产品的使用质量直接影响着客户对产品的使用情况。客户对产品的使用情况主要包括产品的使用便捷性、产品的可靠性、产品的功效性等。

对于因为产品的使用质量而引起的纠纷，客服要尽可能地满足客户的需要，倾听客户的抱怨和意见，在客户购买阶段要尽可能降低客户对产品质量的心理预期。在纠纷发生之后，客服要让客户提供图片，在向客户解释的时候尽可能不要用"一定""肯定"等绝对性的词语。

（2）产品价格引起的纠纷

价格是客户在整个交易过程中非常关注的内容，如果客户刚买的商品突然降价，而且降价的幅度比较大，那么客户肯定会觉得被"坑"了，觉得卖家不诚信。因此对于卖家来说，价格变动不能太频繁。如果参加活动需要降价，则要在店铺的醒目位置将活动名称、活动时间标注清楚，在活动结束以后，要立刻恢复原来的价格。如果商品价格变动的时间差异很短，且客户没办法接受，客服需要通过赠送小礼品的方式进行适当的补偿，以尽量减少客户的不满。

（3）物流因素引起的纠纷

在售前客服将商品成功地销售给客户，客户拍单、付款之后，商品便进入物流环节，然后由售后部门确定订单、打包发货，在这个过程中，快递公司的操作是网店无法控制的，所以很多纠纷都是由物流因素引起的。物流因素引起的纠纷主要包括发货延迟、物流过慢和货物有破损。

（4）货源因素引起的纠纷

客户在付款以后，当得知自己所买的商品没有货时，会很不满意，为了避免引起客户的不满情绪，首先要及时将缺货的产品下架，以免其他客户购买；同时，要第一时间告知已购买产品的客户缺货，在征得客户允许的情况下，向客户退款或延长发货时间。

2）交易纠纷处理

针对不同的交易纠纷，虽然所采用的处理方式不一样，但是处理的流程大致是一样的，即安抚情绪—了解情况—协商解决方案—执行解决方案。

（1）安抚情绪

无论是产品质量问题引起的纠纷还是其他原因引起的纠纷，首先要对客户反映的问题做出快速反应，认真倾听客户的不满。

（2）了解情况

对于客户反映的问题要认真倾听，分析引起纠纷的原因并采用相应的解决方案。

（3）协商解决方案

针对不同的纠纷，可以采取不同的解决方案。主要的解决方案有退款、优惠补偿和退换货。

（4）执行解决方案

按照买卖双方达成的协议，卖家开始执行解决方案，方案的执行一定要站在客户的角度，尽可能让客户满意。

交易纠纷的处理技巧及预防措施见表7-2。

3. 维权申诉

在交易过程中会碰到一些不讲理的客户，对于因一些不合理要求而发起的投诉，客服也要做好维权和申诉工作。

在客户发起了售后或投诉之后，不用慌张，要主动与客户沟通。如果沟通不成功，可以进入申诉流程。申诉首先要收集证据，客服要做好旺旺聊天截图、物流信息拍照或截图及其他证据的搜集准备工作；同时客服还要查找规则，寻找与投诉内容相关的规则，进而申诉。

表 7-2　交易纠纷的处理技巧及预防措施

	原因分析	处理技巧	预防措施
物流因素	瑕疵品出库	按规定给予退换	设立产品出库检验专员
	包装防破损措施不够	与客户协商退部分款	加强产品防破损措施
	物流公司野蛮操作	向物流公司索赔	保价、协商索赔流程 考察、选择好的物流
	店铺原因延迟发货	核查问题、催件	掌握发货工作强度及流程，确保正常发货
	客户地址信息不详或错误	退回补发或通知物流改地址	销售时和客户核对地址
	物流公司延迟送货	协助客户联系物流公司	制定延迟到货赔偿制度
产品问题	产品质量不过关	让客户提供图片或证明，予以退换货或退款	严把进货质量关
	客户对产品有误解	向客户解释产品的特性	对容易误会之处在商品描述中和销售时强调说明
	客户使用方式不当	向客户说明问题为使用不当造成	对容易造成使用不当的问题提前预警
	产品描述夸大了产品信息	按照店铺规定退换货	禁止客服夸大产品信息
服务问题	员工工作态度问题	复查聊天记录、服务过程	增强服务意识
	员工工作方法问题	找出问题，了解买家想法	训练工作技巧
	客户借故想退换货	灵活处理，避免纠纷	

4. 管理评价

好评率是网店能够持续向上发展的动力，根据淘宝网的数据统计，在购物前浏览查看商品评论的顾客占全网购物人数的 89% 左右，因为客户希望通过其他购买者的信息反馈得到一个对商品服务完整的认识。因此，如何管理客户评价，对客服来说是一项重要的工作。对任何卖家来说都无法保证 100% 的好评，当出现中、差评的时候，也不要太过紧张。当出现中、差评时，客服首先要和客户及时沟通，可以通过给予一定的补偿来让客户修改评价；如果客户不愿意修改评价，客服也要做好评价的解释工作。

5. 客户关系维护

客户关系维护是客服对已经建立的客户关系的维护，使顾客不断地购买网店的产品。在竞争日益激烈的电子商务大环境下，客户成为网店发展所必备的重要资源，对客户关系的维护成了客服工作的重要内容。客户关系维护包括提升回头率、提升 DSR、提高客单价及提高流量价值等。

维护客户关系的方法如下：

首先，做好客户基本信息的数据收集，包括客户的姓名、性别、联系方式、生日、特殊纪念日等。

其次，根据客户的基本信息建立完整的客户资料库。

最后，按照客户的级别和喜好对客户进行分组管理。

同时，要定期通过电话、千牛短信等方式回访客户，将店铺的活动信息及时告知客户。

实训 14　客服订单处理

实训目的：通过技能实训使学生掌握千牛工具的使用方法，掌握售后的处理技巧。

实训内容：

（1）通过千牛平台设置快捷短语、自动回复、子账号及其他辅助功能。填写表7-3。

表7-3　千牛工具的使用

名称	操作流程	设置内容
快捷短语		
自动回复		
子账号		
辅助功能		

（2）以小组为单位，讨论以下情境怎么处理：

A客户当天8：50在店铺里拍了一件价值50元的商品，客服承诺24小时内发货，但由于当日停电了，发货员小李没有及时发货。客服于第二天早上9：30将物流信息设置为已发货状态，可是A客户在当天下午4：00就申请了退款，退款的理由是未按约定时间发货。如果你是客服人员，该如何处理这笔退款订单？将处理的流程写在表7-4中。

表7-4　售后客服的处理技巧

买家昵称	处理时间	购买商品	退款原因	处理方案	顾客满意度

项目八

店铺日常管理

学习目标

[知识目标]
（1）了解店内数据分析的方法。
（2）熟悉生意参谋软件的基本功能。
（3）了解不同的包装方法。
（4）熟悉不同的快递和物流。

[技能目标]
（1）能够利用生意参谋软件进行流量分析、商品分析、交易分析、服务质量分析和物流分析。
（2）能够利用生意参谋软件进行市场行情分析。
（3）能够选择不同的包装材料并对具体的产品进行包装。
（4）掌握库存管理方法。

任务1　数据分析

1. 店内数据分析

网上开店的主要目的是盈利，而盈利又与店铺的营业额挂钩，如果营业额下滑了，那么必然是访客数转化率或者客单价出现了问题，因为营业额=访客数×转化率×客单价。所以，一个店铺首要的问题就是营业额，其次就是访客数转化率或者客单价。

1）流量分析

流量分析提供了全店的流量概况、流量地图（包括流量的来源和去向）、访客、装修等特征分析，可以帮助卖家快速盘清流量的来龙去脉，在识别访客特征的同时了解访客在店铺页面上的点击行为，从而评估店铺的引流、装修等健康度，帮助卖家更好地进行流量管理和转化。

（1）流量概况分析

进入"卖家中心"—"营销中心"—"生意参谋"页面，单击上部的"流量"选项，在左侧的"流量分析"栏中单击"流量概况"选项，卖家通过流量概况可以分析店铺的流量总览、流量趋势、流量来源排行、访客行为和访客特征，如图8-1所示。

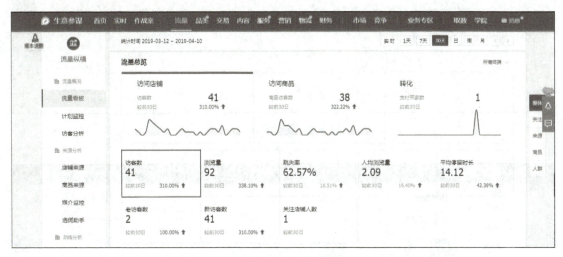

图8-1　流量概况

卖家通过流量总览可以看到最近1天、7天、30天的访客数、浏览量、跳失率、人均浏览量和平均停留时长等指标；同时，还可以采用全部、PC端、无线端三种方式来查看这几个指标。通过分析，可以知道这些指标在某个时间段较上个时间段是上升还是下降了。卖家通过这些指标的变化来分析店铺的运营状况。

通过生意参谋软件还可以分析某个时段的流量趋势，把访客数、浏览量和跳失率等指标与同行平均指标和同行优秀指标进行比较，从图8-1可以看出，此店铺有一定的浏览量，但店铺的跳失率高，说明该店铺在宝贝详情页方面需要优化。

（2）流量地图分析

流量地图主要分析店铺的流量来源、店内路径和流量去向，同时可以对PC端和无线端进行分析。其中，流量来源主要分析店铺的流量构成和同行的流量构成，通过该功能可以了解店铺的主要流量分布，通过分析这些数据可以明确店铺的流量构成是否合理，如图8-2所示。店内路径主要分析客户从店内某个页面流向某个页面的比例，如从商品分类页流向店铺首页和商品详情页等页面的比例，如图8-3所示。

（3）访客分析

访客分析主要包括访客分布分析和访客对比分析。

① 访客分布分析。

访客分布分析主要包括时段分布分析（图8-4）、特征分布分析（图8-5）和行为分布分析等，其中，通过访客的时段分布分析可以明确店铺访客数量最多的时间段，为宝贝的上下架、直通车时段设置等提供依据。

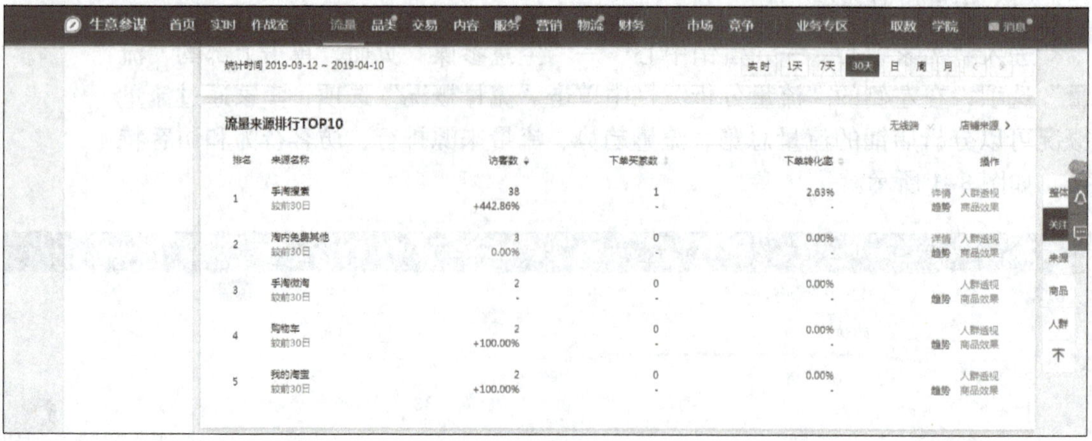

图 8-2　流量来源

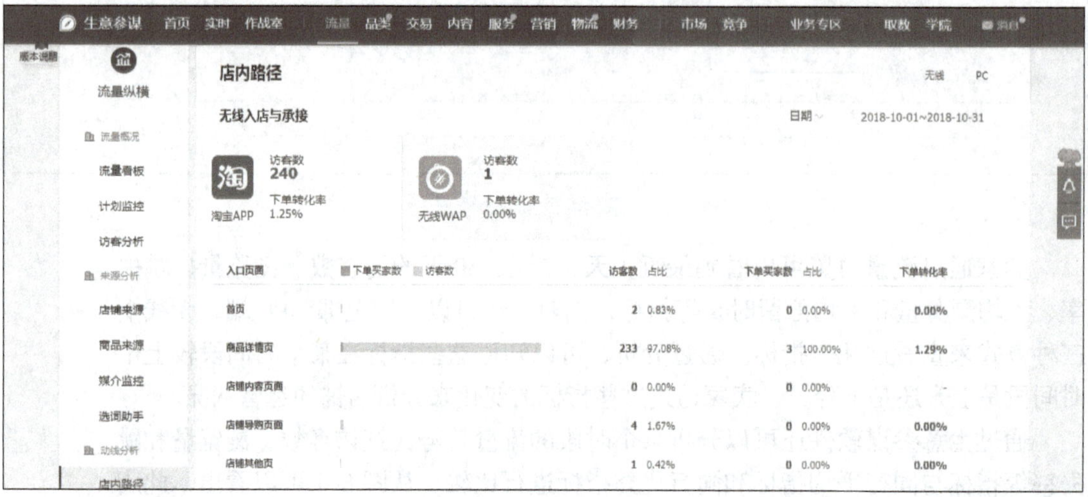

图 8-3　店内路径分析

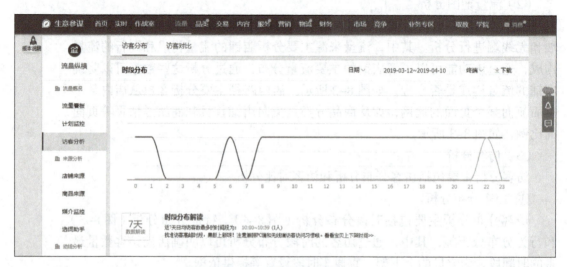

图 8-4　时段分布分析

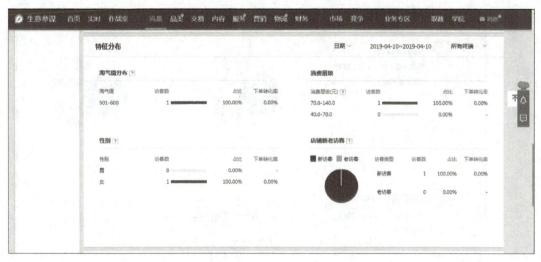

图 8-5 特征分布分析

② 访客对比分析。

通过访客对比功能可以对消费层级、性别、年龄、地域、营销偏好和关键词进行对比分析，如图 8-6~图 8-8 所示。

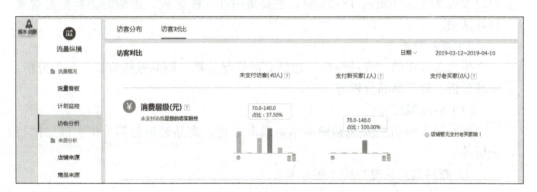

图 8-6 消费层级分析

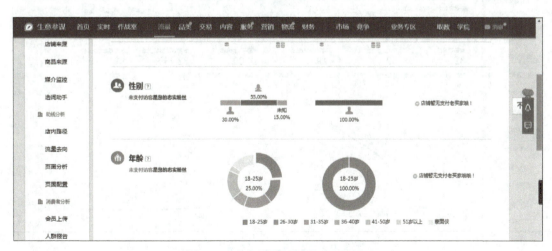

图 8-7 访客性别、年龄对比分析

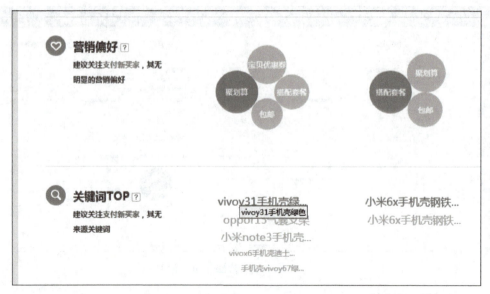

图 8-8 营销偏好、关键词对比分析

通过图 8-6~图 8-8 可以分析出该店的消费层级主要集中在 70~140 元，客户以女性为主，年龄在 18~25 岁，主要集中在江浙区域，店铺的访客更喜欢聚划算活动。

2）商品分析

生意参谋中的"商品分析"包括商品概况分析、商品效果分析、分类分析、单品分析、异常商品分析等。

（1）商品概况分析

商品概况分析主要包括商品信息总况分析、商品销售趋势分析、商品排行分析等。

① 商品信息总况分析（图 8-9）。

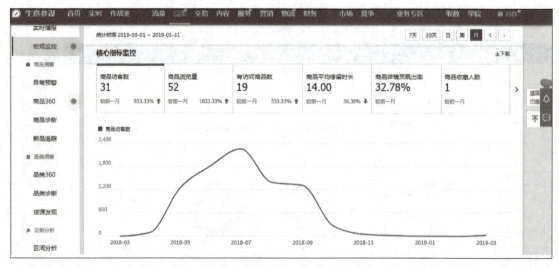

图 8-9 商品信息总况分析

图 8-9 所示为近一个月的流量、访问质量和转化效果。从图 8-9 中可以看出，该店的流量和转化效果较前一月有所增长，但商品平均停留时长较之前有所下降，商品收藏人数过少，需要优化。

② 商品销售趋势分析。

通过选择不同的终端和不同指标（商品访客数、商品浏览量、有访问商品数、商品平均停留时长、商品详情页跳出率、商品收藏人数）来分析某个时间段店铺的商品销售趋势，从而进一步了解店铺存在的问题，如图 8-10 所示。

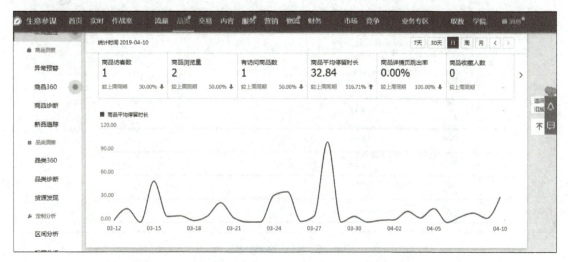

图 8-10 "商品平均停留时长"指标下的商品销售趋势分析

③ 商品排行分析。

商品排行主要通过访客数、支付金额数和支付转化率确定排名，可以分析店铺哪种商品可以打造为爆款，如图 8-11 所示。

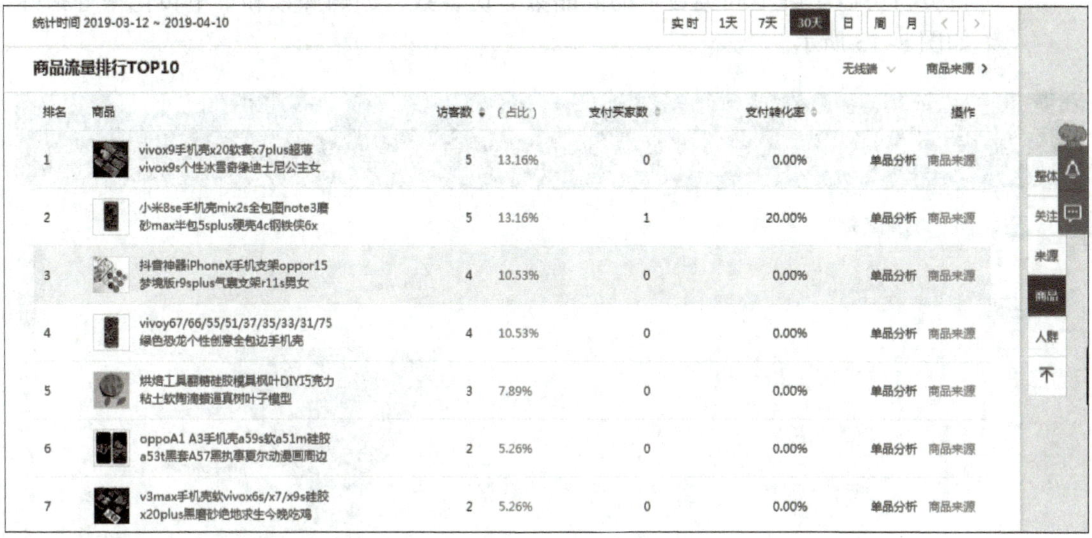

图 8-11 商品排行 TOP10

（2）商品效果分析

商品效果分析主要包括商品访客数、商品加购件数、支付件数、支付金额、支付转换率等指标分析，通过对这些指标的分析，可以了解店铺商品的整体情况。如图8-12所示，店铺一个月的经营状况不佳，商品的各指标偏低，说明这个月并没有经营店铺，引流和营销效果差。

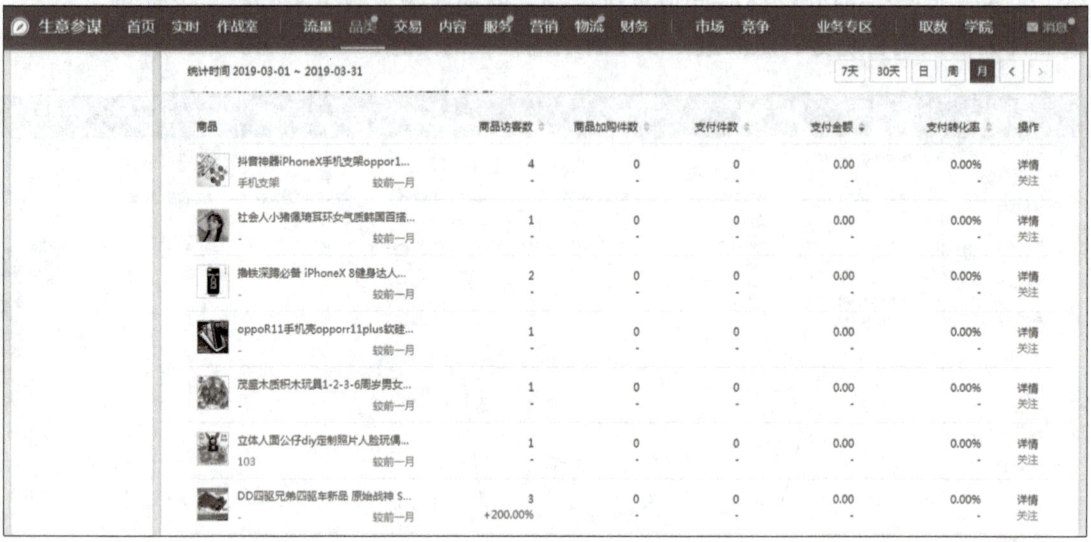

图8-12　商品效果分析

（3）分类分析

分类分析主要包括自定义分类分析和商品类目分析。自定义分类是店铺内部的产品分类，便于买家找到所需要的商品。通过自定义分类分析可以了解不同分类下的商品数、访客数、引导点击转化率和引导支付转化率。通过商品类目分析可以了解不同类目下的商品数、访客数、加购件数和下单转化率等指标，如图8-13所示。

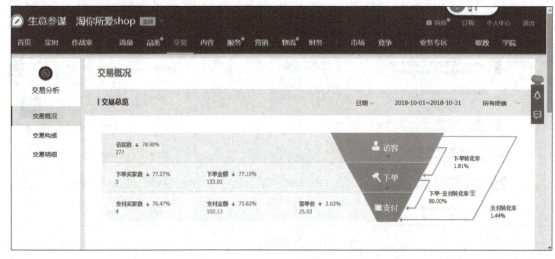

图8-13　商品类目分析

（4）单品分析

打开"生意参谋"里的"商品360"选项，通过单品分析可以清楚地对店铺中的每一种商品进行诊断分析，从销售、价格、库存、流量、内容、客群、连带、服务及竞品这几个指标进行分析，使得卖家可以清楚地了解商品的变化趋势、掌握市场规律、迎合变化和提高转化率，如图8-14所示。

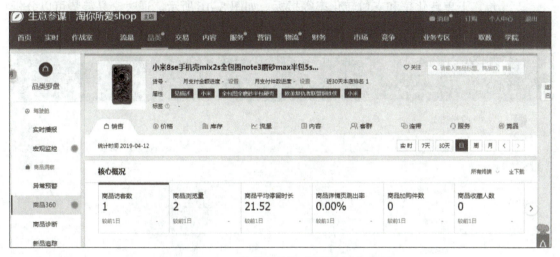

图8-14　某种商品的"商品360"界面

（5）异常商品分析

在升级后的界面中，异常商品分析在"异常预警"选项中。卖家通过异常商品分析可以筛选出流量下跌、转化率低、跳出率高、零支付和低库存的商品，并找出异常的原因，以采取相应的措施优化商品，如图8-15所示。

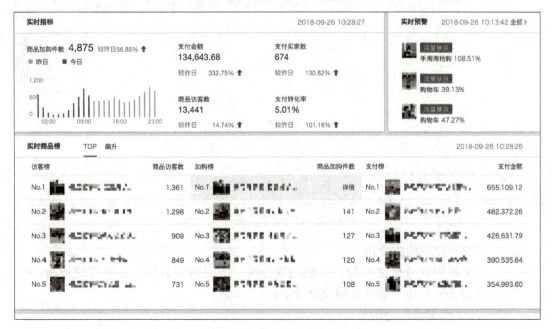

图8-15　商品实时预警页面

3)交易分析

交易分析主要包括交易概况分析和交易构成分析等。

（1）交易概况分析

交易概况分析包括交易总览分析和交易趋势分析，通过交易总览可以统计每个时间段的访客数、下单买家数、下单金额、支付买家数、支付金额、客单价、下单转化率和支付转化率等指标，如图8-16所示。通过交易趋势可以分析不同指标下的发展趋势，如图8-17所示。

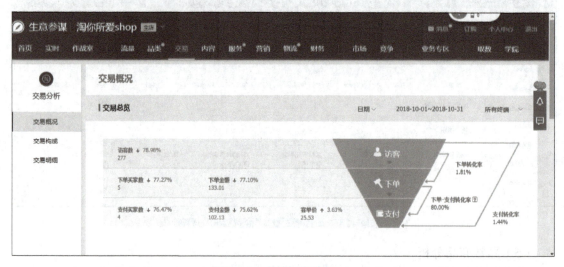

图8-16 交易概况分析

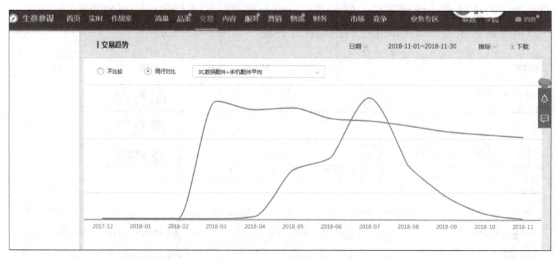

图8-17 交易趋势分析

（2）交易构成分析

交易构成分析主要包括终端构成分析、类目构成分析、品牌构成分析、价格带构成分析和资金回流构成分析等。

① 终端构成分析。

终端构成主要从PC端和无线端两个方面分析某个时间段的支付金

额、支付金额占比、支付商品数、支付买家数和支付转化率等，如图8-18所示。

图8-18 终端构成分析

② 类目构成分析。

通过类目构成分析，卖家可以了解店铺在某个时间段内不同类目的支付金额、支付金额占比、支付买家数和支付转化率等，如图8-19所示。

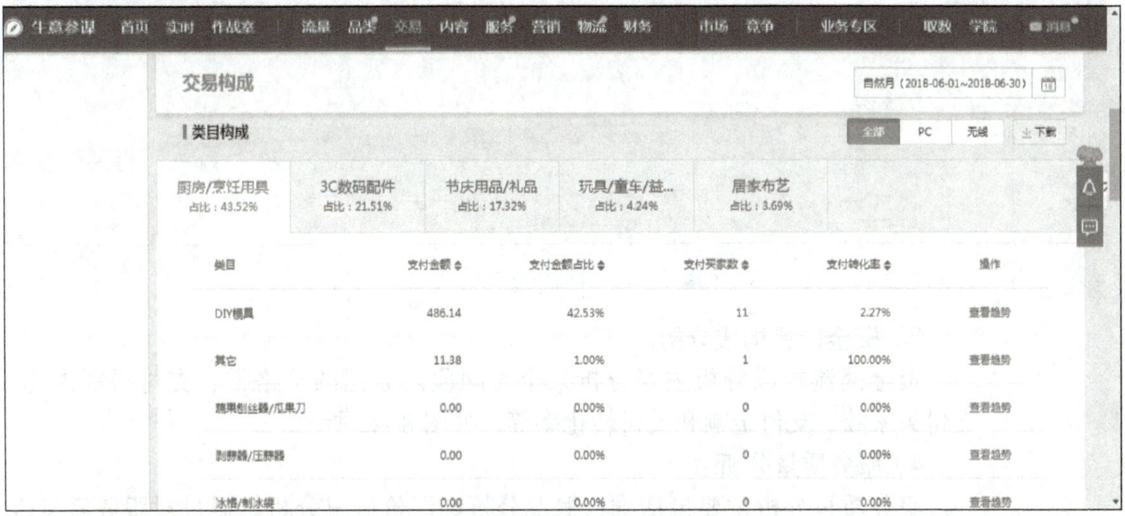

图8-19 类目构成分析

③ 品牌构成分析。

品牌构成分析主要分析某个时间段内不同品牌的支付金额、支付金额占比、支付金额较上期、支付买家数和支付件数等，如图8-20所示。

④ 价格带构成分析。

价格带构成分析主要分析某个时间段内店铺的价格带、支付买家占比、支付买家数、支付金额和支付转化率等，如图8-21示。

图 8-20　品牌构成分析

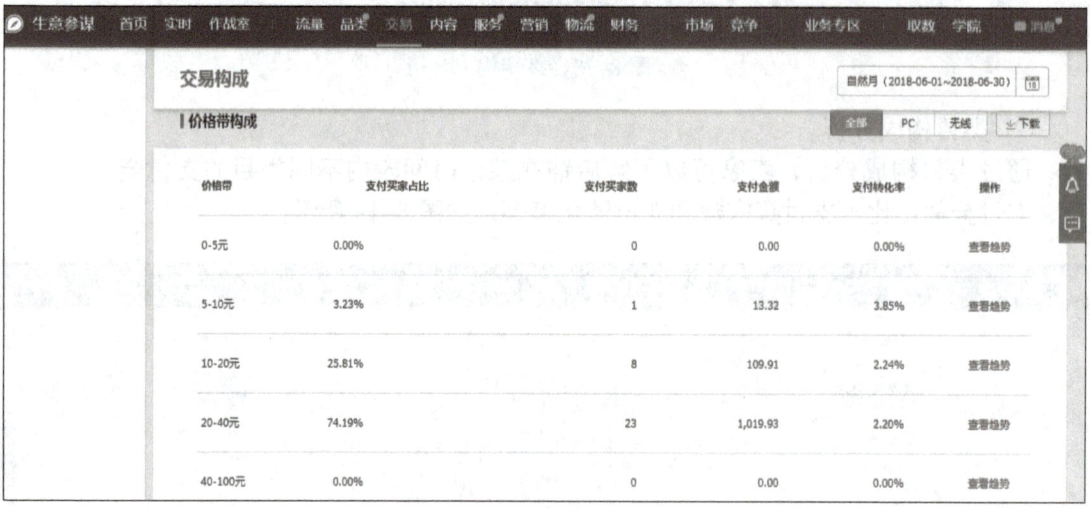

图 8-21　价格带构成分析

⑤ 资金回流构成分析。

资金回流构成分析主要分析某个时间段内店铺的价格带、支付买家占比、支付买家数、支付金额和支付转化率等，如图 8-22 所示。

4）服务质量分析

服务质量分析主要包括维权概况分析和评价概况分析。通过对服务质量进行分析，能够了解店铺在售前服务、售中服务和售后服务中存在的问题，为店铺后续的改进提供一定的指导。

（1）维权概况分析

维权概况分析包括维权总览分析（近 30 天）、维权趋势分析和 TOP 退款商品（近 30 天）分析。

① 维权总览分析（近 30 天）。

维权总览页面主要罗列了退款率、纠纷退款率、纠纷退款笔数、介入率、品质退款率和投诉率、退款完结时长等指标。通过对这些指标的分析，可以了解店铺在维权方面是否存在问题，如图 8-23 所示。

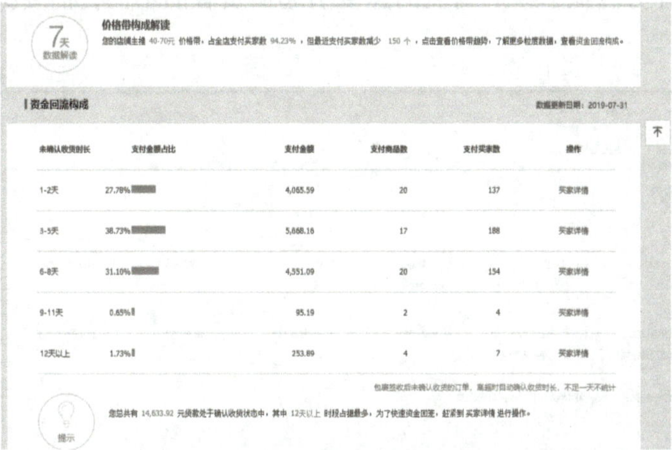

图 8-22 资金回流构成分析

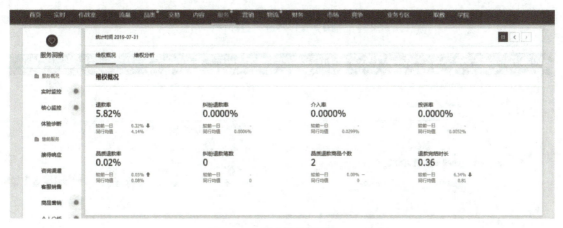

图 8-23 维权概况分析

② 维权趋势分析。

通过维权趋势分析可以了解退款完结时长、退款率和投诉率等指标在近 30 天的发展趋势，通过趋势图可以了解店铺在维权方面是否存在问题，如图 8-24 所示。

③ TOP 退款商品（近 30 天）分析。

通过 TOP 退款商品（近 30 天）分析可以看出近 30 天退款商品名称、支付金额、支付子订单数、成功退款金额、成功退款笔数及 TOP 退款原因等，如图 8-25 所示。通过分析这些指标找到改进的方法，以控制商品退款的数量。

（2）售后评价分析

售后评价分析包括评价概括和评价分析，其中评价概况包括评价总览（近 180 天）、评价趋势和 TOP 负面评价商品（近 30 天）。通过评价总览可以了解店铺的描述相符评分、物流服务评分和卖家服务评分在近 180 天的表现，同时通过与同行均值的对比，找出店铺在评分方面存在的问题，如图 8-26 所示。店铺物流服务评分较低，说明物流的速度引起消费者的不满，需要提高物流响应速度。

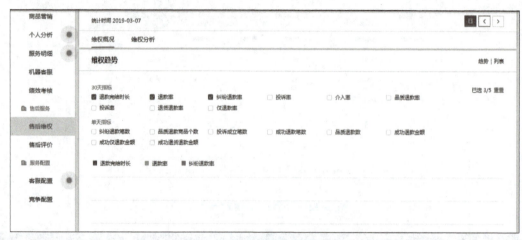

图 8-24　维权趋势分析

图 8-25　TOP 退款商品分析

图 8-26　评价总览分析

通过评价趋势分析可以了解近 180 天描述相符评分、物流服务评分和卖家服务评分的发展趋势，帮助卖家进行评估优化。通过 TOP 正面商品评价分析（近 30 天）可以了解近期 PC 端淘宝和手机淘宝的围观人数占比、TOP 正面评价关键词等，如图 8-27 所示。

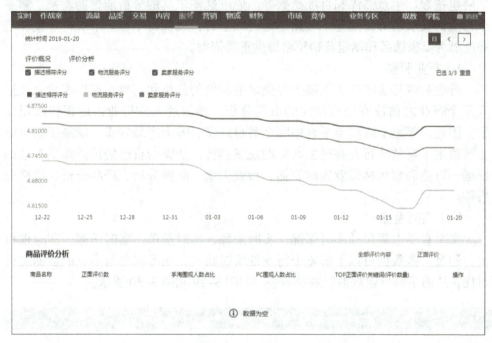

图 8-27　评价趋势分析、TOP 正面商品评价分析

5）物流分析

物流分析包括物流概况、物流分布和物流监控。主要针对不同快递公司的工作量、工作效率、物流的异常等指标分析卖家的物流水平，可以作为调整快递、提高物流服务效果的依据，如图 8-28 所示。

图 8-28　物流分布分析

2. 行业数据分析

行业数据分析能够帮卖家在决定卖某个产品之前，了解一下这个产品在整个网上的销售情况，如好不好卖，有多少人在卖。分析行业数据的工具有很多，如阿里指数、生意参谋和百度指数等。通过这些工具的分析能帮助卖家了解某个行业的发展趋势，是走下坡路还是持续上升，或保持平稳。了解行业发展趋势能够为卖家选品和制定营销策略提供重要依据。

1）行业洞察

行业洞察是卖家在进入某个行业之前所做的分析和选择，有很多卖家在进入某个行业之前没有进行相应的市场分析，导致进入该行业以后很快就退出了。因此，要想了解淘宝平台中哪个类目好卖、哪个产品好卖，就需要通过行业洞察来了解整个行业在过去几年的发展趋势。从而为自己的选择提供有效的依据。行业洞察包括行业实时直播、行业大盘、品牌分析、产品分析、属性分析等。

（1）实时直播

实时直播主要包括实时概况、实时来源、实时榜单、实时访客、实时催付宝。通过这些数据可以了解整个行业的实时状况，还可以与前一日的数据进行对比，从而了解行业数据的发展趋势，如图 8-29 和图 8-30 所示。

图 8-29　实时概况

（2）品牌分析

品牌分析包括品牌排行和品牌详情。品牌排行主要提供热销品牌榜、飙升品牌榜、高流量品牌榜和高搜索品牌榜，同时提供交易指数、交易增长幅度等指标，以方便卖家获知类目下优秀品牌排名情况，深度研究行业优秀品牌数据。品牌详情提供所选品牌的深度数据分析，如交易指数、支付商品数、客单价和支付转化率等，同时，提供该品牌多项指标的数据分析，以及该品牌买家的特征。

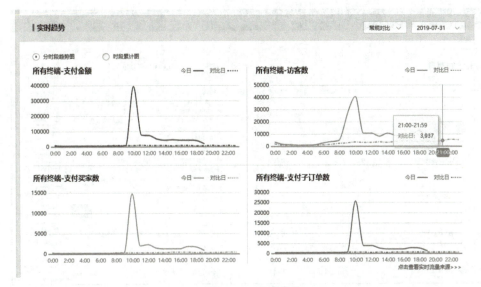

图 8-30　实时趋势

（3）产品分析

产品分析包括产品排行和产品详情。产品排行提供行业下以产品为粒度的行业商品交易指数和支付商品数等指标。产品详情提供产品粒度下的产品深度分析，如交易指数、支付商品数、客单价、支付转化率、访客数和卖家数等重要指标；同时提供多项指标变化趋势曲线图及该产品的买家特征（如年龄和职业）等。

（4）属性分析

属性分析包括属性排行和属性详情。属性排行提供相应类目下各热销属性相关指标，如支付件数、交易指数，支持查看相应属性下热销商品和店铺榜，查看本店该属性下的热销商品。属性详情提供所选类目下多种属性维度，并给出所选条件下的相关重要指标（交易指数、支付件数、支付买家数等），该功能在做新品发掘上有重要意义，同时提供所选属性在一段时间内的数据变化趋势，以及所选属性下的热销商品和店铺排行。

2）搜索词分析

目前，淘宝网上主要的流量来源仍来自搜索。因此，分析用户的搜索习惯、掌握用户的搜索行为是店铺运营的重要环节。搜索词分析主要包括行业热词榜和搜索词查询。其中，行业热词榜提供行业下多种分类的关键词，如热门搜索词、热门长尾词、热门核心词、热门品牌词和热门修饰词等，词汇量非常丰富；同时，提供不同维度下词的搜索人气、商城点击占比、点击率、点击人气、支付转化率和直通车出价参考等指标，是搜索优化、直通车选词和新品开发的重要工具。搜索词查询对单个词进行分析，深度解析与该词相关的指标，如搜索人气、支付转化率和交易指数等指标，并提供与所搜索词相关的品牌词、关联修饰词和关联热词等，是深度分析的必备工具，如图 8-31 所示。

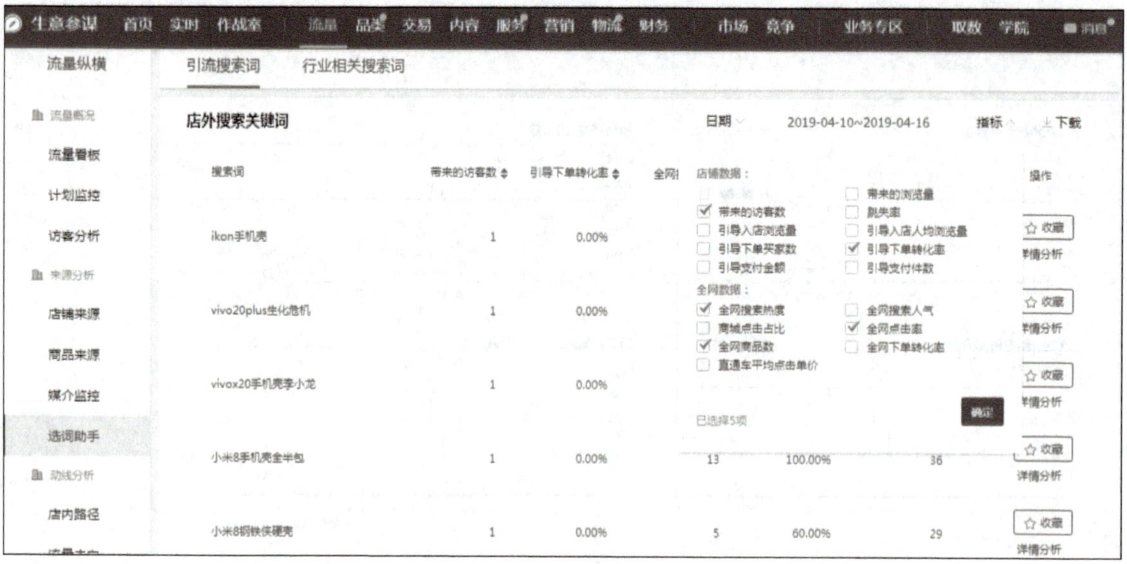

图 8-31　搜索词分析

3）人群画像

人群画像主要解决类目下最近 30 天买家都是谁、买家人群喜欢几点下单、搜索词偏好是什么、买家喜欢购买什么品牌的什么商品、搜索人群购买城市偏好、搜索人群的类目占比、最近 90 天的支付金额占比，等等。人群画像功能主要包括买家人群、卖家人群和搜索人群，买家人群提供类目下不同筛选维度的买家画像，如年龄、地域、职业、客单价等，以及提供买家购买行为数据（如下单支付时间段、搜索词偏好、购买价格偏好、购买频次属性、购买品牌偏好等），是深度研究消费者数据的工具。卖家人群提供类目下卖家画像信息，包含各子类目下卖家数分布情况、卖家地域分布、等级分布等，以及提供卖家相关行为数据（如产品下架时间分布趋势图等）。搜索人群根据单个词搜索得出搜索词访问的相关子类目情况，同时提供搜索该词的人群性别、年龄、职业、地域、支付金额等指标，以及提供人群行为喜好属性（如优惠偏好、支付偏好、品牌偏好、类目偏好等）。买家人群画像分析示例如图 8-32 所示。

实训 15　店铺经营数据分析

实训目的：通过实训使学生掌握店铺数据分析的方法和技巧。

实训内容：以小组（3~5 人为一组）为单位，针对开设的店铺，结合本项目所学的知识，利用生意参谋分析店铺存在的问题，并写出店铺诊断报告。

实训提示：分小组完成实训内容，3~5 人一组，每组完成一份店铺诊断报告，并在班级中展示结果。

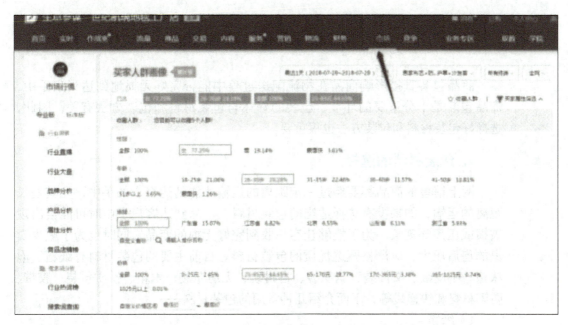

(a)

买家属性

职业分布

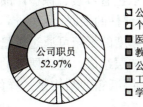

- 公司职员
- 个体经营/服务人员
- 医务人员
- 教职工
- 公务员
- 工人
- 学生

淘气值分布

淘气值	支付买家数占比
400及以下	1.2…
401-500	4.7…
501-600	11…
601-800	28…
801-1 000	22…
1 000+	32…

省份分布排行

排名	省份	支付买家数占比	客单价
1	广东省	14.35%	464.83
2	江苏省	11.67%	599.25
3	浙江省	9.81%	559.12
4	山东省	5.68%	414.73
5	上海	5.66%	515.08
6	福建省	5.29%	471
7	安徽省	4.64%	494.69
8	湖北省	4.59%	501.75
9	四川省	4.45%	500.58

城市分布排行

排名	城市	支付买家数占比	客单价
1	上海市	5.66%	515.08
2	广州市	3.94%	492.07
3	北京市	3.36%	426.71
4	杭州市	3.26%	534.36
5	苏州市	2.66%	897.57
6	深圳市	2.54%	385.84
7	南京市	2.45%	486.8
8	武汉市	2.28%	460.31
9	成都市	2.12%	517.12

(b)

图8-32 买家人群画像分析

任务 2　宝 贝 包 装

商品包装直接影响商品在物流配送过程中能否完好无损地到达买家手中，商品包装是十分重要的环节，包装的好坏与包装材料和包装方法有关，因此，选择好包装材料和包装方法也很重要。

1. 包装材料的选择

网上销售的商品都要经过一定距离的运输才能到达客户的手中，尤其是长距离的运输，如果没有选择适当的包装材料，产品到达客户手中时可能会出现破损或压瘪等现象。为了能够让客户收到完好无损的商品，同时也为了减少卖家的售后压力，应严格甄选优质的包装材料。目前主要的包装材料有纸箱、泡沫箱、牛皮纸、文件袋、编织袋、自封袋、无纺布袋、木箱、铁质包装、胶带、防震材料和快递袋等，下面介绍几种常用的包装材料。

1）纸箱

纸箱是应用最广泛的包装制品，按用料不同，有瓦楞纸箱、单层纸板箱等。纸箱有各种规格和型号。纸箱常用的有三层纸箱和五层纸箱，七层纸箱较少使用。各层用纸分为里纸、瓦楞纸、芯纸和面纸，里纸和面纸有茶板纸、牛皮纸，芯纸用瓦楞纸；各种纸的颜色和手感不一样，不同厂家生产的纸（颜色、手感）也不一样。包装纸箱作为现代物流不可缺少的部分，承担着容装、保护产品美观的重要责任。包装纸箱的物理性能指标则成为其质量评估的依据。

纸箱一般选择硬度高、抗压性能强一些的，同样厚度的纸箱可通过重量进行比较。以三层纸箱为例，其由面纸、瓦楞纸和里纸三层组成，这三层纸的克重决定了纸箱的质量，普通三层纸箱的结构和特硬三层纸箱的结构是一样的，普通三层纸箱的质量是 120 g，特硬三层纸箱的质量是 175 g。

纸箱按照需求的不同可分为印字标准纸箱和定制纸箱、无印字标准纸箱和定制纸箱。纸箱的规格、价格及用途如表 8-1 所示。

表 8-1　纸箱的规格、价格及用途

型号	尺寸 （长 × 宽 × 高）/ （mm × mm × mm）	三层优质价/元	五层优质价/元	用途参考
12 号	130 × 80 × 80	0.19	0.30	小饰品、化妆品等
11 号	145 × 85 × 105	0.23	0.38	小饰品、化妆品等
10 号	175 × 95 × 115	0.31	0.45	化妆品、CD、饰品等
9 号	195 × 105 × 135	0.39	0.58	化妆品、CD、饰品等
8 号	230 × 130 × 160	0.43	0.62	小饰品、化妆品等
7 号	210 × 110 × 140	0.58	0.83	化妆品、饰品等

续表

型号	尺寸 （长×宽×高）/ （mm×mm×mm）	三层优质价/元	五层优质价/元	用途参考
6号	260×150×180	0.71	1.05	化妆品、饰品、内衣、食品
5号	290×170×190	0.83	1.32	鞋包、食品、衣服
4号	350×190×230	1.30	1.80	鞋包、食品、衣服
3号	430×210×270	1.68	2.45	鞋包、食品、衣服
2号	530×230×290		3.30	箱包等较大件物品
1号	530×290×370		4.30	箱包等较大件物品
特大号	600×400×500		7.00	搬家、大件物品

2）胶带

胶带是打包必备用品。选择质优价廉的胶带也是卖家需要考虑的一个问题。目前市面上的胶带主要有透明胶带、警示语胶带和定制胶带等。按照宽度来分，目前市场上常用的胶带宽度有 4.8 cm、4.5 cm、6.0 cm 等。选择胶带要考虑胶带的黏性、耐温性、保持力、有无残胶、材料的质量、有无卷边现象、掩蔽效果、抗拉强度、长度、挺度、颜色、耐候性、耐溶性、光滑程度、尺寸精确度和内聚力等。

3）防震材料

快递商品在运输过程中会出现碰撞和挤压等现象，尤其对于易碎品来说，没有一定的防震材料，很容易出现破损和挤压等现象。为了避免商品在运输过程中出现损坏，需要配合使用一定的防震材料。目前常用的防震材料有气泡膜、泡沫板、珍珠棉和气泡袋等，如图8-33所示。另外，其他辅助填充物也可以起防震作用，如报纸、碎泡沫和青苔等。

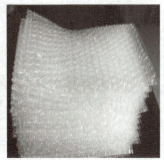

图 8-33　防震材料

4）快递袋

快递袋（图8-34）可以用于无须纸盒包装的产品或者可以套在纸箱外面起到防水、防污的作用。

图 8-34 快递袋

2. 包装方法的选择

不同产品采用的包装方法各异,只有采取适合该产品的包装方法才不会使产品出现问题,从而提高客户的满意度。

1)易变形和易碎产品的包装

易变形和易碎产品包括瓷器、玻璃饰品、CD、茶具、字画、工艺笔等。对于这类产品,包装时要多用些报纸、泡沫塑料或者泡绵、泡沫网,因为这些东西重量轻,可以缓冲撞击。另外,一般易碎、怕压的产品四周都应用填充物进行充分的填充。也可以将产品放入气柱袋中,再用纸箱包装,如图 8-35 所示。

图 8-35 易变形、易碎的产品的包装

2)书刊类商品的包装

书刊类商品的包装方法如下:

① 用塑料袋套好,以免理货或者包装的时候弄脏,同时能起到防潮的作用。

② 用报纸中夹带的铜版纸或气泡膜做第二层包装,以避免书刊在运输过程中被损坏,外层用牛皮纸、胶带进行包装,如图 8-36 所示。

3)贵重的精密电子产品的包装

贵重的精密电子产品包括手机、液晶显示器、硬盘等。在对这类怕震动的产品进行包装时,可以先用泡绵、气泡布、防静电袋等包装材料进行包裹,再用瓦楞纸在商品边角或者容易磨损的地方加强保护,并且用填充物如报纸、海绵或者防震气泡布等有弹力的材料将空处填满，这些填充物可以阻隔及支撑商品、吸收撞击力，避免物品在纸箱中摇晃受损。

图 8-36　书刊的包装

4）液体类产品的包装

对液体类产品，有专门的包装办法。先用棉花裹好，然后用胶带缠好。在包裹时一定要封好割口处，可以先用透明胶带使劲绕上几圈，然后用棉花整个包住，可以包厚一点，最后再包层塑料袋，这样即使液体漏出来，也会被棉花吸收，并有塑料袋做最后的保护，不会漏到纸盒外面而污染到其他包裹。

对于香水，可以先用从五金行或专门的塑料用品商店买到的透明气泡纸在香水盒上多裹几圈，然后用透明胶带紧紧封住。但是为了确保安全，最后应该把裹好的香水放进小纸箱里，同时塞些泡沫塑料或者报纸。

5）衣服、皮包、鞋子类产品的包装

衣服、皮包、鞋子类产品在包装时可以用不同种类的纸张（牛皮纸、白纸等）单独包好，以防止脏污。如果要用报纸的话，里面还应加一层塑料袋。邮寄衣服时，要先用塑料袋装好，然后装入防水防染色的包裹袋中；用布袋邮寄服装时，宜用白色棉布或其他干净且整洁的布。对于形状不规则的商品，如皮包等，可先用胶带封好口，然后用纸包住手提带并贴胶带固定，以减少磨损。

任务3　宝贝发货

商品包装和打包后就需要快递或物流公司将商品送到买家手中。选择什么样的发货方式，既影响卖家的经营成本，又影响买家的购物体验。卖家在选择好适合的发货方式的同时，还要做好库存管理，防止出现滞销和缺货的现象。

1. 快递、物流的选择

目前，网上购物使用的发货方式主要有快递公司、EMS 和平邮三种方式。

1）快递公司

由于不同的快递公司的配送时效、派送范围、服务态度、资费不同，因而卖家在选取时应综合考虑多方面的因素。目前市场上主要的快递公司有申通、圆通、中通、韵达、百世快递、顺丰等。这些快递公司除在个别偏远地区还没有服务网点外，在绝大部分地区都已经有了自己的服务网点。卖家应选择网点覆盖范围大、派送时效快、服务态度好和价格优惠的快递公司。同时，为了给买家更多的选择空间和满足不同的需求，卖家不应该只和一家快递公司合作，例如，当买家需要有更快的派送时效时，卖家可以向买家推荐速度较快的快递公司，但价格一般相对较高；当买家对派送时间要求不高时，卖家可以向买家推荐速度一般、价格实惠的快递公司。

2）EMS

在中国大陆境内提供 EMS 服务的为中国邮政速递物流公司，它是中国邮政集团公司直属全资公司，主要经营国际、国内 EMS 特快专递业务。它是我国速递服务的最早供应商和速递行业的最大运营商。EMS 相对快递公司来说，最大的优点是国内所有地方都能派送到，而且快递的丢失率也很低；但是 EMS 价格较高，派送效率不稳定，有些地区 EMS 的速度相对快递公司要慢很多。

3）平邮

平邮是邮政中一项寄送信与包裹业务的总称，包括普通的寄信（平信）和普通的邮寄包裹，寄送速度都比较慢。平邮是所有邮政递送业务中速度最慢的业务，一般为 7~30 天，但是价格较便宜。平邮不像快递那样送货上门，邮递员会事先将通知单发送至客户的家庭信箱中或告知门卫，客户需要凭通知单和收件人身份证去就近邮局领取包裹。邮政的包裹分为国内普通包裹和国内快递包裹，国内普通包裹最慢，国内快递包裹稍快。国内快递包裹根据各地区的规定不同及物品的不同，有的投递包裹单，有的投递包裹（实物）。

以上三种发货方式是目前网店卖家常用的发货方式，卖家可以根据自身情况灵活选择。如果卖家碰到一些批量需求的客户，可以选择物流公司。

2. 库存管理

库存管理也是网上开店的一个重要环节。一些小卖家有可能会通过代销或分销的模式来销售产品，这种模式不需要卖家去管理库存，仓库在上游的供应商那里，但是需要与供应商做好及时的沟通，避免出现缺货现象。而大部分卖家都有自己的仓库，做好库存管理，既可以避免出现缺货滞销、发错货的现象，又可以提升客户的购物体验。

1）商品检验

当卖家从供应商那里将商品运抵仓库时，仓库管理人员要严格检查商品，查看商品外包装是否完好，若出现破损或临近失效期等情况，则要拒收此类货物并及时上报店铺主管。确认商品外包装完好以后，再按照订货单和发货单核对商品的品名、规格、数量、单价、有效期等内容，仔细检查商品的外观有无破损和明显的污渍，做到数量、规格、价格准确无误，待质量完好、配套齐全后方可入库。

2）商品编码

商品编码的目的是方便仓库管理人员进行内部管理，方便仓库管理人员找货盘货。最简单的编码方法是商品属性+序列数，如 1+TS001，其中"TS"为商品属性"头饰"首字母的缩写，"001"为头饰类产品 001 号款式。

3）出入库登记

商品验收无误并编码后即可登记入库，要详细记录商品的名称、数量、规格、价格、入库时间等，做到账、货相符。商品入库以后，按照不同的商品属性、材质、规格、型号等进行分类，然后分别放入相应的位置进行储存。在储存时要了解商品的特性，注意做好防潮处理，以保证仓库货物完好。做入库登记时要保证商品的数量和价格准确无误。商品出库时，为了防止出库货物出现差错，必须严格遵守相关制度，做到凭发货单发货，无单不发货。

4）仓储软件管理

在网店发展到一定阶段以后，为了提升工作效率，降低出错率，除应设立专门的仓储部门外，还应引进企业资源计划（enterprise resource planning，ERP）管理系统进行管理。它是一个可在全公司范围内应用的、高度集成的系统，使数据在各业务系统之间高度共享，所有源数据只需在系统中输入一次，保证数据的一致性，就可以实现即时交易管理、动态库存管理和财务管理。目前卖家使用的 ERP 管理系统主要有 E 店宝、管易等。

5）仓储管理流程

货物采购完成以后，仓储人员安排商品检验，然后将货物入库、分类、放置，并录入库存管理系统。在买家订单形成以后，客服进行订单备注，然后售后人员或仓储人员打印快递单、配货单，接着仓储人员按配货单配货，根据配货单，再次审单无误后包装，联系快递公司取件、发货，录入快递单号并进行库存减少处理。

项目九

开设微店

学习目标

[知识目标]
（1）了解微店的特点。
（2）掌握微店开设的流程。
（3）掌握微店推广的方法。

[技能目标]
（1）学会选择合适的微店平台。
（2）掌握微店推广的技巧。
（3）学会运营微店。

任务1 认识微商

随着微信的迅猛发展，微商成了电商界的新宠，吸引了无数人的目光。我们可以这样定义微商，微商是基于移动互联网的空间，借助于社交软件，以人为中心，以社交为纽带的新商业。2019年1月1日《中华人民共和国电子商务法》正式实施，微商被纳入电商经营者范畴，电商消费者维权开始有法可依。

在中国，微商兴起于广州，随后迅速如燎原之势蔓延至北京、浙江等省市。区别于传统的电子商务，微商以人际关系为依托，消费者是否愿意购买产品，不再完全取决于产品的品牌和品质，卖家与消费者之间良好的人际关系更能促使交易达成。从微信朋友圈开始进入我们的生活起，接触微信的用户便养成了每天刷朋友圈以及发朋友圈的习惯，越来越多的人接受并乐于在朋友圈晒各种东西，沉浸在好友间互相点赞的沟通模式中。基于朋友圈的分享理念，有人嗅到商机，开始在朋友圈进行奢侈品代购活动，这是最早微商的雏形。

然而在微信上大多数拥有购买需求的人都难以负担高额的奢侈品费用，随之孕育的高仿产业抓住了收入普通却存在较高物质虚荣心的人群心理而开始迅速发展，伴随高仿产业经营群体的激增，卖家开始利用"摇一摇""附近的人""漂流瓶"等功能大肆添加好友，抢夺消费者资源，由此引爆了 C2C 模式下微商的发展高潮。

当微信朋友圈被各类微商广告侵占，严重影响朋友圈的既定功能时，微信官方对通过微信平台进行的商务活动开展了一轮封杀。至此，微商产业放缓步伐。

随着微商跨入 B2C 模式，早期从事微商的人摇身一变成为各品牌的代理人，以发展他人加入微商队伍为主要任务，以下级代理的分销获得利润。由于微商代理人大多缺乏管理经验和市场建设能力，导致部分微商沦落为传销组织而引发法律性问题，这也让微商从业者认识到理性发展的重要性。

如今，微商初步具备了社会化移动社交电商模式，正由暴力刷屏向树立人格魅力的经营模式转变，依靠社交关系吸引消费者主动参与到购物环节中。当然，渠道再也不是单一的朋友圈推广，很多微商经营者将店铺转移到了专属平台：微店。微店平台拥有良好的监管机制，能提供评价、比较等机制，能控制产品和服务的质量，因而深受消费者的青睐。

以下几个重要时间见证了微商的发展历程：

2012 年年底，代购开始在朋友圈兴起，微商开始出现。

2013 年年初，面膜开启微商美妆时代。

2014 年 9 月，中国微商创业大赛启动，传统品牌进军微商，开启微商品牌化时代。

2015 年年底，工商总局首次明确将微商纳入监管。

2016 年 9 月，新广告法要求微商渠道的卖家和其他行业一样，遵守广告法要求。

2016 年 12 月，国务院首次以积极态鼓励微商健康发展。

2017 年 1 月，第一部正式微商行业法出台，微商市场步入规范化运营阶段。

2019 年 1 月 1 日，《中华人民共和国电子商务法》正式实施，微商被纳入电商经营者范畴。

任务 2 微店的开设

本任务以口袋购物旗下的微店为例，介绍关于微店的下载、注册、安装及功能应用。

1. 创建自己的微店

首先，需要下载并安装微店，通过页面中的下载二维码，手机扫码进入 APP，下载并安装。目前支持网页版、iPhone 手机、iPad 和安卓手机。

点击手机上已经安装好的微店 APP，进入微店，登录注册页面。首次使用微店应用的店长需要进行开店注册，单击"注册"按钮，进入注册环节。具体流程如下：

第一步：选择开店所在国家并填写开店所用的手机号，完成后单击界面右上角的"下一步"按钮。如图9-1所示。

第二步，确认手机号后，该手机号收到验证码短信，将验证码填写至文本框，单击"下一步"按钮，如图9-2所示。

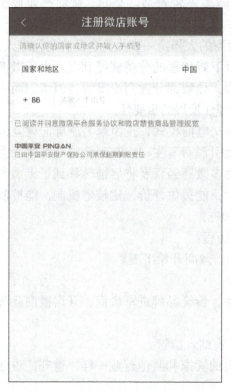

图9-1　手机号注册　　　　　　　　　　　图9-2　完成验证

第三步，进入设置密码界面后，在文本框中输入用于登录账户的密码，并重复一次，然后单击界面右上角的"下一步"按钮，如图9-3所示。

第四步，完善店铺基础设置。在如图9-4所示的文本框中输入店铺名称，然后单击标有"店铺图标"字样的圆形按钮，拍照或通过手机相册上传。设置完毕后单击"完成"按钮。

第五步，完成店铺注册后，进行个人资料的完善。按照提示信息分别输入店主的姓名、身份证号、开户银行、银行卡号等信息，单击"确定"按钮，即可完成账号的信息认证。如图9-5所示，微店创建成功。

注意：注册时要填写个人的真实信息，若注册姓名与身份证号码和银行卡号不一致，会导致提现失败。如需更改个人注册信息，请登录http://d.weidian.com 网页进行更改。根据国家《网络交易管理办法》，应监管部门要求，微店对卖家进行实名制核实，请个人注册完成之后，配合提供个人的注册手机号、身份证号、银行卡正面照片，审核资料提交后，等待审核即可。

项目九 开设微店

图 9-3 设置密码　　　　　图 9-4 上传头像并输入店铺名称

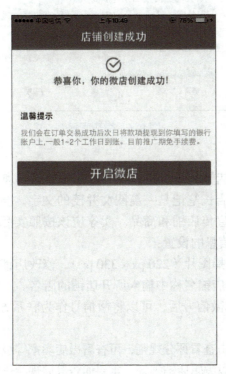

图 9-5 微店创建成功

2. 微店基本功能

注册成功后，登录进入微店，可以看到如图 9-6 所示的各个功能模块，分别是店铺管理、客户管理、商品管理、订单收入、数据分析、营销推广、选货市场、服务市场。界面下方的三个按钮分别是我的店、社区和消息。下面分别介绍基本功能模块及系统。

图 9-6　微店页面

1）店铺管理

店铺管理主要是店铺地址、主营类目、店铺认证等基本信息的设置及店铺装修的设置。其中，店长笔记是一篇图文并茂的文字，会展示在店铺中。可以将笔记分享给好友来宣传店铺和商品。卖家应该按照实际情况认真填写相应的经营信息，注意如下信息的设置：

① 店铺头像：选择图片（220 px×330 px），修改店铺头像。

② 店铺名称：在店铺名称中输入所开店铺的店名。

③ 微信号：添加微信号后，可以将微信号作为联系方式展示在微店中，与买家沟通会更加便捷。

④ 店铺等级：点击查看评分规则，可查看微店卖家等级计算方式与积分规则。

⑤ 店铺公告：可以编辑店铺须知、重要通告等展现给进店浏览的买家。

⑥ 店铺招牌：选择图片（640 px×330 px）修改店铺招牌。

⑦ 店铺封面：以导航形式设置店铺分类展示，把更具吸引力的商品类型优先展示给买家。

⑧ 微店地址：如实填写，在微店详情内展示，便于买家光顾实体店。

和淘宝店铺一样，店铺的装修需要卖家精心设计，以达到吸引买家的效果。单击"店铺装修"按钮进入装修页面，可以选择系统默认的模板，也可以前往"装修市场"购买精美的模板，通过下方的"预览"按钮，卖家可以随时预览装修效果，"切换模板"可以快捷进入装修模板市场，选择自己喜欢的模板，当预览后确定使用该模板时，单击"应用到店铺"按钮即可。装修模块设置如图 9-7 所示。

图 9-7 装修模块设置

同时，卖家可以"插入"商品、导航、广告、文字、营销模块，分别进行模块的自定义设置，如图 9-8 所示。

2）客户管理

客户模块包含客户数据分析、客户动态、全部客户、会员模块。在客户数据分析模块中，可以根据 7 天、30 天、自定义时间内的访客、成交客户、回头率、客单价等指标，判断分析客户访问的情况，方便对客户进行统筹管理。

在"客户列表"中，系统将客户分为全部客户、标签、重要客户、活跃新客户和潜在客户 5 个种类，如图 9-9 所示。其中，标签功能是通过自定义标签为客户进行标签分组。

（a） （b）

图 9-8 "插入"模块设置

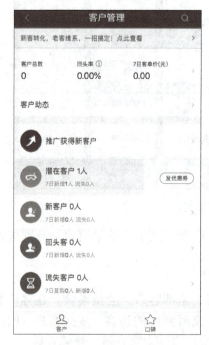

图 9-9 给客户新建标签

3）商品管理

商品管理功能主要用于对店铺中的商品进行管理。卖家可以选择"已有货源"快速添加已有商品，或选择"没有货源"，前往选货中心选择合适的商品再进行上传发布。单击"已有货源"按钮进入"商品添加"页面，上传商品图片或视频，并填写商品分类、标题、价格、库存、商品型号、详情等信息，如果需要再次编辑，可以选择"放入仓库"，放入仓库即进入下架状态，可再次编辑。如果确认无误，单击"上架出售"按钮，即可在店铺中成功上架商品。如图 9-10 所示。

图 9-10　添加商品

4）订单收入

订单收入模块包括订单管理和收入资产，如图 9-11 所示，在"订单管理"页面可以查看进行中的订单、已完成的订单和已关闭的订单。卖家可以利用搜索功能根据商品、订单号、手机号、姓名、物流单查找具体的某一个订单的状态。在"收入资产"页面可以查看资金状况，如可用金额、明细、待结算、已提现、微积分和保证金等情况均可以查看，卖家可以及时了解收入情况。

注意：2019 年 2 月，微店调整了交易手续费收取规则，提现免费，但信用卡及信用支付、借记卡支付收取 0.6% 的交易手续费。

5）数据分析

微店经营数据分析，是面向微店卖家的数据分析工具，提供关键指标统计、实时数据监控等，能帮助卖家更好地了解店铺的运营状况，以便优化店铺内的商品和内容。

卖家可以根据以下店铺的经营数据指标，及时发现问题和不足，优化店铺运营，提高店铺的营业额。页面如图 9-12 所示。

① 访客：访问店铺首页和商品详情页的总用户数，同一用户多次访问不重复计。

图 9-11 订单收入页面

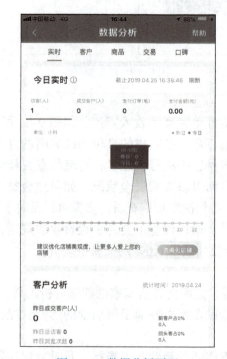

图 9-12 数据分析页面

② 浏览次数：访问店铺首页和商品详情页的总次数，多个页面之间跳转、同一页面的重复访问计为多次访问。

③ 成交客户：成功完成订单支付的用户数，同一用户多次成功支付不重复计。

④ 新客户：90天内在店铺购买天数不超过1天的用户数。

⑤ 回头客：90天内在店铺购买天数至少2天的用户数。

⑥ 客单价：店铺内完成支付的订单总金额÷店铺内完成支付订单的用户数。

⑦ 商品访客：访问商品详情页的总用户数，同一用户多次访问不重复计。

⑧ 销量：商品被客户购买的件数。

⑨ 支付订单：店铺内完成支付的订单数。

⑩ 退款订单：店铺内成功完成退款的订单数。

⑪ 支付金额：店铺内完成支付的订单金额总和。

⑫ 退款金额：店铺内成功完成退款的退款金额总和。

⑬ 成交转化率：完成订单支付的用户数、商品访客数。

⑭ 支付转化率：完成支付的订单数、创建的订单数。

⑮ 退款率：退款订单数、支付订单数。

⑯ 收藏量：收藏店铺的用户数。

⑰ 回头率：90天内的回头客数、90天内的成交客户数。

⑱ 好评率：好评的订单数、有评价的订单数。

⑲ 佣金：分销商靠出售分销商品获得的佣金收入。

⑳ 支付佣金：供应商支付给分销商的佣金总和。

6）营销推广

微店提供了多种推广工具，卖家可以通过使用这些工具为店铺引来更多的流量，它集合了微店拼团、满减、优惠券、限时折扣、会员优惠、私密优惠、满包邮等众多营销工具，还有用于店铺推广的小程序、微店大使、分成推广等工具。营销推广模块如图9-13所示。

7）选货市场

微店与淘宝在货源的选择上还是有区别的，若所选择的货源出现偏差，运营起来会比较困难。建议自己没有优质的货源及渠道的卖家，可以在开店前期优化选货市场，如图9-14所示，看看市场中主推的产品有哪些、推广形式是什么，即使已经确定经营的商品，也可以通过市场分析存在的竞品，尤其是对那些代理量较高的商品进行分析，知己知彼，提早做出正确的决策。

8）服务市场

服务市场是付费模块，如图9-15所示，卖家根据运营需求可以购买专业的卖家运营服务工具，比如营销管理、专享小程序（去广告/弹层）、短信营销、抖音引流宝、多平台一键搬家、引流神器、核对地址催付、货源服务、排版君等，这些工具在实际运营的过程中，能提高卖家的运营成效。卖家根据实际情况选择合适的服务工具，往往能起到事半功倍的效果。

图 9-13　营销推广模块

图 9-14　选货市场模块

图 9-15　服务市场模块

3. 微店基本设置

无论使用哪种平台从事电子商务活动，在开始都需要对店铺进行基本设置，如店铺名称、店铺 logo 等信息的设置。在微商人群日益增长的今天，若要在市场中吸引消费者的目光，基础信息的设置不可忽视。另外，这些信息可以随时根据需要进行重新编辑，不断满足市场变化的需要。

微店的基本设置在微店管理页面中。用户进入微店首页，点击屏幕上方的店铺名称，即可进入微店管理，如图 9-16 所示。

（a）　　　　　　　　　（b）

图9-16　进入店铺管理

1）店铺logo

在店铺注册时，卖家已经对店铺的名称及logo进行了设置，但多数卖家在设置初期并没有思考太多，只是为了尽快完成合理的店铺logo。

logo就是店铺的缩影，能否让消费者认同，从而进店选购，很大程度上取决于logo传递出来的信息。比如出售品牌化妆品的店铺，logo选用产品品牌图，会让用户感觉是品牌店。选用化妆品视拍作为logo，用户无法产生一种品牌认可，所以，设置logo时，可在体现店铺经营内容的同时，额外兼顾品牌、理念、核心竞争力等信息的传递。

微店的店铺头像具有唯一尺寸要求，卖家在操作之前应先准备好一张220 px × 330 px 的图片。

2）微店名称

微店名称除了要具有较高辨识度以外，还要有利于检索，卖家往往顾及了店铺品牌，而忽略了检索的要点。一般来说，名称可以用"品牌+商品类型"命名，如"蜜丝佛陀+彩妆店"。

注意：

① 未经许可，店标、店名、店铺公告及"个人介绍"页面禁止使用含有"特许""授权"等含义的字词。

② 未经许可，严禁使用"微店"专用文字和图形作为店铺宣传的文字和图形。

③ 店标、店名、店铺公告及"个人介绍"页面中禁止使用带有种族歧视、淫秽和不健康信息的词汇及语言。

④ 店名、店标不得使用我国及其他国家的国名、国旗、国徽、军旗、勋章

等文字和图形,以及和国际组织、知名品牌相同或相近的文字与图形。

3)微信号

微店中的沟通主要是通过微信,填写微信号,才可以让买家在需要咨询时进行在线联系,这就相当于淘宝的旺旺,即时交流与沟通会促成更多交易。此处建议卖家使用开店专用的微信号进行经营,并实时在线。

4)店长标签

店长标签是平台提供给卖家标记自己身份、兴趣等特质的区域,可以让消费者快速全面地了解卖家信息。比如,经营母婴用品的店铺,店长标签为"时尚辣妈"就会比"微店达人"更容易吸引消费者促成购买。

5)微店公告

微店公告不限内容长短,卖家可以对自己店铺的服务、产品质量等进行描述,或对店铺活动预热等信息进行发布。

6)运费设置

微店的运费设置目前只支持默认运费及指定地区运费。

7)担保交易

担保交易在创建店铺之初就要求开通,这是一项由微店平台作保,保护买卖双方货款安全的功能,与淘宝网的支付宝交易目的相同。当有一笔交易成交后,买家所付货款会被平台保管,当买家确认收货后次日,货款自动提现至卖家已绑定的银行卡。

如果卖家发货后的7个自然日内,买家没有确认收货,且没有提出退款申请或投诉,微店平台会在7个自然日截止时自动帮买家确认收货。

8)7天退货保障

7天退货保障是指卖家承诺在买家签收后7天内,可以在符合7天退货的条件下退货退款。开通此服务后让买家购物更安心,从而促成订单。

9)微信收款

买家在微店购物可选的支付方式只有两种:一种是银行卡付款,另一种是支付宝付款。但是对基于微信进行沟通的客户而言,可能微信付款更为方便。此时,卖家只需在"微店管理"界面单击"微信收款"按钮,输入收款金额,根据需要设置留言和收货地址,单击"发起收款"按钮,买家即可使用微信进行支付。

4. 发布宝贝

微店发布商品的过程并不复杂,每款商品的发布只需完善商品图片、商品描述、商品价格、商品库存等必填项,以及一个"添加商品型号"的选填项即可。在微店主界面,单击"商品"按钮进入管理界面,单击页面中"添加商品"按钮开始操作发布商品,如图9-17所示。

1)商品图片

商品图片可以通过即时拍照或从相册选取,一款商品最多上传9张图片。每款商品的第一张图片有价格、库存填写项,请仔细填写,它不仅用于展示商品,更是吸引消费者的第一步。

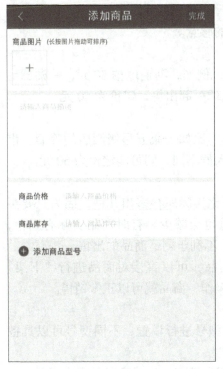 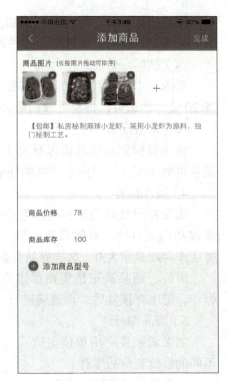

图 9-17　添加新商品

2）商品描述

微店的商品描述并不复杂，虽然平台并不要求区分商品标题、商品参数，但实际上卖家还是应该遵循一定的填写顺序。

商品描述前 20 个字非常重要，因为这些内容和主题会在店铺首页展现。卖家应尽可能地利用这 20 个字完成包括商品名称、是否包邮、相关优惠等信息的描述。描述的手法或风格可以独特一些，比如用些网络上的幽默说法，还可以添加一些表情，尽量不要让文字都集中在一个段落，并且应该将不重要的信息与前 20 个字进行隔行，这样看起来会更有条理。

3）商品价格

价格的高低在一定程度上会影响消费者的购买决策，故要注意商品的定价策略。

（1）成本定价

卖家先分析自己的总成本，包括进货成本、物流费用、人工费用等，在总成本的基础上加上一定的利润，就可以得出商品的价格。

（2）非整数法定价

非整数法定价就是把商品零售价格定成带有零头结尾的非整数的做法，例如定价 99 元而不是 100 元，这是一种极能激发消费者购买欲望的方式。这种策略的出发点是消费者在心理上总是存在零头价格比整数价格低的感觉。非整数定价法能够激发出消费者良好的心理呼应，获得明显的经营效果。

（3）单位定价

用较小的单位进行报价，例如，茶叶每斤售价100元，可报价为每50克10元，采用这种技巧，能够营造一种物美价廉的感觉。

（4）捆绑定价

卖家可以把些互补产品捆绑在一起定价，例如，羽毛球拍50元，一桶羽毛球20元，那么可以将羽毛球拍捆绑一桶羽毛球一起出售，定价为60元。

（5）价值定价

很多时候商品的售价远远高于产品成本，比如一瓶五星级酒店的啤酒，市场价可能4元，可因为它所处的环境和消费人群不同，则可能定价为50元。

4）商品库存

卖家在设置商品库存时注意设置数量要比实际库存多出几件，因为只要买家成功提交订单，即使没有付款，库存数量也会减少。有时商品实际有库存，微店库存却显示为0。这样商品会自动下架，不利于剩下商品的出售。

另外，商品真正销售殆尽也不要删除商品，可以直接对商品进行"下架"操作，等库存恢复后，再直接进行"上架"操作，商品就可以正常销售。

5）商品型号

如果卖家要应用单位定价，就一定会对型号进行设置，不同型号可以具备不同的售价和商品库存。

当以上信息编辑完成后，即可点击"完成"按钮，完成商品的发布操作。

任务3　微店的推广

常有卖家抱怨商品上架后一直卖不出去，出现产品滞销的情况，若不是商品本身有问题，那就是推广没有做到位。在微店平台，卖家只能依靠自己经营客户，若要把商品卖出去，首先要做到的就是让消费者看到你的商品。因此在经营微店的卖家中，大多数使用微店内部推广、微信朋友圈推广、QQ群空间推广、新浪微博推广等方法。

在进行微店推广之前，有必要清楚店铺规则，尤其是卖家等级积分规则。

微店卖家等级计算：卖家等级是根据等级分的数量多少来决定的。直接到账或担保交易订单交易成功后，可获得等级分。如果交易过程中发生了退款，则不会获得等级分。等级分按照订单中的商品种类来计算，当一笔订单中包含N种商品时，交易成功后可获得N个信用分。如果一笔订单中，同一种商品购买了多个，则只获得1个等级分。每个自然月中，相同买家和卖家之间的等级分累计不超过6分（以订单创建的时间计算），达到6分后，后续的交易将不会为卖家增加等级分。若14天内（以订单创建的时间计算），相同买家和卖家之间，对同一种商品进行多次购买，则只能在第一次购买时获得1个等级分。例如，1月1日购买了商品A，卖家获得1个等级分，那么在1月15日之前，同一买家即使多次购买商品A，卖家也无法获得等级分。具体卖家等级积分规则如图9-18所示。

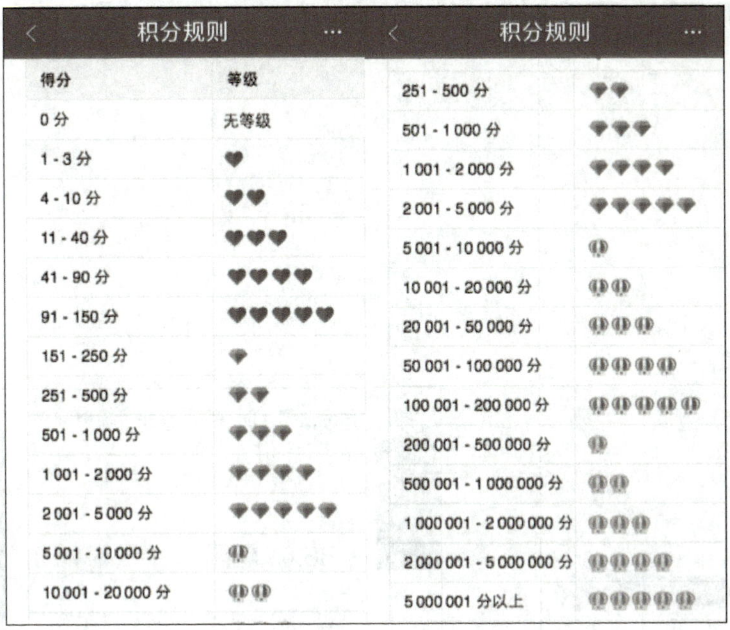

图 9-18　积分规则

1. 微店内部推广

在口袋购物的微店中，有着各种不同的推广方式，其中以微店拼团、分成推广、友情店铺、微客多4种推广方式最为热门。卖家可以在了解每种工具存在的意义并掌握运用方法后，选择恰当时机运用工具为店铺带来所需流量。

1）微店拼团

微店拼团是一种通过降价手段刺激消费者帮忙推广的方法。拼团要求想要购买商品的客户，在参与拼团并支付成功后，通过自己的社交圈拉来更多的好友进行参与，当支付人数达到卖家指定的人数时，商品拼团成功，否则，拼团失败，已付款的客户会收到退款。这样就会刺激想要低价购买的客户，自发地帮助宣传该活动，为店铺带来更多的流量和客户。点击"拼团"按钮进入页面，可以"添加拼团"，如图9-19所示，设置拼团的商品，拼团由多个小团组成，比如卖家设置3人成团，客户下单后只有邀请2个好友一起参团才算拼团成功。卖家可以根据实际需求进行选择。

活动设置要点：参与拼团的商品最好具备大众购买的需求，方便消费者成团；设置人数不宜过多，避免因门槛过高打击消费者的积极性，或最终无法成团导致客户流失；拼团价格要与原价存在较大价格差异，否则，活动意义不大。

2）分成推广

如果说参与微店拼团的消费者是为了降低自己的购物成本而分享商品，那么参与分成推广的用户就是为了从商品中谋取利益而深度地参与到店铺推广中。这里所说的用户，不一定是店铺的消费者，可能是专门为了获取分成收益的用户，也有可能是口袋购物平台。

图 9-19 微店拼团活动

卖家只需在如图 9-20 所示的"分成推广"设置页面单击"选择佣金比例"对话框,即可对佣金进行选择设置。当单击"确定"按钮后,全店商品都会以该比例对推广成功的用户支付佣金。

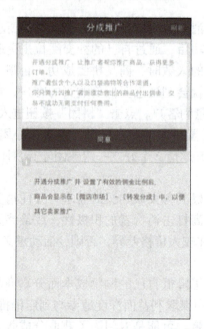

图 9-20 分成推广设置佣金比例

对于用户而言，他们通过将微店链接或某件商品的链接分享给他人，并且对方通过该链接进店完成交易后，则可获得分成佣金，交易不成功，则卖家无须支付任何费用，这与淘宝平台的淘宝客推广性质相似。

分成推广的设置需要注意两点：

① 佣金比例要吸引用户，设置之前可以参考一下同行业其他店铺对该活动的设置情况，至少与竞争对手的佣金持平或更高；

② 保障产品及店铺本身的品质，品质才是发展的基础，缺少基础保障，佣金再高，也很难有人愿意推广。

3）友情店铺

友情店铺的设置基于好友之间，当双方互为好友关系时，店铺间可以互相推荐对方的店铺。在利用友情店铺进行推广时，需寻找与自己产品关联购买性高的品类店铺添加好友，希望得到对方的推荐，这样才能为店铺引来有效流量。

参与此项推广应该注意好友的选择，很多新开店的卖家都希望与人气较旺的店铺卖家申请加好友，以获得更优质的流量，但往往被拒绝。而且一旦被拒绝，以后就难再向此卖家申请加好友。因此，初期主要挑选目标应定位于对方商品类目与自己店铺的商品匹配，且流量层级相近的店铺，比如经营一家男士皮鞋店，可以选择流量层级相近的经营男士西装的店铺进行合作。像这样互利互惠的情况，好友申请的成功率会有很大提升。

4）微客多

微客多的推广扣费模式与淘宝直通车相似，多以点击计费形式出现，也有需要招标投放的方式，如图9-21所示，目前微客多提供微店与微信两种渠道的推广途径，推广方式多达5种，投放位置更加深入用户群。

（1）商品推广

以商品为推广单位，通过设置关键词进行广告投放。微店渠道的投放可让广告出现在微店买家版、口袋购物、今日半价等位置。微信公众号渠道投放的广告会出现在公众号文章的底部广告位。无论在什么位置投放，都要求卖家在设置的时候做到精、快、狠。

精：在创建推广计划时，一定要根据自己商品的特性选择优质关键词进行投放，切忌大海捞针式地投放关键词，店铺需要的是能够带来转化的流量，而不仅是为了曝光。

快：商品推广是见效最快的推广方式，被推广产品的投放效果一试便知。卖家在投放初期，可以选择多款商品同时进行投放，每日限额低一些，观察3~4天后从中选出转化率较高的投放计划，对其提高日限额并增加点击价。

狠：商品推广需要前期投入较多资金，如果狠不下心来长期做，那也就不会有很好的效果。所以一定要狠下心来，舍得提高投放单价，降低商品价格，才能让推广起到效果。当积攒了一定客户群体后，就可以适当降低商品推广的支出了。

图 9-21 微客多页面

（2）活动推广

活动推广方式主要按照缴纳报名费收取推广费用。每期活动内容不同，商品种类及其他设置也不一样。

（3）加粉推广

加粉推广是微店推出的一种按照点击付费的推广方式，当店铺笔记使用"加粉推广"并审核通过后，店铺笔记将出现在微店买家版、微店公众号的独家展示位，提高店铺笔记的阅读量和传播力，进而吸引更多用户进店浏览。

（4）公众号推广

公众号推广入驻着很多微信公众号，他们有着不同的分类、粉丝数以及推广报价。卖家选择图片或笔记的推广形式，然后根据自己要推广的内容选择合适的公众号进行合作。一般来说，图片形式的推广要比笔记推广优惠，粉丝数越多的公众号，报价也越高。

图片形式的推广位于公众号图文底部，图文内容由公众号管理者决策，用于推广的图片需要卖家自行准备。由于图片尺寸有限，卖家要在保证图片美观的前提下，尽量多展示推广信息。推广信息建议包含店铺 logo、二维码、店铺主要产品、优惠信息等内容。

笔记形式的推广需要卖家准备一篇质量足够高的笔记，一般投放笔记推广的费用较高，因此，高质量的笔记才能更好地达到理想的推广效果，提高性价比。所谓的高质量，不是如何将产品形容得淋漓尽致，而是指消费者更喜欢看的使用技能、鲜为人知的知识或其他符合类目特色的内容。

（5）今日头条推广

头条推广与公众号的笔记推广方式一样，区别在于头条推广的广告位展示位置在今日头条平台。头条平台已经突破了 5 亿用户，也就是说，如卖家在这个平台投放推广，将获得大量浏览和关注度。

若卖家想选择合适的并运用得好的推广工具，不是一朝一夕的事，这需要卖家在实践中总结经验，找到适合自己店铺的方法。

2. 朋友圈推广

随着智能手机的逐渐普及，越来越多的人开始使用微信，并且依赖微信打发自己的碎片化时间。除了聊天以外，微信朋友圈是绝大多数微信用户消磨时间的宝地。据调查，用户打开微信的动作多发生在每日的 8 时至 10 时，高峰期是在 18 时至 22 时之间，占比高达 51% 以上。摸清用户浏览朋友圈的高峰期，能更好地将信息呈递到好友面前。

部分店主会担心每天在微信朋友圈内发布商品信息容易引发好友不满，但只要分享的信息具有针对性，每次推广按照人群分类选择性地公开信息，就能减少朋友的反感。

进行朋友圈推广时需要注意以下事宜：

1）推广账户设置

推广所用微信账号名称应尽量与品牌相关，特别是自媒体，应该按照定位呈现一种专业的感觉。在头像的选择上，个人微信账号的头像美观即可，内容主题限制不大。作为公众号管理者，大家可以参考已经成熟的公众号是如何设置的，比如他的受众人群是上班族并且个人品牌很强，所以他的头像是穿着正装的本人照。

2）朋友圈推广技巧

当长期转发文章、咨讯或发布商品信息后，朋友会在视觉上对你的信息自动过滤。这对发送信息的质量提出更高的要求；另外，偶尔自发自评，营造出一种互动火爆的现象也不失为一种计谋，这样能够更好地吸引朋友的目光，调动大家的好奇心。朋友圈推广如图 9-22 所示。

3. QQ 空间推广

作为中国最早发展且规模最大的在线聊天工具，QQ 积攒的用户数量自然很多。现在，大多数公司办公都离不开网络，业务交流也更多使用 QQ 聊天工具。与之捆绑的 QQ 空间也成了大多数上班族办公过程中的休闲之地。作为 QQ 空间这个媒介平台，商家除了发布一些推广信息外，还需进行人际关系的维系。

另外，很多商家只顾着发布自家推广信息，完全不理会好友发布的信息，不进行互动，这样会导致好友即便看见了你发布的信息，但也因为对你很陌生，不会主动点击推广内容，从而致使一次次推广的心血付诸东流。因此，增强与好友的互动可以在很大程度上增强推广效果。

图 9-22　朋友圈推广

1）点赞互动

不同于微信点赞，QQ空间的点赞行为可以被所有能查看这条动态的用户看到，无形中增加了曝光量。如果头像和昵称足够吸引人，甚至会让陌生人点击进入空间，这样的现象也并不少见。

如一位做母婴用品的商户，发现有位好友晒出一条动态表示自己生产了。她当即在该动态首层发表评论说：“我送你婴儿套装，你来我空间挑吧！”这条评论不仅引起了该用户的好奇，并且她的好友也很好奇而纷纷点击她的空间查看。所以说点赞评论也十分有效，哪怕只是日常动态的点赞，也会收获用户的好感。定期的点赞会让好友加深对你的记忆，积累一定时间后，会增加熟悉感，有利于好友对自己的信息产生信任。

2）生日祝福

生日祝福的目的是让好友对自己产生好感。登录QQ空间后，在"更多"选项中找到"礼物"工具，可以看到近期将过生日的好友，操作赠送礼物并在赠言里写上自己的名字。总之，互动可以与好友之间重拾社交关系。

4. 微博推广

新浪微博是比较火爆的社交平台之一，也是新媒体的代表之一。在新浪微博进行推广时，不能简单粗暴地强行植入，更需要注意方式方法，否则不仅起不到效果，还可能导致粉丝取消关注。开启微博推广需要注意以下两点：

1）确定风格

这里所说的风格是指发布内容时所借助的风格方式。比如，彩妆微博发布妆容信息时也可以从"模特卸妆刺瞎眼"等开始，不一定以相反角度为切入开启话题。这两种方式都能实现引出化妆技巧的目的，但风格迥异，一个是按部就班的风格，另一个是幽默的风格，显然后者的风格更受粉丝的追捧。

2）创意内容

虽然商家的终极目标是希望通过平台吸引客户，带来成交转化，但在微博平台，若想收获用户芳心，需要注意内容的选择，忌讳一味地介绍商品，发布毫无使用价值的信息。

比如母婴微博账号，可以时常发布一些育婴技能，如快速哄宝宝入睡、止哭妙招等内容，在文章尾部再简单介绍一下自己的店铺及产品。在实现了推广店铺之余，更能得到粉丝的收藏分享，从而快速壮大自己的粉丝团队。

实训 15　微店建立及推广实践

实训目的：通过技能实训使学生熟悉微店开店的流程，掌握推广技巧。

实训内容：学生以 3~4 人为小组，开设微店，完成微店的注册和基本信息的设置，填写表 9-1，并根据所学知识实践微店的推广，完成微店推广方案，并在班上进行讨论展示。

表 9-1　微店的注册和基本信息的设置

基本信息	截图	解释说明	备注
店铺名称			
店铺 logo			
店铺公告			
主营类目			
店铺地址			
店铺前台			

参 考 文 献

[1] 简玉刚.网上开店实务[M].大连:大连理工大学出版社,2014.
[2] 蓝荣东.网上开店与创业[M].南京:南京大学出版社,2015.
[3] 彭纯宪.网上开店实务[M].北京:机械工业出版社,2012.
[4] 黄文莉.网上开店实务[M].北京:机械工业出版社,2016.
[5] 王立锋.网店运营实务[M].北京:人民邮电出版社,2016.
[6] 段文忠,王邦元.网店运营实务[M].合肥:中国科学技术大学出版社,2016.
[7] 夏青松.网上开店[M].北京:北京邮电出版社,2017.